Genießer unterwegs
CHINA

Genießer unterwegs CHINA

Rezepte und kulinarische Notizen

Text und Rezepte
JACKI PASSMORE

Foodfotos
ANDRE MARTIN

Landschaftsfotos
JASON LOWE

CHRISTIAN VERLAG

Inhalt

EINFÜHRUNG
Zu Tisch in China
14

VORSPEISEN, DIM SUMS, SUPPEN
Suppen, Snacks, pikante Häppchen
22

HAUPTGERICHTE
Fisch, Meeresfrüchte, Geflügel, Fleisch
68

GEMÜSE, EIERSPEISEN UND TOFU
*Saisonales Gemüse, Pfannengerührtes,
Tofugerichte und Omeletts*
138

NUDELN, REIS UND BROT
Dampfbrötchen, Fladen, Reis- und Nudelgerichte
174

DESSERTS UND SÜSSIGKEITEN
Früchte, süßes Gebäck, Gelees und Cremes
216

GLOSSAR
Zutaten und Grundrezepte
244

REGISTER
252

EINFÜHRUNG

Zu Tisch in China

China ist so riesig, so überwältigend, dass sich der Blick manchmal in seiner schieren Größe zu verlieren droht und die vielen Facetten des alltäglichen Lebens in dem bevölkerungsreichsten Land der Welt gar nicht wahrnimmt. Dabei sind es die Momentaufnahmen, der flüchtige Blick im Vorbeigehen, die am besten die Geschichte dieses wunderbaren Landes erzählen: der vereinzelte Kormoranfischer in seinem kleinen Holzboot, allein in dem weiten Bogen eines gewaltigen Flusses, abgesehen von den Vögeln, die ihn begleiten, seit sie schwimmen können; die alte Frau, die hinter einem Gemüsestand auf dem Markt auf einem hölzernen Hocker kauert und mit stoischer Geduld einen riesigen Berg Knoblauch schält; getrockneter Fisch, der an einer Leine aufgehängt am Strand in der Sonne glänzt; eine Steinbrücke, die sich über einen Teich mit Lotosblumen schwingt; eine paar alte Männer, die sich mit ihren Bambusvogelkäfigen im Teehaus versammeln, um bei einem Schwatz dampfenden schwarzen Tee zu trinken; das kleine Kind, das in einem Restaurant an der Ecke aus einer großen Schale geräuschvoll Nudeln schlürft; die roten Schindeln auf dem geschwungenen Dach einer Pagode, die in der Nachmittagssonne leuchten; ein Käfig mit lebenden Schlangen, die am Eingang eines Restaurants die Spezialität des Hauses verraten – Schlangensuppe; der Garkoch, der in einem geschwärzten Wok knusprige Frühlingsrollen für hungrige Passanten backt; der Bauer, der ein lebendes Schwein in einem Drahtkäfig, festgeschnallt an den Sozius seines klapprigen Fahrrads, zum Markt bringt; die alte Frau, die ihren zahnlosen Gaumen in den weichen Teig eines frisch gedämpften *baozi* (Dampfbrötchen) drückt, während sie gemächlich vom Markt nach Hause schlurft.

Linke Seite: Eine alte Frau vom Stamm der Zhuang lugt durch eine Holzwand. Mit 15 Millionen sind die Zhuang Chinas größte Minorität. **Ganz oben:** Straßenstände bieten eine Menge frisches Gemüse in Chinas warmem Süden. **Oben:** In Shanghais Garküchen werden Nudeln gekocht.

Das sind die Bilder, die selbst in einer Zeit überdauern, da China mit großen Schritten in das moderne Zeitalter eilt. Doch keine noch so rasante Entwicklung kann die natürlichen oder über Jahrtausende entstandenen kulturellen Schätze dieses großartigen Landes verdecken. Der Fortschritt hat in China auch zu einer Rückbesinnung auf seine einzigartige Küche geführt. Heute, nach zwei Generationen der Vernachlässigung, die von tief greifenden Umwälzungen geprägt waren, entdecken Chinas Köche das traditionelle kulinarische Erbe neu und verhelfen ihm im zeitgemäßen Anstrich zu neuen Höhen.

Wie eine sanfte Entschleierung erschließt sich dieses Land bei jedem Besuch etwas mehr. Als wir einmal mit unserem Boot zwischen den nebelverhangenen, zerfurchten Karstkegeln hindurch dem Flusslauf des Li östlich von Guilin folgten, dichtete einer meiner Begleiter in einem jähen Moment poetischer Eingebung: »Dieses Land ist wie eine jungfräuliche Braut, die sich schüchtern Schicht für Schicht ihrer seidenen Gewänder entledigt, um schließlich ihre nackte Schönheit zu enthüllen.«

Tatsächlich hat die Natur China reichlich gesegnet, und die Vielfalt seiner Landschaften, Klimaregionen und Kulturen spiegelt sich eindrucksvoll in einer facettenreichen Küche wider. Die östliche Grenze Chinas erstreckt sich über fast 4 000 Kilometer die Küste entlang, vorbei an drei Meeren und hinauf zu den nördlichen Ausläufern, die sich um das hohe Grasland der Mongolei schmiegen, wo ein ewiger Wind fegt. Heilongjiang, die östlichste Provinz, streckt sich bis in die eisigen Regionen des 50. Breitengrades hinauf, während sich im Nordwesten riesige Gebirgsketten allmählich in den unfruchtbaren Weiten der Wüste Gobi verlieren.

Mit ihnen haben die subtropischen Provinzen im Süden an der Grenze zu Vietnam, Laos und Burma kaum kulinarische Gemeinsamkeiten, abgesehen von den allgegenwärtigen Reisterrassen, die sich in smaragdgrünen und goldenen Kaskaden an den Gebirgsausläufern, vorbei an steil abfallenden Schluchten, hinabziehen. Reis ist in den süd- und zentralchinesischen Provinzen die wichtigste Kulturpflanze. In den Hochebenen des Nordens dominieren ausgedehnte

Weizenfelder, über die ein beständiger Westwind wogt und peitscht.

Einige der längsten und gewaltigsten Ströme der Welt bahnen sich ihren Weg durch China, tosen halsbrecherische Schluchten hinab, schlängeln sich an Tälern und Feldern entlang und münden schließlich im seichten braunen Schwemmsand ihres Küstendeltas. Die zerklüfteten Kalksteinfelsen und mächtigen Granitmassive entlang dieser Flüsse haben über viele Jahrhunderte Dichter und Maler inspiriert.

China bezaubert auf so vielfältige Weise, dass es mich magisch immer wieder dorthin zieht. Ich habe das Land im Schnelldurchlauf und im Schneckengang bereist. Auf einer kulinarischen »Wirbelwind«-Tour – acht Städte in zwei Wochen – konstatierte unsere erfahrene Reiseleitung lakonisch, China in diesem Tempo zu bereisen sei, wie »Blumen auf einem Pferd im gestreckten Galopp zu bewundern«. Auch ich ziehe eine langsamere Gangart mit einem entspannteren Zeitplan vor. Meine Reisen begannen in den frühen 1970er-Jahren, als Maos Regime, auf dem Höhepunkt seines revolutionären Treibens, die Bewegungsfreiheit noch empfindlich einschränkte. Doch am Ende des Jahrzehnts konnte ich mich auch in entlegenere Landesteile vorwagen.

Absolut unvergesslich ist mir ein längerer Aufenthalt auf der Teeplantage Yingteh, etwa 165 Kilometer nördlich von Guangzhou. Abgesehen von einer bleibenden Sucht nach chinesischem Tee, die mich seither nicht mehr loslässt, und den wertvollen praktischen Erfahrungen des Teeanbaus, vom Anpflanzen über das Pflücken bis zum Verpacken, bot die Reise eine einmalige Gelegenheit, das authentische Leben im ländlichen Guangdong und Fujian kennen zu lernen.

Es musste noch ein halbes Jahrzehnt mit radikalen Veränderungen ins Land gehen, bevor ich den Norden und Westen bereiste und sich meine Begeisterung für China und seine Küche vertiefte. Die Tischkultur und die Speisen kennen zu lernen ist eine faszinierende Entdeckungsreise durch kulinarisches Neuland und ein Fest für die Sinne. Was könnte kurioser als eine Vorspeise aus honigglasierten Entenzungen sein? Was praktischer, als aus einem gemeinsamen Topf zu essen? Was könnte anspruchsloser als eine Reissuppe sein, köstlicher und extravaganter als ganze geschmorte Haifischflossen und Abalonen? Was könnte besser harmonieren als eine würzige Austernsauce über einem seidig-zarten Krabbenomelett, als knackiger Bambus mit sanft geschmorten Pilzen oder zartes pfannengerührtes Schweinefleisch auf knusprig gebratenen Nudeln?

Linke Seite: Dieser rund 30 Meter lange, schlafende Buddha ist nur eine der kunstvollen Skulpturen aus dem 13. Jahrhundert in Baoding in der Provinz Sichuan. Die Vollendung der riesigen Reliefs und Skulpturen dauerte mehr als 70 Jahre. Sie entkamen nur knapp der Zerstörung durch die Roten Garden. **Ganz oben:** Ein Bauer in Guangxi bereitet nach jahrhundertealter Tradition seine Reisterrassen zum Bepflanzen vor. **Oben:** Waren werden auf dem schnellsten Weg zum Verkauf angeboten. Diese Hühner erreichen gerade einen kleinen Markt in Sichuan.

EINFÜHRUNG 17

Unten: Getrocknete Seesterne, Schlangenhäute und Frösche auf einem Markt in Qing Ping in Zentral-Guangzhou geben einen eindrucksvollen Wandschmuck ab. **Ganz unten:** Frauen auf einem Gemüsemarkt in Chengdu schnüren Frühlingszwiebeln zu Bündeln. **Rechte Seite:** Die friedliche Stimmung um den Sommerpalast in Peking wird auch von diesen frühmorgendlichen Tai-Chi-Übungen nicht gestört. Früher ausschließlich den chinesischen Kaisern und ihrem Gefolge vorbehalten, ist das Palastgelände heute ein beliebter Ort der Entspannung für Pekings Einwohner.

Mit der Zeit habe ich natürlich eine Vorliebe für bestimmte Reiseziele entwickelt. Häufig sind es aber die vermeintlich kleinen Dinge und Entdeckungen, die mir in Erinnerung bleiben – eine schöne Teekanne für meine Sammlung, ein besonderes Essen, ein atemberaubender Sonnenuntergang oder sternklarer Himmel oder das Abenteuer, sich auf einem geliehenen Drahtesel durch das dichte Gedränge der Radfahrer einen Weg durch Shanghai zu bahnen. Ich liebe Guangzhou und seinen regionalen Dialekt, der in mir jedes Mal einen Anfall von Nostalgie auslöst. Ich kann Stunden damit zubringen, über die riesigen Märkte zu schlendern, die Seitengassen hinab, vorbei an Leinensäcken, prall gefüllt mit Dutzenden Sorten getrockneter Pilze, süßlich duftenden Gewürzen und aromatischen getrockneten Meeresfrüchten.

Auch Chengdu fasziniert mich immer wieder. Keine Stadt verkörpert so sehr das Prinzip der polaren Gegensätze, die Dualität von Yin und Yang, die auf der Harmonie sich ergänzender gegensätzlicher Elemente beruht. Winzige, hinfällige Läden und Häuser trotzen wacker dem Zahn der Zeit, während ein paar Schritte weiter wuchtige Stahlbetonkonstruktionen hochgezogen werden, die mit uraltem Bambusstützwerk eingerüstet sind. Überall ist es schmutzig, laut und voller Leben. Doch abseits der breiten, pulsierenden Boulevards und des Gedränges findet man noch Zeugnisse einer Stadt, die auf eine mehr als 1 000 Jahre alte Geschichte zurückblickt. Dort fahren die

Rikschas nicht nur für Touristen, und Heilkünstler preisen die magische Kraft ihrer an Haken aufgehängten getrockneten Tigerpfoten und selbst gesammelten Gebirgskräuter.

In Shanghai versäume ich es nie, die Zickzackbrücke zu dem berühmten Huxinting-Teehaus im Garten des Erfreuens (Yu Yuan) zu überqueren. In Peking lasse ich mich durch die Viertel der Verbotenen Stadt treiben, auf der Suche nach einem besonders geschwungenen Dach, einem kunstvollen Fensterrahmen oder einer schönen Tür, Motive für meine Sammlung architektonischer Schnappschüsse.

China ist ein Land, das jeden Touristen reichlich belohnt, doch als kulinarisches Reiseziel ist es unübertroffen. Die immense Vielfalt regionaler Spezialitäten und Zubereitungsarten lässt sich geographisch grob in die Küchen der vier Horizonte – Osten, Westen, Norden, Süden – unterteilen. Die Küche des Ostens bietet hervorragendes Seafood, von den typischen, zitronig frischen Gerichten Fujians an der Südküste bis zu der eleganten, raffinierten Fischküche des Nordostens. Die Hafenstadt Shanghai ist wohl der charakteristischste Vertreter der östlichen Küche.

Guangdong und das benachbarte Guangxi im Süden sind die ursprüngliche Heimat der Dim sums, raffiniert abgeschmeckte kleine Häppchen aus dem Dämpftopf. Die Frische der Zutaten hat für die Köche dort absolute Priorität, was sich in der knackigen Konsistenz, den leuchtenden Farben und natürlichen Aromen ihrer »stir-fried« (pfannengerührten) und gedämpften Gerichte niederschlägt.

Die kräftig gewürzten Speisen und komplexen Aromen der Küche Sichuans sind charakteristisch für das Landesinnere und den Westen, wo den Köchen eine Fülle regionaler Produkte zur Verfügung steht: Süßwasserfische, Muscheln, Reis und Gemüse, Pilze und Kräuter, Wild und alle möglichen ausgefallenen Fleischsorten.

Im östlichen Teil des Nordens hat sich über Jahrtausende die Küche des imperialen Chinas entwickelt. Die regionale Küche hat viel von dem Reichtum und der Kreativität dieses uralten kulinarischen Erbes bewahrt. Weinsaucen, Marinaden, die Vorliebe für Kräuter, ausgefeilte Gartechniken beim Backen und Braten sowie eine erstaunliche Vielzahl von Snacks und Häppchen sind die typischen Merkmale für den Norden.

Chinas ethnische Minderheiten, die muslimische Bevölkerung sowie die in den entlegenen nördlichen und westlichen Regionen lebenden Volksgruppen haben ebenfalls ihre regionalen Küchen entwickelt. Unter ihnen hatten die Manchus, die China fast drei Jahrhunderte (1644–1911) beherrschten, den größten Einfluss auf die Küche des Landes. Die Summe all dieser Strömungen hat zu dem faszinierenden kulinarischen »Cocktail« geführt, den Chinas Küche heute darstellt.

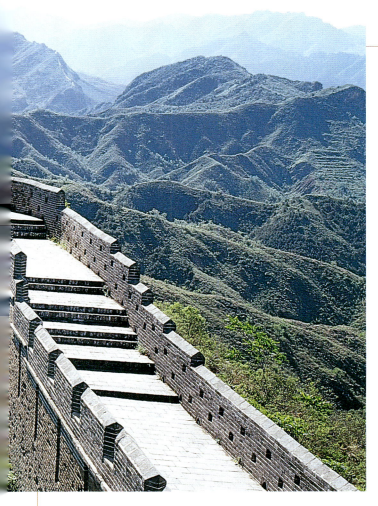

Linke Seite: Die Große Mauer ist ein imposantes Zeugnis für Chinas Macht und Größe, aber auch Mahnmal für Phasen der Fremdherrschaft und Wellen der Eroberung. Der mehr als 2 500 Kilometer lange Schutzwall reicht bis in die Gebirgskette, die Chinas nördliche Grenze zur Mongolei bildete. **Unten:** Auf einem Markt in Shandong warten Muscheln in bunten Schüsseln auf ihre Käufer. **Ganz unten:** Ein Bauer trägt seine Ferkel in handgeflochtenen Käfigen zum Markt.

EINFÜHRUNG 21

VORSPEISEN, DIM SUMS, SUPPEN

Eine Auswahl kleiner, heißer und kalter Gerichte regt den Appetit für die nachfolgenden Speisen an.

Ein chinesisches Essen ist vom ersten Bissen an ein geselliges Erlebnis, das jedoch nicht unbedingt mit Vorspeisen und nur ganz selten mit einer Suppe beginnt. Man muss ohnehin nicht auf die festen Mahlzeiten warten, um die unzähligen kleinen Häppchen und appetitlichen Schälchen zu genießen, die das Land zu bieten hat. Die kleinen Snacks sind ein beliebtes und köstliches Bindeglied zwischen der Straßenküche und dem heimischen Esstisch. Jede dieser feinen Leckereien von den unzähligen »food stalls« und mobilen Garküchen gibt auch zu Hause eine erstklassige Vorspeise ab. Die rot glasierten Scheibchen Schweinebraten, die man beim Einkaufen als Imbiss zwischendurch genießt, schmecken genauso gut als kleines Entree, angerichtet mit gekochten Erdnüssen und marinierten Bohnensprossen. Teigtaschen mit Schweinefleisch sind auf dem Teller ebenso appetitlich wie während eines Gangs über den Markt direkt aus der Hand gegessen. Won-tans sind unterwegs ein sehr beliebter Snack, als »Treibgut« in einer klaren Brühe in einer schönen Schale werden sie zu einer schmackhaften Vorspeise.

Hongkong köderte mich bereits als angehende Journalistin mit vielen stichhaltigen Argumenten und kulinarischen Reizen, eine Laufbahn als »Gastrosophin« und Autorin für Kulinaria einzuschlagen – die zigtausend Restaurants mit ihren verführerischen und eindrucksvollen Speisekarten; die rammelvollen *yum-cha*-Teehäuser und *da pai dang* (Garküchen) mit ihrer unglaublichen Auswahl an preiswertem Essen; die Fischrestaurants, wo der Fang noch quicklebendig und ahnungslos über das drohende Schicksal in Plastikbehältern und Aquarien herumschwimmt; und das lärmende Leben der pulsierenden Märkte, wo sich verführerische Düfte mit fauligen Ausdünstungen mischen. Überall lauern Inspirationen für Augen, Ohren und Nase.

Doch das alles entscheidende Argument lieferte das berauschende Aroma der Tongku-Pilze (getrocknete schwarze Shiitake). Eines kalten Wintertages bestellte ich Hühnersuppe mit Pilzen zum Mittag. Drei fleischige schwarze Scheiben trieben in einer kräftigen

Vorhergehende Doppelseite: Jedes Dim-sum-Restaurant verwendet Dämpfkörbe aus Bambus, in denen kochend heiße, saftige Häppchen schon frühmorgens auf hungrige Münder warten. **Links:** Der labyrinthische Steinwald von Yunnan ist eine beliebte Touristenattraktion. Frauen der Sani-Minorität führen die Besucher durch einen faszinierenden Irrgarten aus bizarren Karstkegeln. **Rechte Seite:** In den geschäftigen Straßen von Kunming betreiben muslimische Straßenköche mit ihren traditionellen bestickten Kappen ein blühendes Geschäft mit gegrillten Lammspießen und anderen lokalen Spezialitäten.

24 VORSPEISEN, DIM SUMS, SUPPEN

Ganz oben: Marktfrauen flechten die traditionellen Körbe, während sie an ihren Gemüseständen auf Kundschaft warten.
Oben: Ein altes Ehepaar genießt in einer der zahllosen Esshallen Shanghais eine Schale mit Teigbällchen. **Rechte Seite:** Ein leise köchelndes Gericht in der Altstadt von Chongqing verströmt einen köstlichen Duft. Besonders in den älteren Bezirken chinesischer Städte sind diese einfachen, mit Holz befeuerten Kochstellen ein häufiger Anblick.

Brühe und infizierten sie mit ihrem hinreißenden Duft. Tief atmete ich den aufsteigenden Dampf ein, und schon war es um mich geschehen. Etwas so Wohlschmeckendes musste einfach beschrieben, gepriesen, berichtet … und natürlich möglichst oft gegessen werden. An jenem Tag entschied sich mein beruflicher Werdegang. Noch heute erliege ich jedes Mal diesem wunderbaren Aroma und ich bin sicher, das wird auch so bleiben.

Suppen sind in China eine echte Attraktion, egal ob mit oder ohne Pilze, heiß oder kalt, im Sommer oder im Winter. Die dicken Suppen sind reichhaltig und kräftig, die klaren niemals langweilig oder fad. Kein chinesischer Koch, der etwas auf sich hält, würde eine Suppe ohne einen frischen, selbst gemachten Fond zubereiten. Die Chinesen sind wahre Meister in der Zubereitung kräftiger Fonds und Brühen und geben auch bereitwillig Auskunft, wie man es macht: bei milder Hitze ganz langsam köcheln lassen, etwas Ingwer sorgt für Geschmack und Klarheit, Schweinshachsen für Fülle. Und für einen ganz besonders aromatischen Fond steuert Schinken eine angenehm salzige Würze bei, Sternanis beschert den letzten Pfiff.

Im Restaurant wird Suppe gewöhnlich nicht als eigenständiges Gericht oder als Vorspeise bestellt, was nicht heißen soll, dass es nicht möglich wäre. In

einem gewöhnlichen Menü wird die Suppe irgendwann auf halber Strecke als Erfrischung für den Gaumen serviert. Möchte jemand seine Gäste aber mit einer ganz besonderen Suppe beeindrucken, wird sie durchaus auch zum Auftakt aufgetragen, damit ihr der ungeteilte Applaus sicher ist. Besonders Suppen mit seltenen oder teuren Zutaten wie Haifischflossen und Abalonen oder saisonalen Spezialitäten wie Schlange erfahren diese Ehre.

Suppe ist ein wichtiger Posten auf dem täglichen Speisezettel, sowohl als bekömmliches Essen für ältere und kranke Menschen wie auch als nahrhafte Mahlzeit für Kinder und gegen den kleinen Hunger zwischendurch. In jeder Stadt und jedem Dorf in China findet man ein kleines Restaurant oder eine Garküche, wo von früh bis spät ein dampfender Topf mit Suppe bereitsteht – und die wird geräuschvoll von Porzellan- oder Metalllöffeln geschlürft. Schlürfen ist ein Zeichen des Genusses und der Anerkennung, dass die Suppe heiß ist – außerdem verbrennt man sich nicht die Zunge.

Die Kunst der kleinen Appetithappen ist in der chinesischen Küche einzigartig. Sie erfordert ganz besonderes Geschick, künstlerisches und kulinarisches Talent und auch ein Verständnis der chinesischen Mythologie. Die mundgerechten kalten Bissen werden auf großen, prächtigen Platten angerichtet und dem Anlass entsprechend in symbolischen Szenen arrangiert. Der mythische Drache mit den fünf Klauen steht für Glückwünsche und Freude. Der Phönix bedeutet Reichtum. Der Pfau symbolisiert Geschäftserfolg, Kiefer und Kranich stehen für ein langes Leben.

Diese wunderschön arrangierten Häppchen sind die Grundlage für den Reiswein, mit dem man die Toasts herunterspült, bevor die Hauptspeisen aufgetragen werden. Bei förmlichen Anlässen werden die kleinen Bissen häufig von Kellnerhand mit silbernen Stäbchen vorgelegt, doch in alltäglichen Runden bedient sich jeder selbst nach Lust und Laune von der Platte in der Mitte des Tisches.

Die meisten dieser delikaten Bissen werden kalt gegessen. Zu den beliebtesten Klassikern gehören eingelegter Kohl mit Chili, süßsalzig marinierte Gurken, kleine Stückchen Quallenfleisch, knusprig gebackene Ente oder frittierter getrockneter Fisch, salzige Schwertmuscheln, eingelegte Pilze und kaltes Fleisch. Kleine Stückchen von zartem rosa Entenfleisch mit bernsteinfarben glasierter Haut sind ebenso populär und lecker wie kandierte Walnüsse. Manche aber mögen ihre Appetizer lieber heiß und feurig, etwa Sichuan-Teigtaschen in einer höllisch scharfen Chili-

Linke Seite: Ein Wasserbüffel suhlt sich im Li. Büffel werden überall in China als Zugtier vor den Pflug gespannt, um die riesigen Äcker zu bestellen. **Unten:** Maiskörner werden auf dem Mittwochmarkt in Lunan (Yunnan) von den Kolben abgelöst. Die eigentlich eher beschauliche Stadt füllt sich am Markttag mit Eseln, Karren und Fahrrädern. **Ganz unten:** Mit Fleisch gefüllte Teigtaschen werden jeden Tag frisch zubereitet.

VORSPEISEN, DIM SUMS, SUPPEN 29

sauce, gedämpfte oder frittierte Hähnchenflügel, Frühlingsrollen und gedämpfte Teigbällchen. Und wer es richtig exotisch mag, der kann es mit ganz kurz frittierten Entenzungen oder quicklebendigen Shrimps versuchen, die man mit heißem Reiswein gefügig macht, oder auch mit Hühnermägen, ja sogar mit knusprig gebratenem Skorpion.

Ich selbst schätze ganz besonders die kalten Fleischzubereitungen als kleinen Happen vorweg. Die Auswahl ist nicht gerade riesig, aber das, was es gibt, schmeckt hervorragend – gekochtes Schweinefleisch mit einer kräftigen Knoblauchsauce; die herrlich aromatische Schweinshachse, die ganz langsam mit Soja, Zucker und Sternanis pochiert wird; die ungemein delikaten gedämpften Schweinswürste; oder das gepresste, eingelegte Gänsefleisch.

In den Provinzen Südchinas isst man gekochtes Fleisch gern kalt als Vorspeise. Die Kantonesen halten sich hingegen nicht lange mit kulinarischen Präliminarien und einleitenden Knabbereien auf; sie schreiten lieber gleich zur Hauptspeise. Im Norden ist das anders. Zumindest in den Restaurants beginnt kein

Mahl, ohne wenigstens mit einer Kleinigkeit den Gaumen zu kitzeln, aber auch ein Dutzend verschiedener Häppchen und Snacks sind nicht ungewöhnlich, wenn es der Anlass, die Anzahl der Gäste und der Inhalt ihres Portemonnaies zulassen.

Die meisten Dim sums eignen sich ganz hervorragend als Vorspeise eines chinesischen Essens zu Hause. Ich lege regelmäßig einen kompletten Küchentag ein, um den Vorrat an *shao mai* (mit Schweinefleisch und Shrimps gefüllte Teigtäschchen), Frühlingsrollen und anderen Kleinigkeiten aufzufüllen, die viel Zeit und Geduld erfordern.

Ohne festlichen Anlass fallen die Mahlzeiten gewöhnlich schlicht aus. Die kleinen Häppchen vorweg werden eher schnörkellos und ohne großes Beiwerk auf kleinen Tellern serviert. Praktisch alles, was sich in handliche Bissen verwandeln lässt, ist ein Kandidat für das Vorspeisenregister. Die Liste der Zutaten ist unendlich, ebenso die Fantasie der Köche und das Angebot an Produkten. Einziges Ziel ist, die Geschmackspapillen zu reizen und den Appetit anzuregen – kurz, den Gaumen auf die noch kommenden Genüsse vorzubereiten.

Linke Seite oben: Die rundlichen *cha shao bao* (mit Schweinefleisch gefüllte Dampfbrötchen) stammen aus Südchina. **Linke Seite unten:** Im Westen Chinas sind Enten ein beliebter Kandidat für pikant Pfannengerührtes sowie Gerichte aus dem Tontopf (Claypot). **Ganz oben:** Ein traditionelles Damespiel wird heiß umkämpft, während der Nachwuchs zuschaut. **Oben:** Eine Auswahl an Wokpfannen zum Verkauf. Der Wok ist seit mehr als 1 000 Jahren eines der wichtigsten Küchenutensilien in China.

Süden

Songshu Yuanzhuiti Youyu

Frittierte Tintenfisch-»Tannenzapfen« mit Pfeffersalz

Chinesische Köche behandeln Seafood mit großem Respekt. Sie verwenden nur die frischesten Produkte, die sie mit großer Sorgfalt auf eine Weise zubereiten, die ihre natürlichen Qualitäten und ihren Eigengeschmack optimal zur Geltung bringt. Für kreative Köche ist eine schöne Präsentation der frischen Meeresfrüchte selbstverständlich, egal, ob es sich um einen einfachen Konsumfisch oder um ein kostspieliges Luxusprodukt handelt. Wenn man das feste schneeweiße Fleisch der Sepien oder Kalmare einschneidet, wird es wunderbar zart und kräuselt sich beim Garen, sodass die Stücke an kleine Tannenzapfen erinnern. Die knusprig frittierte Petersilie komplettiert das fertige Gericht zu einem Bonsai auf Tellern.

Bei zahlreichen anderen Fischgerichten wird eine ähnliche Technik des Einritzens angewendet. Fleischige Fischfilets werden bis hinunter auf die Haut eingeschnitten und großzügig mit einem Stärkemantel oder einem Ausbackteig eingestrichen. Nach dem Frittieren kommen die einzelnen goldgelben und knusprigen Segmente wunderbar zur Geltung. Ein enges Kreuzmuster erzielt einen bürstenähnlichen Effekt, während ein etwas weiteres Kreuzmuster an Trauben erinnert.

220 g küchenfertig vorbereitete Sepia- oder große Kalmartuben (etwa 330 g ungesäubert; siehe Seite 249)

2 TL frisch gepresster Zitronensaft

½ TL Salz

½ TL durchgepresster Knoblauch

FÜR DAS PFEFFERSALZ

2 EL Salz

2 TL gemahlener Sichuanpfeffer

30 g Maisstärke

Pflanzenöl oder Erdnussöl zum Frittieren

1 Bund Petersilie, abgezupft

◆ Die Tintenfischtuben gründlich waschen und trockentupfen. Mit einem scharfen Messer der Länge nach aufschneiden und flach ausbreiten. Die Innenseiten mit der Messerspitze in Abständen von 2 mm kreuzweise einritzen. Die Tuben in 2½ × 4½ cm große Stücke schneiden.

◆ In einer großen Schüssel, in der sämtlicher Tintenfisch Platz hat, den Zitronensaft mit dem Salz und Knoblauch verrühren. Die Tintenfischstücke einlegen und wenden, sodass sie rundherum bedeckt sind. 20 Minuten marinieren lassen; dabei gelegentlich rühren und wenden.

◆ Für das Pfeffersalz einen Wok auf mittlerer Stufe erhitzen. Das Salz einstreuen und etwa 40 Sekunden unter ständigem Rühren erwärmen. Den Pfeffer zugeben und den Wok sofort vom Herd nehmen. Salz und Pfeffer verrühren und zum Abkühlen in eine flache Schale füllen.

◆ Die Tintenfischstücke aus der Marinade heben und mit Küchenpapier trockentupfen. Die Maisstärke auf einen tiefen Teller geben und die Tintenfischstücke darin von allen Seiten wenden. Überschüssige Stärke abklopfen.

◆ Das Öl 5 cm hoch in einen Wok füllen und auf 190 °C erhitzen (zur Probe ein Stück Tintenfisch eintauchen, es sollte sofort zu zischen beginnen). Die Tintenfischstücke portionsweise in das heiße Öl gleiten lassen und nur etwa 15 Sekunden frittieren; so bleiben sie schön weiß und werden ganz zart. Nicht übergaren, da sie sonst zäh werden. Mit einer Schaumkelle herausheben und auf einem Gitterrost über Küchenpapier abtropfen lassen.

◆ Die abgezupfte Petersilie in dem Öl etwa 1½ Minuten frittieren, bis sie knusprig und leuchtend grün ist und ein raschelndes Geräusch zu hören ist. Vorsicht vor spritzendem Öl! Die Petersilie herausheben und auf Küchenpapier abtropfen lassen.

◆ Die Tintenfischstücke auf einer Platte anrichten und mit einem Drittel des Pfeffersalzes bestreuen. Mit der frittierten Petersilie umgeben und sofort servieren. Die restliche Pfeffer-Salz-Mischung in kleinen Schälchen zum Dippen dazu reichen.

Für 4 Personen

Seafood, das nicht in tadellosem Zustand den Markt erreicht, wird eingesalzen oder getrocknet.

Dim sum

Dim-sum-Restaurants sind ein täglicher Anlaufpunkt für Millionen begeisterter Chinesen in allen Teilen des Landes, besonders aber in den südlichen Provinzen Guangdong und Guangxi. Doch das war nicht immer so. Während der Ming-Dynastie war *yum cha*, das »Teetrinken«, noch ein Privileg der wohlhabenden, feinen Leute, die stundenlang in feudalen Teehäusern zubrachten, gesellschaftlichen Klatsch und Tratsch austauschten und dabei Tee nippten und edle Snacks knabberten. Viele dieser leckeren Bissen stammten ursprünglich aus königlichen Haushalten, wo sie als kleine Erfrischung für den Gaumen zwischen den aufwendigen Gängen pompöser Festbankette gereicht wurden.

Als die Teehäuser ihre Türen für jedermann öffneten, wurden die Speisen schnell als Dim sum bekannt, was so viel wie Köstlichkeiten oder »Tüpfelchen, die das Herz berühren« bedeutet, eine poetische Anspielung auf die winzige Größe einer ganzen Palette von Teigtäschchen, Röllchen, pikanten Häppchen und anderen Leckereien von ungeahnter geschmacklicher Vielfalt. Die eleganten Teehäuser wichen schon bald gewaltigen, mehrstöckigen Kantinen; einige boten Platz für mehr als 1 000 Esser gleichzeitig. Ein pfeilschneller Service war dabei ebenso wichtig für den Geschäftserfolg wie ein reiches Sortiment und Qualität für die Zufriedenheit des Gastes. Der ingeniöse Dim-sum-Servierwagen löste das Problem und wurde sogar zum Exportschlager. Auf diesen fahrbaren Buffets türmen sich Dämpfkörbe und Teller mit allen möglichen heißen Snacks, die Serviererinnen zwischen den Tischen hindurchschieben und in monotonem Singsang anpreisen. Der Gast wirft einen Blick unter die Deckel, trifft seine Wahl, und schon landen die Teller in Begleitung verschiedener Dips – Soja- oder Chilisauce, Senf, roter Essig – auf dem Tisch.

Zu Dim sums darf eine Kanne heißer chinesischer Tee weder fehlen noch leer werden. Ein kurzes Handzeichen oder der schräg auf der Kanne platzierte Deckel genügt; und schon eilt ein umherstreifender Wasserträger herbei, um nachzufüllen. Schwarzer Tee wird im Süden bevorzugt, während Jasmintee im ganzen Land getrunken wird.

Wenn die Zeit zum Bezahlen gekommen ist, zählt der Kellner einfach die Teller auf dem Tisch zusammen oder addiert die Vermerke der Serviererin auf einem Zettel.

süden

Shao Mai

Gedämpfte Teigtäschchen mit Schweinefleisch und Garnelen

Die anerkannten Meister der Dim sums kommen gewöhnlich aus Guangzhou in der Provinz Guangdong, wo sie in Restaurants wie dem Pan Xi Jiujia mit seinen am Ufer des Sees Li Wan gelegenen Speisesälen und Pavillons ausgebildet werden. In diesem berühmten Restaurant können Gäste direkt beim Koch bestellen und dabei zusehen, wie er bergeweise die frischen Teigtäschchen vorbereitet, in gigantischen Dämpfkörben aus Bambus verstaut und auf riesige Woks mit siedendem Wasser über einer dröhnenden Gasflamme stapelt. Zwei Spezialitäten des Hauses sind »xia jiao«, elegante, durchscheinende Teigtäschchen mit einer zarten Garnelenfüllung, und »shao mai«, ein internationaler Renner. Diese oben offenen Teigtäschchen sind sozusagen die Urform der Dim sums. Die feine Füllung aus zartem Schweinefleisch und saftigen Garnelen, mild gewürzt mit Frühlingszwiebeln und Austernsauce, wird von einem hauchdünnen Teigblatt umhüllt, das vor dem Hineinbeißen einen Blick auf sein appetitliches Innenleben genehmigt.

Schweinefleisch und Garnelen sind vor allem im Süden Chinas so beliebt, dass sie in vielen Gerichten gemeinsam auftreten. Hauchdünne Scheiben von zartem, mariniertem Schweinefleisch in Verbindung mit ganzen Garnelenschwänzen und knackig frischem, farbenprächtigem Gemüse findet man in zahlreichen Pfannen- und Nudelgerichten sowie in süßsauren und gedämpften Zubereitungen. Schweinehack dient wie in diesem Rezept häufig zum Binden und Anreichern von Füllungen für Teigrollen und Teigtaschen.

FÜR DIE FÜLLUNG

4 große getrocknete schwarze Shiitake, 25 Minuten in heißem Wasser eingeweicht und abgegossen

250 g grobes, fettes Schweinehackfleisch

175 g Garnelen- oder Krabbenfleisch, fein gehackt

2 Frühlingszwiebeln (mit den hellgrünen Teilen), fein gehackt

1 TL extrafeiner Zucker

4 TL Austernsauce

1 EL Maisstärke

½ TL frisch gemahlener weißer Pfeffer

1 EL Pflanzen- oder Erdnussöl oder je 1½ TL Pflanzen- und Sesamöl

24 runde Teigblätter aus Weizenmehl (siehe Seite 246)

2–3 TL Pflanzenöl

Helle Sojasauce, milder Senf oder Chilisauce

◆ Für die Füllung die Stiele der Pilze (falls vorhanden) entfernen, die Hüte sehr fein hacken. In einer Schüssel mit dem Hackfleisch, dem Garnelen- oder Krabbenfleisch und den Frühlingszwiebeln gründlich vermengen. Den Zucker und die Austernsauce und zuletzt die Speisestärke, den Pfeffer und das Öl unterrühren. Die Mischung 20 Minuten durchziehen lassen.

◆ Zum Formen der Teigtäschchen mit dem Daumen und Zeigefinger der einen Hand einen Kreis bilden. Ein Teigblatt auflegen und etwa 2 Teelöffel der Füllung darauf setzen. Die Füllung sanft durch die Kreisöffnung drücken, sodass sich das Teigblatt um die Farce schmiegt und eine Art oben offenen Kelch bildet.

◆ Das Gitter eines Dämpfkorbes mit dem Pflanzenöl bestreichen und die Teigtäschchen nicht zu dicht nebeneinander hineinsetzen. Das Wasser in einem Dämpftopf zum Kochen bringen, den Dämpfkorb einsetzen und die Täschchen sorgfältig zugedeckt 7–8 Minuten dämpfen, bis die Füllung fest ist.

◆ Die Teigtäschchen in dem Dämpfkorb oder auf einer Platte angerichtet servieren. Sojasauce, Senf oder Chilisauce zum Dippen in kleinen Schälchen dazu reichen.

Ergibt 24 Stück

süden

Huntun Tang

Won-tan-Suppe

In der kantonesischen Küche spielen Kreativität und Fantasie selbst bei den einfachsten Gerichten eine große Rolle. Won-tans machen da keine Ausnahme. Mit flinken Fingern formen Köche aus ihnen detailgenaue kleine Fischchen, um ihr Geschick zu demonstrieren und die Gäste zu beeindrucken. Won-tans kennen zwei Schicksale. Entweder sie enden als Einlage in einer klaren Brühe als Vorspeise oder Snack, oder sie werden in heißem Öl versenkt, tauchen als goldbraune, knusprige Bissen wieder auf und betteln um einen herzhaften Appetit und eine süßsaure Sauce zum Dippen.

Die Chinesen glauben an die verjüngende Wirkung frisch zubereiteter Hühnerbrühe. Diese Kraft spendende Suppe mit zarten Won-tans gehört zum Repertoire jeder chinesischen Mutter, die ein krankes Kind oder ein gebrechliches Familienmitglied pflegen muss. Ein kräftiger, hausgemachter Hühnerfond ist ein unverzichtbarer Bestandteil der chinesischen Küche. Er dient als Grundlage vieler Saucen für Pfannen- und Nudelgerichte und verleiht auch Eintopf- und Schmorgerichten aus dem Tontopf (Claypots) aromatische Würze und Fülle.

FÜR DIE WON-TANS

125 g gewürfeltes Schweine-, Hühner- oder Garnelenfleisch

1½ TL frisch geriebener Ingwer

2 EL gehackte Wasserkastanien

1½ EL gehackte Frühlingszwiebel (nur das Weiße)

1 EL frisch gehacktes Koriandergrün

1 EL helle Sojasauce

1 TL Reiswein (nach Belieben)

1 kleines Ei

1 große Prise Salz

1 große Prise frisch gemahlener weißer Pfeffer

24 Won-tan-Blätter (siehe Seite 246)

FÜR DIE SUPPE

2–3 getrocknete schwarze Shiitake, 25 Minuten in heißem Wasser eingeweicht und abgetropft

1½ l Hühnerfond (siehe Seite 250)

50 g kleine Pak-Choi-Blätter

4 cm Möhre, geschält, längs in dünne Scheiben, dann in Julienne geschnitten

1 Frühlingszwiebel, nur das zarte Grün in feine Julienne geschnitten

◆ Für die Won-tans das Schweine-, Hühner- oder Garnelenfleisch und den Ingwer in der Küchenmaschine zu einer glatten Masse pürieren. Die Wasserkastanien, Frühlingszwiebel, das Koriandergrün, die Sojasauce und den Reisewein (falls verwendet), das Ei sowie Salz und Pfeffer zugeben und alles zu einer glatten Farce verarbeiten.

◆ Ein Won-tan-Blatt auf die Arbeitsfläche legen und die Ränder mit kaltem Wasser befeuchten. Von der Farce 2–3 Teelöffel in die Mitte setzen und eine Teigecke so über die Füllung schlagen, dass ein Dreieck entsteht. Die Ränder zum Verschließen fest zusammendrücken. Die spitzen Enden zusammenführen und ebenfalls fest andrücken. Sollten sie nicht haften, den Teig etwas befeuchten. Auf diese Weise sämtliche Won-tan-Blätter verarbeiten.

◆ Für die Suppe die Stiele der Pilze (falls vorhanden) abschneiden und die Hüte in Streifen schneiden. Den Hühnerfond auf mittlerer Stufe zum Kochen bringen. Die Pak-Choi-Blätter, Möhren-Julienne und Pilze hineingeben und 2 Minuten garen.

◆ Inzwischen einen Topf zu drei Vierteln mit Wasser füllen und dieses auf großer Stufe zum Kochen bringen. Die Won-tans einlegen und bei reduzierter Hitze etwa 3 Minuten köcheln lassen, bis sie an die Oberfläche steigen und weich sind. Die Won-tans mit einem Schaumlöffel herausheben und gleichmäßig in vorgewärmte Suppenschalen verteilen.

◆ Das Gemüse zu gleichen Teilen in die Schalen füllen und die heiße Suppe darüber schöpfen. Sofort servieren.

Für 4–6 Personen

Die besten Wasserkastanien Chinas werden in den Gewässern rund um Guilin kultiviert.

Westen

Chun Bing

Vegetarische Frühlingsrollen

Schwarze Wolkenohren verleihen der Füllung dieser knusprigen goldenen Snackrollen eine angenehm feste Konsistenz.

FÜR DIE FÜLLUNG

3 große getrocknete schwarze Shiitake, 25 Minuten in heißem Wasser eingeweicht und abgetropft

1 getrocknetes Wolkenohr (4 cm groß), 25 Minuten in heißem Wasser eingeweicht und abgetropft

75 g Möhren, in feine Julienne geschnitten

50 g Bleichsellerie, in feine Julienne geschnitten

40 g Bambussprossen, in feine Julienne geschnitten

60 g Chinakohl, in feine Streifen geschnitten

45 g Bohnensprossen

2 Frühlingszwiebeln (mit den hellgrünen Teilen), in 4 cm lange Stücke und dann längs in Julienne geschnitten

2 EL Hoisin- oder Austernsauce

1 EL Tapioka- oder Maisstärke

20 Frühlingsrollen-Teigblätter (13 cm Kantenlänge)

Pflanzen- oder Erdnussöl zum Frittieren

Süßsaure Sauce (siehe Seite 108) oder helle Sojasauce

◆ Für die Füllung die Stiele der Shiitake (falls vorhanden) und etwaige holzige Stellen des Wolkenohrs entfernen. Die Pilze in feine Streifen schneiden und beiseite stellen.

◆ Einen Topf zu drei Vierteln mit Wasser füllen und dieses zum Kochen bringen. Die Möhren- und Sellerie-Julienne darin 1½ Minuten blanchieren. Mit einem Schaumlöffel herausheben und gut abtropfen lassen. Die Bambussprossen, Kohlstreifen, Bohnensprossen und Frühlingszwiebeln ebenfalls hineingeben und 1 Minute blanchieren. Gut abtropfen lassen.

◆ In einer Schüssel das gründlich abgetropfte Gemüse mit der Hoisin- oder Austernsauce sorgfältig vermengen. Tapioka- oder Maisstärke unterrühren, um überschüssige Flüssigkeit zu absorbieren.

◆ Zum Füllen der Frühlingsrollen ein Teigblatt so auf die Arbeitsfläche legen, dass eine Ecke zu Ihnen zeigt. Etwa 2 Esslöffel der Füllung in die Mitte setzen, die vordere Ecke über die Füllung führen und einschlagen. Die Füllung mit den Fingern etwas ausbreiten und in Rollenform bringen. Die Seiten des Teigblattes über die Füllung schlagen, die verbliebene Ecke mit kaltem Wasser benetzen und das Teigpaket aufrollen. Zum Versiegeln das Teigende etwas andrücken. Die Frühlingsrolle sollte etwa 6 cm lang und 2 cm dick sein. Auf diese Weise sämtliche Teigblätter verarbeiten.

◆ In einen Wok oder einen großen Topf mit schwerem Boden das Öl etwa 5 cm hoch einfüllen und auf 165 °C erhitzen (zur Probe einen Brotwürfel einlegen, er sollte in 5–10 Sekunden goldbraun werden). Die Hälfte der vorbereiteten Frühlingsrollen in das heiße Öl gleiten lassen und in 1½–2 Minuten unter häufigem Wenden goldbraun ausbacken. Mit einem Schaumlöffel herausheben und auf einem Gitterrost über Küchenpapier abtropfen lassen. Mit den restlichen Frühlingsrollen auf die gleiche Weise verfahren.

◆ Die heißen Frühlingsrollen auf einer Platte anrichten und sofort servieren. Die süßsaure Sauce oder helle Sojasauce in kleinen Schälchen zum Dippen dazu reichen.

Ergibt 20 Stück

◆ Für die Brühe die Hühnerschenkel unter fließendem kaltem Wasser waschen. Die Schenkel mit dem Ingwer in einen Topf legen, mit dem Fond oder Wasser auffüllen und auf großer Stufe zum Kochen bringen. Die Hitze auf niedrige Stufe herunterstellen und die Brühe unbedeckt etwa 35 Minuten leise köcheln lassen, bis das Fleisch gar ist. Zwischendurch immer wieder abschäumen.

◆ Inzwischen die Hühnerbrustscheiben in eine kleine, flache Schüssel legen und mit der Sojasauce und dem Reiswein beträufeln. Alles gründlich vermengen und das Brustfleisch marinieren lassen, bis die Brühe fertig ist.

◆ Die gekochten Hühnerschenkel mit einem Schaumlöffel aus der Brühe nehmen und für eine andere Verwendung zurücklegen.

◆ Das marinierte Brustfleisch in der Brühe ganz kurz garen und anschließend gleichmäßig in vorgewärmte Suppenschalen verteilen. Die Spinatblätter oder Erbsentriebe und den geriebenen Ingwer (falls verwendet) ebenfalls in die Schalen verteilen.

◆ Die Brühe mit Salz und Pfeffer abschmecken und durch ein feines Sieb in die Suppenschalen schöpfen. Sofort servieren.

Für 4–6 Personen

Süden

Qing Tang Ji Bocai

Klare Hühnerbrühe mit Spinat

Diese Suppe veranschaulicht die Dualität von Yin (dunkel und mild) und Yang (hell und kräftig).

FÜR DIE BRÜHE

2–3 Hühnerschenkel

12 mm frische Ingwerwurzel

1½ l Hühnerfond oder extrakräftiger Fond (siehe Seite 250, 251) oder Wasser

Salz und frisch gemahlener weißer Pfeffer

60 g Hühnerbrust, in feine Scheiben geschnitten

1 TL helle Sojasauce

½ TL Reiswein

45 g junge Spinatblätter oder Erbsentriebe

1 EL fein geriebener frischer Ingwer (nach Belieben)

Süden

Ma Ti Niurou Gao

Fleischküchlein mit Wasserkastanien

Die großen, süßlichen Wasserkastanien aus der Gegend um Guilin sind die besten in ganz China. Der poetische Name dieses Gerichts bedeutet »Triumph und Jubel«.

220 g mageres Rinderhackfleisch

60 g fettes Schweinehackfleisch

2 EL Wasser

1 TL frisch geriebener Ingwer

1 EL Knoblauch-Chili-Sauce

1 EL helle Sojasauce

½ TL Salz

90 g fein gehackte Wasserkastanien

20 g fein gehackte Frühlingszwiebel (nur das Weiße)

45 g Mais- oder Tapiokastärke

Pflanzenöl zum Braten

Frisch gemahlener weißer Pfeffer oder Sichuanpfeffer

Helle Sojasauce oder süße Chilisauce

◆ Das Hackfleisch mit dem Wasser in der Küchenmaschine zu einer weichen Farce pürieren. Den Ingwer, die Saucen und das Salz zugeben und alles zu einer homogenen Masse verarbeiten. Die Wasserkastanien und Frühlingszwiebel hinzufügen und nochmals kurz durcharbeiten, aber nicht zu stark zerkleinern.

◆ Aus der Masse 16 kleine Bällchen von etwa 3 cm Durchmesser formen. Das Stärkemehl auf einem tiefen Teller ausbreiten und die Fleischbällchen darin gleichmäßig wenden. Überschüssige Stärke abklopfen. Die Bällchen zu etwa 12 mm dicken Küchlein flach drücken. Nach Möglichkeit vor dem Braten 1 Stunde kalt stellen.

◆ Das Pflanzenöl in einer großen, flachen Pfanne etwa 6 mm hoch einfüllen und auf mittlerer Stufe erhitzen. Die Fleischküchlein portionsweise einlegen und von der einen Seite in etwa 2½ Minuten goldbraun braten. Wenden und von der anderen Seite weitere 1½–2 Minuten braten. Mit einem Schaumlöffel aus der Pfanne heben und 1 Minute auf Küchenpapier abtropfen lassen. Auf einer vorgewärmten Platte anrichten.

◆ Die Fleischküchlein mit etwas Pfeffer bestreuen und heiß mit der Sojasauce oder süßer Chilisauce als Dip servieren.

Ergibt 16 Stück

Süden

Yumi Xierou Geng

Cremige Maissuppe mit Krabbenfleisch

Die Kaiserin Dowager Cixi (1835–1908) liebte winzige gedämpfte Maisbrötchen. In Zentralchina werden Maiskörner zusammen mit Chilis pfannengerührt. Im Süden bevorzugen die Köche winzige Babymaiskolben als optisches Element; zerstoßene Maiskörner wandern in cremige Suppen. Im äußersten Norden sind sie in dicken, nahrhaften Breien geschätzt, um der grimmigen Kälte des Winters zu trotzen. Maisstärke dient in zahllosen Saucen und Glasuren als Bindemittel.

1 Dose (455 g) zerstoßene Maiskörner

1 l Hühnerfond (siehe Seite 250)

1–2 TL Hühnerfondpulver

2 TL helle Sojasauce

Salz und frisch gemahlener weißer Pfeffer

2 EL Maisstärke, aufgelöst in 80 ml Hühnerfond oder Wasser

125 g Krabbenfleisch

3 Eigelb oder 2 ganze Eier

2 EL frisch gehackte Frühlingszwiebel (mit den hellgrünen Teilen)

Won-tan-Streifen als Garnitur (siehe Seite 246; nach Belieben)

◆ In einem Topf den Mais, den Hühnerfond und den Pulverfond sowie die Sojasauce auf großer Stufe zum Kochen bringen. Mit Salz und Pfeffer würzen. Die aufgelöste Maisstärke einrühren, die Hitze etwas reduzieren und alles etwa 1½ Minuten kochen lassen, bis die Suppe eindickt.

◆ Inzwischen das Krabbenfleisch in einer kleinen Schüssel mit den Eigelben oder ganzen Eiern gründlich verrühren.

◆ Die Suppe vom Herd nehmen, die Krabben-Ei-Mischung hineingeben und 30 Sekunden ruhen lassen. Dann die Suppe langsam durchrühren, sodass das Ei kurze Fäden zieht. Falls das Ei nicht ausreichend stockt, die Suppe nochmals erhitzen, aber nicht mehr aufkochen.

◆ Die Suppe in vorgewärmte Schalen schöpfen und mit den Frühlingszwiebeln und den frittierten Won-tan-Streifen (falls verwendet) garnieren. Mit etwas Pfeffer vollenden und sofort servieren.

Für 6–8 Personen

VORSPEISEN, DIM SUMS, SUPPEN

Norden

Hai Zhepi Lengpan

Seafood-Vorspeisenplatte

Kleine Appetithappen sind ein köstlicher Snack zu einem Drink. Sie sollen den Gaumen stimulieren und auf die Genüsse vorbereiten, die da noch kommen. Meist sind es nur ein paar Bissen pro Person, und in zwanglosen, geselligen Runden pickt jeder nach Lust und Laune von den in der Tischmitte platzierten Tellern. Oder man wartet, bis die drehbare Platte darunter das Objekt der Begierde in Reichweite rückt. Die Auswahl der delikaten Häppchen variiert je nach Budget und Anlass.

Irgendetwas Ausgefallenes ist fast immer dabei. Die essbaren Schirme einiger Quallenarten werden zu halb durchsichtigen bernsteinfarbenen Scheibchen getrocknet. Da sie salzig und zäh wie Leder sind, werden sie vor der Zubereitung wieder gewässert.

FÜR DAS QUALLENFLEISCH
60 g getrocknetes, gesalzenes Quallenfleisch
1½ TL Sesamöl
Salz und frisch gemahlener weißer Pfeffer
3 Zweige frisches Koriandergrün, in 5 cm lange Stücke geschnitten
2 dünne Scheiben frischer Ingwer, geschält und in feine Streifen geschnitten

FÜR DEN TINTENFISCH
100 g küchenfertig vorbereitete Kalmartuben (etwa 150 g ungesäubert; siehe Seite 249)
1½ TL Sesamöl
½ TL Chiliöl
Salz und frisch gemahlener weißer Pfeffer

2 Abalonen aus der Dose, abgetropft
Austernsauce

◆ Das Quallenfleisch in einer Schüssel mit kaltem Wasser bedecken und 1 Stunde einweichen. Abgießen, erneut mit frischem kaltem Wasser bedecken und eine weitere Stunde einweichen. Abgießen und abtropfen lassen.

◆ Das Quallenfleisch mit einem scharfen Messer in schmale Streifen schneiden. In einer Schüssel mit lauwarmem Wasser bedecken und 20 Minuten quellen lassen. Unter fließendem kaltem Wasser abspülen und sorgfältig abtropfen lassen. Das Quallenfleisch zurück in die Schüssel geben und mit dem Sesamöl, Salz und Pfeffer sorgfältig vermengen. Das Koriandergrün und den Ingwer zugeben und nochmals gut verrühren.

◆ Für den Tintenfisch einen Topf mit Wasser füllen und dieses zum Kochen bringen. Die Kalmartuben darin 20 Sekunden blanchieren. Nicht übergaren, da das Fleisch sonst zäh wird. In ein Sieb abgießen und sofort mit kaltem Wasser abschrecken, bis sie ganz abgekühlt sind. Gut abtropfen lassen und mit einem scharfen Messer schräg in schmale Streifen schneiden. Die Streifen in einer Schüssel mit dem Sesam- und Chiliöl, Salz und Pfeffer gründlich vermengen.

◆ Das Abalonenfleisch auf einem Brett etwas flach drücken und mit einem scharfen Messer oder einem Küchenbeil parallel zum Brett in papierdünne Scheiben schneiden.

◆ Zum Anrichten das Quallenfleisch, die Tintenfischstreifen und die Abalonenscheiben auf einer Platte zu getrennten Häufchen aufschichten. Leicht gekühlt oder bei Raumtemperatur servieren. Die Austernsauce in separaten Schälchen dazu reichen.

Für 6 Personen

Sorge dich wenig, iss gut, und dein Herz ist geschützt.

Tee

»Zuerst die Teekanne zum Vorwärmen mit kochendem Wasser ausspülen. Dann die Teeblätter, etwa einen Teelöffel pro Person, einfüllen und mit frischem kochendem Wasser übergießen. Nach 30 Sekunden das Wasser abgießen. Die Teeblätter kurz ihr Aroma entfalten lassen, dann abermals mit frischem kochendem Wasser – möglichst Quellwasser – aufgießen. In heißem Wasser die Porzellantassen vorwärmen und verteilen. Die ersten beiden Kannen Tee möglichst rasch trinken. Erst beim dritten Aufguss ist der Tee gerade richtig.«

So etwa lautete vor mehr als 25 Jahren meine erste Lektion in der Kunst der chinesischen Teezubereitung. China erstand gerade aus dem erdrückenden Joch der Kulturrevolution, ich war damals als Gastarbeiterin auf der Vorzeige-Teeplantage in Yingteh rund 165 Kilometer nördlich von Guangzhou und lernte dort, Teesorten an ihrem Aroma zu erkennen und dass man jeweils nur die drei oberen Blätter der Teezweige pflückt. Ich lernte alles über die verschiedenen Phasen der Weiterverarbeitung, aus denen die drei Hauptsorten des chinesischen Tees hervorgehen – grüner, schwarzer und Oolong-Tee.

Grüner Tee (oder auch der nur an der Sonne getrocknete berühmte Weiße Tee) hat das frische Aroma von unfermentiertem Tee. Er duftet aromatisch und wirkt frisch geerntet sehr belebend. Die Blätter werden in speziellen Öfen langsam getrocknet, um das Fermentieren zu unterbinden. Für Chinas feinste Sorte *Longjing* (Drachenquelle), nach einer Quelle nahe Hangzhou benannt, wird jedes Teeblatt von Hand gerollt, um absolute Spitzenqualität zu garantieren. Der feinwürzige grüne Tee ist so edel, dass man ihn sogar essen kann: Pfannengerührte Garnelen mit *Longjing*-Tee sind eine Spezialität aus Hangzhou, bei der fleischige, männliche Süßwassergarnelen über großer Hitze sautiert und anschließend rasch in ganz frisch geernteten *Longjing*-Teeblättern gewendet werden. Weniger ausgefallen, dafür aber weltweit beliebt, ist Jasmintee, ein grüner Tee, der mit ganzen Jasminblüten aromatisiert wird.

Schwarzer Tee ist ein vollwürziger, dunkler und vollständig fermentierter Tee. Vor dem Trocknen werden die Teeblätter auf Brettern ausgebreitet, wo sie in der Sonne welken und fermentieren. Dabei verändern sich ihre Farbe und ihr Aroma. In Guangzhou ist schwarzer Tee der bevorzugte Begleiter zu Dim sums, und an warmen Tagen genießt man ihn auch lauwarm aus Gläsern. In Südchina ist der speziell fermentierte rote Pu-Erh-Tee besonders beliebt.

Oolong-Tee ist ein halb fermentierter grüner Tee mit einem sehr intensiven, würzig-scharfen Aroma. Nach 70-prozentiger Fermentierung werden die Blätter geröstet, um den Prozess zu stoppen. Einer der besten Oolongs wird in den berühmten Plantagen von Jiangxi kultiviert. *Tie guan yin* (eiserne Göttin der Gnade) ist ein besonders köstlicher Oolong, der extrastark aus fingerhutgroßen Tassen genossen wird.

Norden

Jinqian Xiabing

Knusprige Garnelen-»Münzen« mit Sesam

Diese festliche Vorspeise in der Form alter chinesischer Münzen symbolisiert Glück und Reichtum.

220 g geschälte Garnelenschwänze, Darm entfernt (etwa 500 g ungeschälte Garnelen)

1 TL frisch geriebener Ingwer

1 EL Wasser

2 TL helle Sojasauce

1 TL Reiswein

1 Eiweiß

1 EL Maisstärke

½ TL Salz

6 große, dünne Scheiben Weißbrot

24 kleine Blätter frisches Koriandergrün

2–3 EL Sesamsamen

Pflanzen- oder Erdnussöl zum Frittieren

Süßsaure Sauce (siehe Seite 108)

◆ Das Garnelenfleisch und den Ingwer in der Küchenmaschine zu einer glatten Paste zermahlen. Das Wasser, die Sojasauce, den Reiswein, die Maisstärke und das Salz zugeben und alles zu einer homogenen Masse verarbeiten. Die Garnelenfarce gleichmäßig auf die Brotscheiben streichen.

◆ Mit einem runden Ausstechring von 4½–5 cm Durchmesser aus jeder Brotscheibe 4 Kreise ausstechen. In die Mitte jedes Kreises ein Korianderblatt legen. Die noch frei liegende Garnelenfarce mit den Sesamsamen bestreuen und leicht andrücken.

◆ Das Öl etwa 4 cm hoch in einen Wok füllen und auf 180 °C erhitzen (die Temperatur ist erreicht, wenn ein Brotwürfel darin innerhalb von 10 Sekunden goldbraun wird). Die ersten 6 »Münzen« mit der bestrichenen Seite nach unten in etwa 2 Minuten goldbraun ausbacken. Mit einem Schaumlöffel wenden und weiterfrittieren, bis auch die unbestrichene Seite goldbraun ist. Die fertigen »Münzen« auf einem Gitterrost über Küchenpapier abtropfen lassen. Die restlichen Kräcker auf die gleiche Weise frittieren.

◆ Die Garnelen-»Münzen« nebeneinander auf einer Platte anrichten und mit der süßsauren Sauce zum Dippen sofort servieren.

Ergibt 24 Stück

44 VORSPEISEN, DIM SUMS, SUPPEN

Norden

Jiaozi

Gedämpfte Schweinefleischtaschen

Es ist unmöglich, durch den Nordosten Chinas zu reisen, ohne ständig von diesen köstlichen, saftigen Teigtaschen verlockt zu werden. Jede Stadt hat ihre eigenen Varianten. In Kaifeng lassen die Köche in der Füllung die Zwiebeln weg. In Tianjin ist der Teig dicker und quillt stärker auf. In Peking sind die Teighüllen feiner und oben kunstvoller zusammengezwirbelt. In Shanghai wird der Dämpfkorb zuvor mit Kohlblättern ausgelegt, sodass sich ihr Aroma mit dem Bambusduft vermengt und den Teigtaschen einen einzigartigen Geschmack verleiht.

Teigtaschen und Dampfbrötchen mit Fleischfüllungen gehören zu Chinas beliebtesten Snacks. Das chinesische Neujahrsfest liefert den Familien im Norden einen willkommenen Vorwand, riesige Tabletts mit »jiaozi« zuzubereiten, um sie mit einer pfeffrigen Mischung aus Schweinefleisch und Kohl, gewürzt mit Pfeffer, zu füllen. »Baozi« sind große, mit Fleisch gefüllte Dampfbrötchen, die man, in Dämpfkörben gestapelt, überall im Norden und Westen an Straßenständen auf den Märkten findet. Im Süden hingegen genießt man gedämpfte »cha shao bao«, weiche weiße Dampfbrötchen, gefüllt mit süßlich mariniertem, gebratenem Schweinefleisch.

Die delikaten »jiaozi« werden mit eingeweichten und fein gehackten Wolkenohren, geraspelten Bambussprossen, gehackten Frühlingszwiebeln und Kohlblättern sowie zerstampften Kartoffeln, Taro oder gewürfeltem Tofu gefüllt. Mit geriebenem Ingwer, heller Sojasauce, Salz und weißem Pfeffer gewürzt, schmecken sie einfach himmlisch.

FÜR DEN TEIG

325–400 g Mehl

1 EL Backpulver

150 ml Wasser

FÜR DIE FÜLLUNG

220 g mageres Schweinehackfleisch

1½ TL frisch geriebener Ingwer

1½ EL Pflanzenöl

2 EL helle Sojasauce

Etwa 125 ml Wasser

60 g fein gehackter Chinakohl, plus 2 große ganze Blätter

20 g fein gehackte Frühlingszwiebel (mit den hellgrünen Teilen)

1 EL Sesamöl

Roter Essig oder helle Sojasauce

◆ Für den Teig 315 Gramm Mehl und das Backpulver in eine Schüssel sieben. In die Mitte eine Mulde drücken und das Wasser hineingießen. Die Zutaten mit einem großen Rührlöffel rasch zu einem knetbaren Teig verarbeiten. Der Teig sollte elastisch, aber nicht zu feucht sein, da er sonst an der Arbeitsfläche kleben bleibt. Nötigenfalls noch etwas Mehl einarbeiten, bis er die richtige Konsistenz hat. Den Teig auf der leicht bemehlten Arbeitsfläche etwa 2 Minuten kräftig durchkneten, bis er fest, glatt und geschmeidig ist. Die Teigkugel in ein feuchtes Küchentuch einschlagen und ruhen lassen, während Sie die Füllung zubereiten.

◆ Für die Füllung das Hackfleisch in der Küchenmaschine zu einer glatten Farce pürieren. Den Ingwer, das Pflanzenöl und die Sojasauce sorgfältig darunter mixen. Esslöffelweise so viel Wasser zugießen, dass eine feuchte, geschmeidige Masse entsteht. Den gehackten Kohl, die Frühlingszwiebel und das Sesamöl hinzufügen und nochmals grob durcharbeiten, aber nicht mehr vollständig pürieren.

◆ Den Teig in etwa 2½ cm große Stücke zerteilen. Die Stücke nacheinander auf der leicht bemehlten Arbeitsfläche zu 2 mm dünnen Kreisen mit 9 cm Durchmesser ausrollen; die Ränder sollten etwas dünner sein. Wenn sämtlicher Teig ausgerollt ist, die Teigkreise mit einem Tuch bedecken, damit sie nicht austrocknen. Es sollten sich etwa 20 Kreise ergeben.

◆ Zum Füllen der Taschen ein Teigblatt auf den Handteller legen und 1 Esslöffel Füllung in die Mitte des Kreises setzen. Mit drei Fingern der anderen Hand die Teigränder greifen und in kleinen Fältchen über der Füllung zusammenführen, sodass diese eingeschlossen ist. Die Bällchen auf der Arbeitsfläche vorsichtig in eine rundliche Form bringen.

◆ In einem Dämpftopf Wasser zum Kochen bringen. Inzwischen einen Bambusdämpfkorb oder einen metallenen Dämpfeinsatz mit den ganzen Kohlblättern auslegen und die Bällchen nicht zu dicht nebeneinander darauf setzen. Den Bambuskorb oder Dämpfeinsatz in den Dämpftopf einsetzen und fest verschließen. Die Hitze etwas reduzieren, sodass das Wasser leise siedet, und die Bällchen 7–9 Minuten dämpfen, bis sie etwas aufgequollen sind und sich gerade eben fest anfühlen.

◆ Den Dämpfeinsatz vorsichtig herausheben und die Schweinefleischtaschen im Bambuskorb servieren; bei Verwendung eines Metalleinsatzes auf einer Platte anrichten. Den Essig oder die Sojasauce in kleinen Schälchen zum Dippen dazu reichen.

Ergibt etwa 20 Stück

Sojasauce

Was vor mehr als 3 000 Jahren als bescheidenes Kleingewerbe begann, hat sich in dem bevölkerungsreichsten Land auf diesem Globus inzwischen zu einer weltweit operierenden, milliardenschweren Industrie entwickelt. Die Herstellung von Sojasauce *(jiangyou)* ist ein relativ einfacher Prozess. Gelbe Sojabohnen werden weich gekocht, zerstampft, mit geröstetem Weizen- oder Gerstenmehl und Salz (manchmal auch Zucker) vermengt und zum Fermentieren in Fässer gefüllt. Dann impft man die Mischung mit dem *Lactobacillus*-Bakterium und lässt sie weiter fermentieren. Der erste Abzug nach etwa 40 Tagen liefert einen hellen, bernsteinfarbenen Extrakt mit delikatem und angenehm salzigem Aroma. Lässt man ihn weiterreifen, werden Würze und Farbe intensiver, die Salzigkeit nimmt dagegen ab. In diesem Stadium wird häufig Zucker oder Karamell zugesetzt, was in einer dunklen Sauce resultiert, in der sich süße und salzige Elemente ergänzen; aber auch Pilze oder Krustentiere sind ein beliebter Zusatz und sorgen für einen kräftigen, vielschichtigen Geschmack.

Verwenden Sie helle Sojasauce zum Abrunden und Salzen von pfannengerührten Gerichten, für Marinaden und als Dip. Dunkle Sojasaucen verleihen Wok- und Schmorgerichten sowie dunklen Saucen Vollendung und Farbe. Die dickflüssige süße Sojasauce verwendet man vorwiegend als Dip für Fettgebackenes. Auch spezielle diätetische Produkte – salzarme oder weizenfreie Sojasaucen – sind erhältlich.

Süden

Zheng Xiao Xia Lajiangyou

Gedämpfte Garnelen mit Soja-Chili-Dip

Was für eine schlichte, aber genussvolle Gaumenfreude sind doch gedämpfte Garnelen, frisch aus dem Meer auf den Tisch. Die Chinesen servieren Krustentiere am liebsten im Ganzen in der Schale, was ihren Genuss zu einer etwas rustikalen, aber fröhlichen Angelegenheit macht, die nach einem Plastiktischtuch und einem gewissen Vorrat an Servietten verlangt. In vielen Restaurants wird daher eine Schüssel mit kaltem Tee auf den Tisch gestellt, als reinigendes Bad für die klebrigen Finger, nachdem die letzte Garnele im Munde verschwunden ist.

Jeder Chinese von der Insel Hainan oder aus Shanghai wird Ihnen bestätigen, dass ein Soja-Chili-Dip die perfekte Ergänzung zu frischen gedämpften Garnelen ist. Für alle, die es nach einer Extradosis Chili verlangt, empfiehlt sich eher Chiliöl als die frische Schote. Es sorgt für Schärfe und Geschmack, ohne den frischen Meeresgeschmack der Garnelen zu überdecken.

18 Riesengarnelen, ungeschält (insgesamt etwa 750 g)

FÜR DEN SOJA-CHILI-DIP

1½ EL helle Sojasauce

2½ EL dunkle Sojasauce

2 EL Wasser

2 Scheiben frischer Ingwer (je 3 mm dick), sehr fein gehackt

1 Frühlingszwiebel (mit den hellgrünen Teilen), sehr fein gehackt

1 scharfe rote oder grüne Chilischote, Samen entfernt, in sehr feine Streifen geschnitten

1½ EL Erdnuss- oder Pflanzenöl

◆ Die Garnelen waschen, aber nicht schälen. In einer Schüssel mit Eiswasser bedecken und mindestens 10 Minuten bis zu 1 Stunde stehen lassen, damit das Fleisch fest wird.

◆ Für die Sauce in einer kleinen Schüssel die helle und dunkle Sojasauce, das Wasser, den Ingwer, die Frühlingszwiebel, Chili und das Öl leicht verschlagen und in kleine Dip-Schälchen füllen.

◆ In einem Dämpftopf Wasser zum Kochen bringen. Die Garnelen in den Einsatz legen und diesen in den Topf einsetzen. Fest verschließen, die Hitze herunterstellen, sodass das Wasser noch leise siedet, und die Garnelen etwa 8–10 Minuten dämpfen, bis sie fest sind und eine rosa Farbe angenommen haben.

◆ Die Garnelen mit dem Dip sofort servieren.

Für 6–8 Personen

48 VORSPEISEN, DIM SUMS, SUPPEN

Norden

Gao Tang Yu Jiao

Fischbällchen in klarer Brühe

Die seidig zarte Konsistenz ihrer Fisch- und Fleischbällchen erzielen chinesische Köche, indem sie die sorgfältig durchgedrehte und durchgewirkte Farce unermüdlich gegen die Innenwand einer schweren Schüssel werfen. Geformt werden die Bällchen mithilfe eines Suppenlöffels aus Porzellan.

FÜR DIE FISCHBÄLLCHEN

220 g weißfleischiges Fischfilet, in Stücke geschnitten

1½ EL fein gehackte Frühlingszwiebel (nur das Weiße verwenden)

1 TL frisch geriebener Ingwer

1 EL Wasser

1 TL Reiswein (nach Belieben)

1 Eiweiß

¼ TL Backpulver

½ TL Salz

1 große Prise frisch gemahlener weißer Pfeffer

FÜR DIE BRÜHE

4 Kirschtomaten

1½ l Fischfond (siehe Seite 250)

1 kleines Bund Koriandergrün, in kleine Zweige zerteilt

Salz und frisch gemahlener weißer Pfeffer

◆ Für die Fischfarce das Fischfilet in der Küchenmaschine pürieren. Die Frühlingszwiebel, den Ingwer, das Wasser, den Reiswein, das Eiweiß, Backpulver, Salz und Pfeffer zugeben und alles in etwa 1 Minute zu einer feinen, hellen Farce verarbeiten.

◆ Die Stielansätze der Tomaten entfernen, die Tomaten halbieren, mit einem Teelöffel die Samen herausschaben und wegwerfen. Das Fruchtfleisch nochmals halbieren.

◆ Den Fischfond in einem mittelgroßen Topf bei großer Hitze zum Kochen bringen. Mit einem kleinen Löffel von der Farce kleine Bällchen abstechen, in die Brühe gleiten lassen und etwa 40 Sekunden pochieren, bis sie an die Oberfläche steigen. Die Fischbällchen mit einem Schaumlöffel herausheben und in vorgewärmte Suppenschalen verteilen. Die vorbereiteten Kirschtomaten und Korianderzweiglein ebenfalls gleichmäßig in die Schalen verteilen.

◆ Den Fischfond mit Salz und Pfeffer abschmecken und durch ein feines Sieb über die Fischbällchen in die Suppenschalen schöpfen. Sofort servieren.

Für 4–6 Personen

Süden

Zha Pangxie Qiu

Frittierte Krabbenbällchen

Werde ich nach meinen chinesischen Lieblingsgerichten gefragt – dies ist eines. In der Provinz Fujian an der Ostküste verstehen es Köche, ihren Gerichten eine unverwechselbare Note zu verleihen, und dies nicht zuletzt durch die Verwendung der vielen Zitrusfrüchte, die in der Region kultiviert werden. Ihre Art, Gans zuzubereiten, bei der Essig einen säuerlichen Kontrast zum Fett des Geflügels setzt, ist einfach unvergleichlich. In ganz ähnlicher Weise verwenden sie frische und eingelegte Limonen, um ihrer Spezialität, in Limonensaft geschmorter Jungente, etwas von ihrer Schwere zu nehmen. Eine süßsäuerliche Sauce aus eingelegten Limonen und süßer Sojasauce schmeckt wunderbar zu diesem herrlichen Snack.

FÜR DEN DIP

75 g Kandiszucker oder hellbrauner Zucker

125 ml Wasser

½ TL Tamarindenkonzentrat oder 2 EL frisch gepresster Limonensaft

1½ TL süße Sojasauce

FÜR DIE KRABBENBÄLLCHEN

220 g Krabbenfleisch

75 g fettes Schweinehackfleisch

60 g Wasserkastanien, fein gehackt

*1 EL gehackte Frühlingszwiebel
(nur das Weiße)*

*1 Scheibe Weißbrot, entrindet und in grobe
Stücke geschnitten*

1 Eiweiß

1–2 EL Tapioka oder Maisstärke

½ TL Salz

½ TL frisch gemahlener weißer Pfeffer

*Sonnenblumen- oder Maiskeimöl zum
Frittieren*

◆ Für den Dip den Zucker und das Wasser in einem kleinen Topf bei mittlerer Hitze zum Kochen bringen und in etwa 10 Minuten auf die Hälfte zu einem goldbraunen Sirup einkochen lassen. Das Tamarindenkonzentrat oder den Limonensaft und die Sojasauce einrühren. Den Dip in kleine Schälchen füllen und beiseite stellen.

◆ Für die Krabbenbällchen das Krabben- und Schweinehackfleisch in der Küchenmaschine pürieren. Die Wasserkastanien, Frühlingszwiebel, das Brot, Eiweiß sowie 1 Esslöffel Speisestärke, Salz und Pfeffer zugeben und alles zu einer glatten Farce verarbeiten. Je feuchter die Masse, desto lockerer werden die Krabbenbällchen, desto schwieriger sind sie allerdings auch zu formen. Lassen sie sich gar nicht formen, noch 1 Esslöffel Speisestärke einarbeiten.

◆ Das Öl etwa 5 cm hoch in einen Wok füllen und auf 190 °C erhitzen (die Temperatur ist erreicht, wenn ein Brotstückchen darin in wenigen Sekunden goldbraun wird). Mit einem Esslöffel von der Farce kleine Bällchen abstechen und vorsichtig in das heiße Öl gleiten lassen. Nicht zu viele Bällchen auf einmal in das Öl geben. Die Bällchen unter gelegentlichem Wenden in etwa 1½ Minuten von allen Seiten goldbraun frittieren. Mit einem Schaumlöffel herausheben und auf einem Gitterrost über Küchenpapier abtropfen lassen. Die restliche Farce auf die gleiche Weise verarbeiten.

◆ Die Krabbenbällchen auf einer Platte anrichten und mit dem Dip sofort servieren.

Ergibt 18–20 Stück

VORSPEISEN, DIM SUMS, SUPPEN

süden

Shengcai Bao

Salatkelche mit Hackfleisch-Wurst-Füllung

In China wird Kopfsalat zumeist anders verwendet als bei uns üblich. In Streifen geschnitten, dient er zum Beispiel als Bett für marinierten Tofu, knusprig frittierte Austern und Teigtaschen oder für pikante Snacks wie gebratene Garnelen oder Wachteln. Auch die Blätter selbst werden für den gleichen Zweck häufig frittiert. Kurz pochiert und mit Austernsauce gewürzt, isst man Salat auch als Gemüse oder verwendet ihn zusammen mit Nudeln als Einlage in einem Eintopf oder einer Suppe. Die bekannteste Sorte in China ist eine kleinköpfige, dem Römischen Salat ähnliche Art mit spärlicher Blattausbeute. Für dieses Gericht, vermutlich bekannter unter seinem kantonesischen Namen »sang choi bao«, wird knackiger Eisbergsalat zur Hülle für eine pikante Füllung aus Schweinehackfleisch oder Jungtaube.

Für eine vegetarische Variante kann man das Hackfleisch durch Tofu oder auch Aubergine ersetzen, die Wurst durch eine Mischung aus frittiertem Tofu und getrockneten schwarzen Shiitake (zuvor in warmem Wasser eingeweicht).

---

280 g fettes Schweinehackfleisch

1 EL helle Sojasauce

3 chinesische Würste (siehe Seite 245)

2 EL Pflanzenöl

½ Stange Bleichsellerie, fein gehackt

2 TL frisch geriebener Ingwer

½ TL durchgepresster Knoblauch

75 g Bambussprossen, fein gehackt

80 g Champignons oder Reisstrohpilze aus der Dose, fein gehackt

Salz und frisch gemahlener weißer Pfeffer

1 EL Hoisin-Sauce, plus 125 ml Sauce zum Dippen

1 EL dunkle Sojasauce

3 Frühlingszwiebeln (mit den hellgrünen Teilen), sehr fein gehackt

2 TL Maisstärke, aufgelöst in 125 ml Hühnerfond, extrakräftigem Fond (siehe Seite 250, 251) oder Wasser

1½ EL fein gehacktes Koriandergrün (nach Belieben)

8 feste innere Blätter Eisbergsalat, geputzt und zu Kelchen gestutzt

---

◆ In einer Schüssel das Hackfleisch mit der hellen Sojasauce gut vermengen und marinieren lassen, während Sie die Würste zubereiten. In einem Dämpftopf Wasser zum Kochen bringen. Die Würste auf einem hitzebeständigen Teller in den Dämpfkorb setzen und zugedeckt etwa 5 Minuten dämpfen, bis sie weich sind. Aus dem Dämpfkorb heben, abkühlen lassen, fein hacken und beiseite stellen.

◆ Das Öl in einem Wok auf großer Stufe erhitzen. Das Hackfleisch, den Sellerie, Ingwer und Knoblauch hineingeben und etwa 1 Minute pfannenrühren, bis das Fleisch eine graue Farbe angenommen hat. Dabei beständig mit der Wokschaufel rühren, damit das Fleisch krümelig zerfällt und keine Klumpen verbleiben. Die gehackten Würste, Bambussprossen und Pilze zugeben und weitere 40 Sekunden rühren, bis das Fleisch und der Sellerie gar sind. Mit Salz, Pfeffer, 1 Esslöffel Hoisin-Sauce und der dunklen Sojasauce würzen und die Frühlingszwiebeln sowie die angerührte Stärke zugeben. Unter ständigem Rühren 20–30 Sekunden weitergaren, bis die Mischung eindickt. Das Koriandergrün unterheben und die Mischung in eine Servierschüssel umfüllen.

◆ Zum Servieren die 125 Milliliter Hoisin-Sauce in kleine Dip-Schälchen verteilen. Die Salatkelche auf einer Platte arrangieren und bei Tisch die heiße Füllung gleichmäßig darin verteilen. Die Gäste können nun nach Belieben mit Hoisin-Sauce nachwürzen. Die Salatkelche um die Füllung schließen und aus der Hand essen.

Ergibt 8 Stück

Mit einem Küchenbeil in jeder Hand hackt ein geschickter chinesischer Koch Fleisch in Windeseile.

Norden

Doufu Jiangyou Xiangcai

Seidentofu mit Sojasauce und Koriandergrün

Während einer meiner Besuche im Sommer in Shanghai verwöhnte mich meine Gastgeberin mit dieser köstlichen, erfrischenden Vorspeise aus ganz frischem Seidentofu. Manchmal krönt sie das gleiche Gericht noch mit gehacktem eingelegtem Kohl. Kochen ist bei diesem kalten Snack nicht nötig, allerdings muss man den empfindlichen Tofu ganz behutsam behandeln. Am besten isst man ihn mit dem Löffel.

Kalte Appetithäppchen sind in China besonders beliebt und werden oft mit ungewöhnlichen Zutaten und Gewürzen kombiniert, so zum Beispiel mit knusprigem Quallenfleisch oder blanchierten Silberohren, die im Geschmack nur schwach an Pilze und in der Konsistenz an Quallenfleisch erinnern. Erst kürzlich entdeckte ich Lotoswurzeln, die ich in kalten Vorspeisengerichten als Ersatz für Palmherzen verwende.

500 g frischer Seidentofu

90 g Eisbergsalat, in schmale Streifen geschnitten

3 EL helle Sojasauce

1½ EL Wasser

1 TL extrafeiner Zucker

1 EL Sesamöl

2 TL sehr fein gehackte Frühlingszwiebel (mit den hellgrünen Teilen)

1½ – 2 EL fein gehacktes Koriandergrün

◆ Den Tofu vorsichtig aus der Verpackung nehmen, auf einen flachen Teller legen und unter fließendem kaltem Wasser abspülen. Gründlich abtropfen lassen. Den Tofu in 4 cm große und 1 cm dicke Quadrate schneiden. Die Salatstreifen auf einer Servierplatte ausbreiten und die Tofuscheiben darauf anrichten.

◆ In einer kleinen Schüssel die Sojasauce, das Wasser und den Zucker verrühren, bis sich der Zucker gelöst hat. Das Sesamöl und die Frühlingszwiebel zugeben und gut vermischen.

◆ Die Sauce gleichmäßig über den Tofuscheiben verteilen und mit dem Koriandergrün bestreuen. Leicht gekühlt oder bei Raumtemperatur servieren.

Für 2 – 4 Personen

Norden

Babao Sucai Tang

Gemüsesuppe der »acht Kostbarkeiten«

»Acht Kostbarkeiten« ist die Bezeichnung für Gerichte mit vielen (nicht unbedingt acht) besonderen Zutaten. Bei Süßspeisen können dies zum Beispiel Lotossamen, Ginkgonüsse, Chinesische Datteln (Jujube), Mandeln, kandierte Früchte oder gesüßte rote Bohnen sein, in pikanten Gerichten Lotoswurzel, seltene Pilze, exotische Meeresfrüchte, außergewöhnliches Fleisch und getrocknete Lilienblüten. Letztere, in China als »shannai« bekannt, sind die getrockneten Blütenknospen der Tigerlilie, die ein äußerst feines und leicht bitteres Aroma haben. Die abgepackt erhältlichen Knospen sollten kühl und trocken gelagert werden. Für schnelle Zubereitungen werden sie zuvor eingeweicht.

Die chinesische Wintermelone (Wachskürbis) erinnert im Aussehen an Wassermelonen. Schneidet man sie aber auf, kommt nicht etwa ein saftig-süßes rotes Fleisch zum Vorschein, sondern hellgrünes, fein strukturiertes, mild-aromatisches Fruchtfleisch. In der chinesischen Ernährungslehre nach Yin und Yang zählt die Wintermelone zu den kühlendsten Gemüsesorten überhaupt. Sie wird vor allem in Suppen und gedämpften Gerichten geschätzt, weil sie besonders gut das Aroma anderer Zutaten aufnimmt. Zu einem festlichen Anlass wird die »Suppe der acht Kostbarkeiten« häufig in einer dekorativ ausgehöhlten Melone serviert. In Hühnerbrühe mit dem berühmten Yunnan-Schinken pochiert, ist Wintermelone ein ganz außergewöhnlicher Festschmaus. Kandierte Wintermelone ist eine beliebte Süßigkeit in der Gabenschachtel zum Neujahrsfest.

280 g geschälte, gewürfelte Wintermelone (440 g ungeschält)

45 g Möhre, in 12 mm große Würfel geschnitten

40 g Bambussprossen, in 12 mm große Würfel geschnitten

45 g rohe Erdnusskerne oder Ginkgonüsse

60 g Zucchini, in 12 mm große Würfel geschnitten

75 g kleine Reisstrohpilze aus der Dose

10 getrocknete Lilienblüten, gehackt (nach Belieben)

10 cm getrocknete Tofustange, 2 Minuten in heißem Wasser eingeweicht, abgetropft und in kleine Stücke geschnitten

1 TL frisch geriebener Ingwer

1 TL Salz, plus Salz zum Abschmecken

1 EL helle Sojasauce

1½ l heißes Wasser, heißer Hühnerfond oder Gemüsebrühe (siehe Seite 250, 251)

100 g frischer Seidentofu, in 12 mm große Würfel geschnitten

20 g Frühlingszwiebelröllchen (mit den hellgrünen Teilen)

1 EL Maisstärke, aufgelöst in 1 EL Wasser

Frisch gemahlener weißer Pfeffer (nach Belieben)

◆ In einem ausreichend großen Topf die Würfel von Melone, Möhre und Bambussprossen, Erdnüsse oder Ginkgonüsse, Zucchiniwürfel, die abgetropften Pilze, die Lilienblüten, den Tofu, Ingwer, 1 Teelöffel Salz und die Sojasauce vermengen. Mit dem heißen Wasser, Fond oder Brühe auffüllen und das Ganze bei mittlerer Hitze unter gelegentlichem Rühren zum Kochen bringen. Die Hitze etwas herunterstellen und unbedeckt etwa 15 Minuten leise köcheln lassen, bis das Gemüse weich ist.

◆ Die frischen Tofuwürfel sowie die Frühlingszwiebelröllchen zugeben und mit Salz abschmecken. Die aufgelöste Stärke einrühren und die Suppe etwa 1½ Minuten unter sanftem Rühren ganz leicht eindicken lassen.

◆ Die Suppe in eine Suppenschüssel füllen, mit Pfeffer würzen und sofort servieren.

Für 4–8 Personen

Norden

Suanni Bairou

Kaltes Schweinefleisch mit Knoblauchsauce

Ein geschickter chinesischer Koch fertigt aus Schweineohren die »Seidengeldbörse«. Was könnte also elementarer sein als gekochtes Schweinefleisch? In Reisessig marinierte Bohnensprossen sind eine ausgezeichnete Ergänzung zu dieser Vorspeise, die auch unter den 30 kalten Gerichten des Festbanketts zur Feier der Esskultur der Tang-Dynastie (618–907) Mitte der 1980er-Jahre in Peking war.

FÜR DAS SCHWEINEFLEISCH

500 g Schweinelende oder Schweinerollbraten

1 Frühlingszwiebel, geputzt

3 Scheiben frischer Ingwer, je 6 mm dick

1 EL Salz

1 kleines Stück Cassiarinde oder ½ Zimtstange

2–3 Segmente Sternanis

½ TL weiße Pfefferkörner

FÜR DIE KNOBLAUCHSAUCE

1½ EL fein gehackter Knoblauch

3 EL helle Sojasauce

1 EL schwarzer Essig (dunkler Reisessig)

1 EL Sesamöl

½–2 TL Chiliöl

2 TL extrafeiner oder dunkelbrauner Zucker

1–3 EL Schweinefond (siehe Seite 251)

◆ Das Schweinefleisch in einen Durchschlag legen und in die Spüle stellen. Einen Kessel mit Wasser zum Kochen bringen und das Fleisch damit überbrühen. Anschließend unter fließendes kaltes Wasser stellen, bis das Fleisch wieder kalt ist.

◆ Das Fleisch in einen gerade ausreichend großen Topf legen. Die Frühlingszwiebel, den Ingwer, Salz, Cassiarinde oder Zimtstange, Sternanis und Pfefferkörner hinzufügen und mit kaltem Wasser bedecken. Rasch zum Kochen bringen, die Hitze auf mittlere Stufe reduzieren und zugedeckt etwa 30 Minuten kochen, bis das Fleisch gar ist. Dabei regelmäßig abschäumen. Zur Garprobe das Fleisch mit einem dünnen Spieß einstechen, der austretende Saft sollte klar sein. Das Fleisch mit zwei Schaumlöffeln aus der Brühe heben, auf einer Platte lose mit Alufolie bedecken und 30–60 Minuten auf Raumtemperatur abkühlen lassen.

◆ Für die Sauce in einer kleinen Schüssel den Knoblauch, die Sojasauce, den Essig, das Sesamöl, Chiliöl nach Geschmack und den Zucker gut verrühren, bis sich der Zucker vollständig gelöst hat. Je nach Geschmack und gewünschter Konsistenz etwas Schweinefond zugießen.

◆ Mit einem Messer mit schmaler, scharfer Klinge das Fleisch quer zur Faser in hauchdünne Scheiben schneiden. Die Scheiben fächerförmig auf einer Platte anrichten und die Knoblauchsauce darüber schöpfen. Bei Raumtemperatur servieren.

Für 4–8 Personen

Norden

Baicai Doufu Tang

Kohl-Tofu-Suppe

Zahlreiche gesäuerte und mit Chilis eingelegte Kohlsorten, Rettich, Rote Bete, Lauch und Blattsenf (Senfkohl) sind in den entlegeneren Gegenden Chinas besonders im Winter ein wichtiger Posten auf dem Ernährungsplan.

1½ l Hühnerfond, Gemüsebrühe (siehe Seite 250, 251) oder Wasser

125 g Chinakohl, Blattrippen in feine Streifen geschnitten, Blätter grob gehackt

60 g eingelegter, gehackter Kohl aus der Dose (nicht abgetropft)

1½ TL frisch geriebener Ingwer

330 g frischer Seidentofu, gewürfelt

Salz und frisch gemahlener weißer Pfeffer

◆ In einem Topf den Fond, die Brühe oder das Wasser mit den Kohlblattrippen, dem eingelegten Kohl und dem Ingwer auf großer Stufe zum Kochen bringen. Die Hitze etwas herunterstellen und alles unbedeckt etwa 8 Minuten köcheln lassen, damit der eingelegte Kohl sein Aroma abgibt. Die grob gehackten Kohlblätter und den Tofu hinzufügen und 1 Minute weitergaren, bis die Blätter zusammengefallen sind und der Tofu heiß ist. Mit Salz und Pfeffer abschmecken.

◆ Die Suppe in vorgewärmte Schalen schöpfen und sofort servieren.

Für 6–8 Personen

Westen

Sucai Lengpan

Vegetarische Vorspeisenplatte

Getrocknete Pilze als Ehrerbietung für die Gäste, scharfe Gurkenstückchen, um den Appetit anzuregen, und Erdnüsse als Grundlage für den Wein – das ist der typische Auftakt für ein feuriges Festessen in Sichuan oder für ein vegetarisches Menü.

Eine festliche Tafel verlangt nach formvollendet stilisierten und dem symbolischen Charakter des Anlasses entsprechend verzierten Platten. Die kunstvoll geschnitzten Zutaten stellen den mythischen Phönix als Symbol für Reichtum und Glück dar, einen Pfau als Zeichen für geschäftlichen Erfolg, Kiefer und Kranich als Ausdruck für ein langes Leben. Der legendäre Drache überbringt Glückwünsche.

Appetithappen werden serviert, um das Auge zu erfreuen und den Gaumen anzuregen. Sie inspirieren daher die Schnitzkunst und Fantasie so manchen Kochs. Streifen von Meeresalgen verwandeln sich unter seinen Händen zu Miniaturbaumstämmen, einfache Gurkenschale wird zu filigranen Tannenzweigen. Scheiben von schwarzen Pilzen und Wachteleiern formen sich zu dem majestätisch aufgerichteten Rad eines Pfaus, Melonenschnitze zum Schuppenkleid eines Drachens. Die versierten »Bildhauer« schnitzen aus Möhren Pfingstrosen, aus Zwiebeln Chrysanthemen und aus Tomaten Rosen, die zwischen den dekorativ auf Platten angerichteten Häppchen und Snacks erblühen.

MARINIERTE PILZE

6 große getrocknete schwarze Shiitake

1 TL Salz

1 EL Reiswein

1 EL helle Sojasauce

1 TL Sesamöl

1 TL extrafeiner Zucker

1 TL frisch geriebener Ingwer

GEKOCHTE ERDNÜSSE

150 g rohe Erdnusskerne

2 TL Salz

WÜRZIGE GURKENSTÄBCHEN

2 kleine Salatgurken (insgesamt etwa 280 g)

Salz zum Bestreuen

1½ EL Reisessig

1½ EL Wasser

1 EL extrafeiner Zucker

½ TL durchgepresster Knoblauch

1 kleine scharfe rote Chilischote, Samen entfernt, in feine Streifen geschnitten (nach Belieben)

◆ Die Pilze mit dem Salz in einem Topf mit Wasser bedecken. Auf großer Stufe zum Kochen bringen, die Hitze auf niedrige Stufe reduzieren und zugedeckt etwa 20 Minuten leise köcheln lassen, bis die Pilze weich sind. Von der Kochstelle nehmen und in der Garflüssigkeit auskühlen lassen. Die Pilze gut abtropfen lassen, die Stiele abschneiden und die Hüte in schmale Streifen schneiden.

◆ In einer kleinen Schüssel den Reiswein mit der Sojasauce, dem Sesamöl, Zucker und Ingwer verrühren, bis sich der Zucker vollständig gelöst hat. Die Pilzstreifen zugeben, gut vermischen und marinieren lassen, während Sie die Erdnüsse und Gurkenstäbchen zubereiten. Die Pilze erst kurz vor dem Servieren aus der Marinade nehmen und abtropfen lassen.

◆ Die Erdnüsse und das Salz in einem kleinen Topf mit Wasser bedecken. Auf großer Stufe rasch zum Kochen bringen, die Hitze etwas reduzieren und unbedeckt etwa 10 Minuten köcheln lassen. Von der Kochstelle ziehen und die Erdnüsse in dem Wasser auskühlen lassen. In ein Sieb abgießen, gut abtropfen lassen und beiseite stellen.

◆ Die Gurken der Länge nach in etwa 1 cm dicke Scheiben und anschließend in 5 cm lange und 1 cm breite Stäbchen schneiden. Die Gurkenstäbchen in einem Durchschlag großzügig mit Salz bestreuen und 15 Minuten stehen lassen. Das Salz mit den Fingern sanft in das Fruchtfleisch einreiben. Die Gurkenstäbchen unter fließendem kaltem Wasser abspülen und abtropfen lassen.

◆ In einer ausreichend großen Schüssel den Essig mit dem Wasser und Zucker verrühren, bis sich der Zucker gelöst hat. Den Knoblauch und die Gurkenstäbchen hinzufügen, gut durchheben und unter regelmäßigem Wenden 20 Minuten ziehen lassen. Nach Belieben mit der Chilischote würzen und abschmecken.

◆ Die Pilze, die Erdnüsse und die Gurkenstäbchen auf einer Platte in getrennten Häufchen anrichten und bei Raumtemperatur servieren.

Für 4–8 Personen

Ein chinesischer Küchenchef muss gleichzeitig Koch, Poet und Künstler sein.

Norden

Beijing Kaoya Labaicai

Gebratene Ente mit scharfsaurem Kohl

Zu Hause in Hongkong konnte ich nie an einem der unzähligen Bratenshops vorbeigehen, ohne irgendetwas zu kaufen. Vielleicht nur ein paar Scheibchen knuspriger roter Schweinebraten auf dem Nachhauseweg, ein paar knusprig gebratene Reisvögel (winzige Spatzen, die sich in den Feldern von reifenden Reiskörnern ernähren), die ich mit eingelegtem Lauch servieren würde, oder gegrilltes Schweinefleisch mit knuspriger Haut als leckere Einlage für eine schnelle Suppe.

Die chinesische Kunst des Bratens hat etwas Unwiderstehliches. Vielleicht ist es die leuchtend rote Knusperhaut, die einen zuallererst gefangen nimmt. Und erst der Duft! Man muss einfach den verführerischen Gerüchen erliegen, die aus den Bratenshops herausströmen und in die Nase kriechen.

Wenn es mich also überkam – und das tat es oft –, kaufte ich frisch gebratene Ente mit Pfannkuchen. Noch etwas Hoisin-Sauce, ein Bund Frühlingszwiebeln oder eine junge Salatgurke dazu, und schon hatte ich alles Nötige für eine Peking-Ente. Die Ente erwärmte ich im Ofen, die Pfannkuchen im Dämpftopf, und dann schnitt ich die Entenhaut und das zarte Fleisch in dünne Scheiben. Bei Tisch stellte jeder seine eigenen Pfannkuchenrollen zusammen. Fleischreste wanderten mit Bohnensprossen in den Wok; die Knochen in eine Brühe. Das Rezept »Knusprige Ente« auf Seite 95 ist eine vereinfachte Variante der klassischen gebratenen Ente.

FÜR DEN SCHARFSAUREN KOHL

300 g Chinakohl

Kochendes Wasser zum Bedecken, plus 2 EL extra

2 TL Salz

1½ TL extrafeiner Zucker

3 EL Reisessig

1 scharfe rote Chilischote, Samen entfernt, in feine Streifen geschnitten

1 EL Pflanzenöl

1 EL Sesamöl

1 TL Chiliöl (nach Belieben)

½ TL Sichuanpfeffer, leicht zerstoßen (nach Belieben)

2 Frühlingszwiebeln für dekorative »Pinsel« oder frisches Koriandergrün

½ gebratene Ente

60 VORSPEISEN, DIM SUMS, SUPPEN

◆ Für den Kohl die Blätter von den breiten Rippen trennen. Die Blätter in 4 cm große Stücke, die Blattrippen in feine Streifen schneiden. Den Kohl in eine hitzebeständige Schüssel legen und mit kochendem Wasser bedecken. 3 Minuten ziehen lassen, in einen Durchschlag abgießen und den Kohl zurück in die Schüssel füllen.

◆ In einer kleinen Schüssel das Salz, den Zucker, den Essig und die 2 Esslöffel kochendes Wasser verrühren, bis sich der Zucker gelöst hat. Die Chilischote unterrühren und die Mischung über den Kohl gießen. Gut durchheben.

◆ In einem kleinen Topf das Pflanzen-, Sesam- und Chiliöl mit dem Sichuanpfeffer (falls verwendet) bei geringer Hitze erwärmen. Die Mischung über den Kohl gießen und gut vermengen. Den Kohl zugedeckt mehrere Stunden bei Raumtemperatur oder bis zu 4 Tage im Kühlschrank marinieren lassen.

◆ Für die Frühlingszwiebel-Pinsel (falls verwendet) die Wurzelenden der Frühlingszwiebeln gerade abschneiden. Mit einer Nadel oder der Spitze eines kleinen, scharfen Messers die Zwiebeln mehrmals fein einschneiden, ein etwa 12 mm langes Stück des hellgrünen Teils ohne Einschnitte belassen. Die Frühlingszwiebeln in eine Schüssel mit Eiswasser legen und mindestens 1 Stunde in den Kühlschrank stellen, bis sich die eingeschnittenen Enden kräuseln.

◆ Kurz vor dem Servieren die Entenbrust im Ganzen auslösen und in Streifen schneiden. Das restliche Fleisch von den Knochen lösen und ebenfalls in Streifen schneiden. Das Fleisch entweder bei Raumtemperatur servieren oder zuvor im Dämpftopf 3–4 Minuten erwärmen.

◆ Den Kohl in der Mitte einer Servierplatte ausbreiten und das Entenfleisch darauf anrichten. Mit den Frühlingszwiebel-Pinseln oder dem Koriandergrün dekorieren.

Für 6–8 Personen

In einem bacchantischen Roman aus dem 16. Jahrhundert schmaust die Konkubine mit ihren goldenen Lotosfüßen in Reiswein eingelegte Entenfüße.

Enten

Kaum eine halbe Autostunde von Pekings Außenbezirken entfernt, befinden sich die riesigen Entenfarmen, die die berühmten Peking-Ente-Restaurants beliefern. In nur 70 Tagen werden dort aus Tausenden flauschig-goldener Küken, geschlüpft und gehütet in beheizten Stallgehegen, kräftige, schlachtreife Mastenten, die mit viereinhalb chinesischen *katties* (drei Kilogramm) ihr optimales Verkaufsgewicht erreichen.

Mehr als tausend Enten werden jede Woche nach einem Verfahren gebraten, das sich über mehr als 300 Jahre entwickelte und erst im 19. Jahrhundert für die Kaiserin und Feinschmeckerin Dowager Cixi seine Vollkommenheit erreichte. Die Enten werden küchenfertig vorbereitet. Zwischen Haut und Fleisch gepresste Luft sorgt für einzigartige Knusprigkeit, eine würzige Malzzuckerglasur verschließt die Poren und trägt zusätzlich zu einer knusprigen Haut bei. Dann werden die Enten zum Trocknen aufgehängt. In einigen Restaurants füllt man ihre Bauchhöhle mit Wasser, um das Fleisch auch von innen sanft zu dämpfen, während die Vögel über dem Holzkohlefeuer gebraten werden.

Beijing kaoya wancan, das mehrgängige Entenmahl, ist ein Erlebnis, das man sich in Peking nicht entgehen lassen sollte. Die krosse Entenhaut wird separat geschnitten und, in kleine Pfannkuchen gewickelt, mit Hoisin-Sauce und Frühlingszwiebeln zuerst serviert. Das Brust- und Keulenfleisch kann auf die gleiche Weise gereicht werden. Die Karkasse kocht man zu einer milchigen Suppe aus.

Westen

Suan La Tang

Scharfsaure Suppe

Diese scharfe Suppe, ein Feuerwerk der Aromen, steht in so vielen Restaurants in Peking auf der Speisekarte, dass man meinen könnte, sie sei eine Erfindung der Hauptstadt. Doch auch Sichuan beansprucht die Urheberschaft für dieses pfeffrig-säuerliche Gericht, das geradezu ein Musterbeispiel ist für exotische Zutaten wie Seegurken, zarte Bambussprossen, Würfel von geliertem Entenblut, gallertartige Reisstrohpilze. In weniger ausgefallenen Versionen finden sich Tofu, Eierfäden, Huhn und Schweinefleisch. Die Küche von Sichuan kombiniert oft drei oder vier, sogar bis zu acht Gewürze zu einem einzigartigen Geschmackserlebnis. In diesem Rezept werden salzige (Sojasauce), saure (Essig), pikante (Chili), aromatische (Sesam) und scharfe (Ingwer) Noten kombiniert.

Die Chinesen betrachten Suppe als Bestandteil der Hauptspeisen, nicht als Vorgericht. Lediglich Suppen aus teuren und seltenen Zutaten werden gelegentlich als Glanzlicht zu Beginn eines Mahls serviert. Doch selbst dann gehen ihr einige Tellerchen mit kalten Snacks voraus. In der Familie wird eine reichhaltige Suppe wie diese oder eine herzhafte Nudelsuppe gern als eigenständiges Gericht gegessen oder auch als Begleitung zu einer einfachen Mahlzeit aus gegrillten Schweinekoteletts oder gebratenem Huhn mit Reis oder Nudeln. Bei einem Essen in Gesellschaft wird Suppe zwischen den Hauptgängen gereicht, als geschmacklicher Kontrast und um den Gaumen für die noch kommenden Genüsse zu reinigen. Schlangensuppe, die während der kalten Jahreszeit in ganz Südchina gegessen wird, ist wie diese hier eine kräftige, wärmende dicke Suppe, und die Schlangenfänger haben alle Hände voll zu tun, um den Bedarf der Restaurants an den lebenden Reptilien zu decken. Auch Tofu oder die für Sichuan typischen gelierten Zutaten dienen als Einlage reichhaltiger Wintersuppen. Bohnengelees werden aus dem Mehl der Mungbohne, Süßkartoffel und Kudzuknolle in ähnlicher Weise hergestellt wie Tofu.

125 g Hühnerbrust oder Schweinefleisch, in sehr dünne Scheiben, dann in feine Streifen geschnitten

2 EL helle Sojasauce

1 TL Ingwersaft (siehe Seite 246; nach Belieben)

220 g frischer Seidentofu, in 6 mm große Würfel geschnitten

5 getrocknete schwarze Shiitake, 25 Minuten in heißem Wasser eingeweicht

1 getrocknetes Wolkenohr (5 cm groß), 25 Minuten in heißem Wasser eingeweicht

750 ml Hühnerfond oder extrakräftiger Fond (siehe Seite 250, 251)

30 g Bambussprossen, in dünne Scheiben geschnitten

1 TL fein geriebener frischer Ingwer (nach Belieben)

1 EL dunkle Sojasauce

2 EL schwarzer Essig (dunkler Reisessig)

1 EL Chiliöl

1 TL Salz

1 TL frisch gemahlener weißer Pfeffer

2 EL Maisstärke, aufgelöst in 80 ml Wasser

60 g küchenfertig vorbereitete Kalmartuben (etwa 85 g ungesäubert; siehe Seite 249), in feine Ringe geschnitten

1 Ei, leicht verschlagen

2 TL Sesamöl (nach Belieben)

2–3 EL Frühlingszwiebelröllchen oder gehacktes Koriandergrün

◆ Das Hühner- oder Schweinefleisch in einer Schüssel mit der hellen Sojasauce und dem Ingwersaft (falls verwendet) gut vermengen und 10 Minuten marinieren lassen. In einer weiteren Schüssel die Tofuwürfel mit kaltem Wasser bedecken und beiseite stellen.

◆ Die eingeweichten Pilze abtropfen lassen; 250 Milliliter der Einweichflüssigkeit durch ein feines Sieb in einen Topf abseihen und beiseite stellen. Etwaige Stiele und holzige Stellen entfernen. Die Pilze in feine Streifen schneiden und in den Topf mit dem Einweichwasser geben. Mit dem Fond auffüllen und die Bambussprossen, das Fleisch, den Ingwer (falls verwendet), die dunkle Sojasauce, den Essig, das Chiliöl, Salz und Pfeffer zugeben.

◆ Auf mittlerer Stufe gerade eben zum Kochen bringen. Die Hitze etwas reduzieren und 1–2 Minuten köcheln lassen. Die aufgelöste Stärke einrühren und unter behutsamem Rühren etwa 1½ Minuten weiterköcheln lassen, bis die Suppe leicht bindet.

◆ Den Tofu abgießen und mit den Kalmarringen in die Suppe einrühren. Etwa 1 Minute sanft weitergaren, bis der Tofu heiß ist.

◆ Das verschlagene Ei in einem dünnen, steten Strahl in die Suppe einrühren und den Topf sofort von der Kochstelle ziehen. Die Suppe 20 Sekunden ruhen lassen, bis die feinen Eierfäden gestockt sind; dann locker umrühren.

◆ Die Suppe mit Salz und Pfeffer abschmecken. In eine Servierschüssel füllen, nach Belieben mit dem Sesamöl abrunden und mit den Frühlingszwiebelröllchen oder dem Koriandergrün garnieren. Sofort servieren.

Für 4–8 Personen

Westen

Zhang Cha Anchun

Mit Tee geräucherte Wachteln

In den Geflügelabteilungen der großen chinesischen Lebensmittelmärkte gehören lebende Wachteln, die in ihren Käfigen zwitschern, fast immer zum Sortiment. Doch nicht alle enden im Kochtopf. Die winzigen, grau getupften Tiere sind in der städtischen Enge auch als Hausvögel ideal und besonders bei Kindern sehr beliebt. Die Vorliebe der Chinesen für Wachteln ist ein Segen, da sie die Reis- und Weizenbauern vor großen Vogelschwärmen bewahrt, die die bitter benötigten Ernteerträge dezimieren.

Von allem Wildgeflügel hat Wachtelfleisch den feinsten Geschmack, doch verträgt es sich auch mit kräftigen Aromen wie Chili und Knoblauch (siehe Seite 135) oder mit chinesischer Bohnensauce. Geräuchert sind sie ebenfalls ein Genuss. Bei einer Pekinger Spezialität verleiht Rauch zartem gedämpftem Hähnchenfleisch eine goldbraune aromatische Haut. Die Köche aus Sichuan entdeckten das Rezept als schmackhafte Maßnahme gegen die allgegenwärtigen Wachteln in ihren Reisfeldern. Zum Räuchern verwenden sie vollaromatischen Tee und duftende »chenpi« (Tangerinenschale) von den Früchten der umliegenden Plantagen.

Ich habe zweimal ein hinreißendes Wachtelgericht gegessen. Dafür wird die Wachtel in einen kleinen Dämpftopf mit fest schließendem Deckel eingesetzt und zusammen mit dem Verjüngungskraut »dang gui« gedämpft. Dabei nimmt das Fleisch das kräftige Aroma des Krauts auf.

FÜR DIE WACHTELN

3 Wachteln

1 TL Reiswein

1 TL Salz, plus Salz zum Bestreuen

1 EL Pflanzenöl

3 EL Teeblätter (Schwarztee, Jasmintee, Litschitee oder Lapsang souchong)

5 Streifen getrocknete Tangerinenschale, je 2 cm lang (nach Belieben)

1½ EL extrafeiner Zucker

2 TL Sesamöl

FÜR DEN SCHNITTLAUCH

2–3 TL Pflanzenöl

1 Bund blühender Schnittlauch oder Schnittknoblauch, in 4 cm lange Stücke geschnitten

1 EL Sesamöl

2 TL helle Sojasauce

◆ Die Wachteln waschen und abtrocknen. Die Hälse und Flügelspitzen abschneiden und die Vögel entlang dem Brustbein und Rückgrat halbieren. In einer großen, flachen Schüssel den Reiswein, 1 Teelöffel Salz und das Pflanzenöl verrühren. Die Wachtelhälften einlegen und in der Mischung wenden. Die Marinade mit den Fingern gleichmäßig in das Fleisch einreiben. Die Wachteln 20 Minuten marinieren lassen. Zwischendurch zweimal wenden.

◆ In einem Dämpftopf Wasser zum Kochen bringen. Die Wachteln in den Dämpfeinsatz legen, in den Dämpftopf einsetzen und diesen mit einem Deckel fest verschließen. Die Hitze reduzieren, sodass das Wasser gerade noch siedet, und 5 Minuten dämpfen. Den Einsatz mit den Wachteln herausheben und über einem Teller abtropfen lassen.

◆ Eine große, schwere Pfanne oder einen Wok mit extrastarker oder doppelt gelegter Alufolie auskleiden. Die Teeblätter, Tangerinenschale (falls verwendet) und den Zucker auf der Folie verteilen und die Pfanne auf mittlerer Stufe erhitzen. Den Einsatz mit den Wachteln in die Pfanne setzen und mit einem Deckel verschließen (Sie können den Deckel ebenfalls mit Alufolie auskleiden, damit er sich nicht verfärbt). Die Wachteln etwa 12 Minuten räuchern, bis sie goldbraun sind. Anschließend aus dem Einsatz nehmen, mit dem Sesamöl bestreichen und mit etwas Salz bestreuen.

◆ Für den Schnittlauch oder Schnittknoblauch das Pflanzenöl in einem Wok auf großer Stufe erhitzen. Den Schnittlauch in das heiße Öl streuen und etwa 20 Sekunden pfannenrühren, bis er zusammenfällt. Das Sesamöl und die Sojasauce zugeben und weitere 20 Sekunden rühren, bis der Schnittlauch weich ist.

◆ Den Schnittlauch auf einer Platte ausbreiten und die geräucherten Wachteln darauf anrichten. Sofort servieren.

Für 6 Personen

Wachteln werden den Göttern traditionell im elften Monat des Mondkalenders geopfert.

Die chinesische Kunst des Räucherns

Das Schnitzen von Körben aus Kampferholz ist in China ein angesehenes Handwerk. Dabei fallen reichlich Späne des würzig duftenden Holzes ab, die im Räucherofen Speisen eine tiefgoldene Farbe und ein kräftiges, aber feines Aroma verleihen. Über Kampferholz oder Tee geräucherte Ente ist eine Spezialität der Küche Sichuans mit inzwischen internationalem Renommee.

Räuchern ist in China eine uralte Garmethode, die quer durch die chinesische Literatur immer wieder erwähnt wird. Der gefeierte Autor aus der Qing-Dynastie, Cao Xueqin (1715–1763), schrieb über die Sinnlichkeit des Essens und erwähnte dabei besonders über Zypressenglut geräuchertes siamesisches Ferkel. In der gleichen Ära räucherte man in Wein und Knoblauch mariniertes Schweinefleisch über schwelendem Bambus. Feinschmecker der Tang-Dynastie schwärmten für die schwarzen geräucherten Aprikosen aus Hubei genauso wie die Fujianesen heute für über Tee und Kandis geräucherten Silbernen Pampel.

Zum Räuchern in der eigenen Küche benötigt man einen schweren Wok mit fest schließendem Deckel und einen Gitterrost. Schwarze oder grüne Teeblätter und Sägespäne sorgen für den Rauch, Kristallzucker, Tangerinenschale und ganze Gewürze für zusätzliches Aroma. Kleineres Räuchergut gart im Rauch vollständig durch; größere Fische oder Geflügel müssen zuvor gedämpft werden. Einfach das Räuchergut auf den Gitterrost legen, den Deckel aufsetzen, und schon vollführt der Rauch seinen magischen Zauber.

Westen

Siche Bai Ji Sela

Handzerpflückter Hühnersalat

Dieses Gericht aus weißem Hühnerfleisch spiegelt die Philosophie der chinesischen Küche wider. Die einzigartige, vor vielen Jahrhunderten in den kaiserlichen Küchen entwickelte Methode garantiert ungemein zartes Fleisch und akzentuiert dessen natürliches Aroma. Das Fleisch ist die Grundlage für zahlreiche Appetizer, wird in manchen Rezepten aber auch kurz frittiert, damit es eine knusprige goldbraune Haut bekommt.

FÜR DAS HUHN

1 Huhn (etwa 1,5 kg)

2 Frühlingszwiebeln (mit den hellgrünen Teilen)

2 EL frisch geriebener Ingwer

1 EL Reiswein

1 EL helle Sojasauce

1 EL Salz

Etwa 5 l Wasser

Einige Eiswürfel

1 EL Hühnerfondpulver (nach Belieben)

4–5 Scheiben frischer Ingwer

1 Frühlingszwiebel, gehackt

60 ml Reiswein

FÜR DEN SALAT

90 g Gurken-Julienne

90 g Möhren-Julienne

1 TL Salz

1 TL extrafeiner Zucker

1 EL Reisessig

FÜR DAS DRESSING

2 EL Sesampaste

60 ml Wasser oder Hühnerfond (siehe Seite 250), oder nach Bedarf

1 EL helle Sojasauce

1 EL frisch gepresster Zitronensaft

2 TL Sesamöl

Salz und frisch gemahlener weißer Pfeffer oder Sichuanpfeffer

1–2 TL Erdnuss- oder Sesamöl

3–4 kleine Zweige Koriandergrün

◆ Das Huhn waschen und abtrocknen. Die Frühlingszwiebeln, Ingwer, Reiswein, Sojasauce und das Salz in die Bauchhöhle füllen. Zugedeckt 1 Stunde in den Kühlschrank stellen.

◆ Das Wasser in einem großen Topf zum Kochen bringen. Ein Stück Küchengarn fest um die Hühnerflügel binden; am anderen Ende eine Schlaufe bilden, die festen Griff bietet. Die Schlaufe greifen und das Huhn in das kochende Wasser tauchen. Nach 1 Minute wieder herausziehen. Diesen Vorgang viermal wiederholen; dann das Huhn in einem Durchschlag kurz abtropfen lassen. Etwaigen Schaum von der Wasseroberfläche abschöpfen.

◆ Eine große Schüssel mit Wasser füllen und die Eiswürfel einlegen. Das Huhn in das Eiswasser tauchen, nach 1 Minute wieder herausziehen und abtropfen lassen. Das Wasser in dem Topf auf großer Stufe wieder erhitzen. Das Hühnerfondpulver (falls verwendet), die Ingwerscheiben, die gehackte Frühlingszwiebel und den Reiswein zugeben und zum Kochen bringen. Das Huhn erneut in die kochende Flüssigkeit tauchen und nach 1 Minute herausheben. Auch diesen Vorgang viermal wiederholen. Dann das Huhn ganz einlegen, die Flüssigkeit zum Kochen bringen und abschäumen.

◆ Den Topf vom Herd ziehen und das Huhn in der heißen Flüssigkeit etwa 25–30 Minuten ziehen lassen, bis sich das Fleisch fest anfühlt. Zur Garprobe einen dünnen Spieß an der dicksten Stelle einer Keule einstechen, der austretende Saft sollte klar, nicht rosa sein. Das Huhn mithilfe einer großen Schaumkelle vorsichtig aus der Brühe heben. Die Flüssigkeit in der Bauchhöhle zurück in den Topf gießen und das Huhn auf einer Platte auskühlen lassen. Vor dem Zerpflücken sollte es mindestens 20 Minuten ruhen.

◆ Inzwischen den Salat zubereiten: Alle Zutaten in einer Schüssel vermengen, Zucker und Salz mit den Fingern in das Gemüse einreiben. 20 Minuten marinieren und kurz vor dem Servieren abtropfen lassen.

◆ Für das Dressing die Sesampaste, 60 Milliliter Wasser oder Hühnerfond, die Sojasauce, den Zitronensaft, das Sesamöl, Salz und Pfeffer in einer Schüssel verrühren. Falls nötig, mit zusätzlichem Wasser oder Fond auf eine sämige Konsistenz bringen.

◆ Entweder die 2 Hühnerkeulen oder das Brustfleisch auslösen; das restliche Huhn für einen anderen Zweck zurücklegen. Das Fleisch mit den Fingern vom Knochen lösen und in mundgerechte Streifen zerpflücken. In einer Schüssel mit dem Erdnuss- oder Sesamöl beträufeln und gut durchheben.

◆ Zum Servieren das abgetropfte Gemüse auf einer Platte anrichten und die Hühnerfleischstreifen darauf wie einen Iglu aufschichten. Etwas Dressing über das Fleisch träufeln, mit dem Koriandergrün garnieren und sofort servieren.

Für 4–8 Personen

HAUPT-GERICHTE

Chinas abwechslungs- und traditionsreiche Küche ist so vielfältig wie seine Menschen und ihre Bräuche.

Vorherige Doppelseite: Blaue Schwimmkrabben von Chinas Südküste stehen bei Feinschmeckern in Hongkong hoch im Kurs.
Ganz oben: Tempeldächer im jahrhundertealten Stil in einem Dorf im Westen Chinas. **Oben:** Gut gelaunt präsentiert ein Straßenverkäufer klebrige Reisteigbällchen am Spieß, ein beliebter Snack in China. **Rechte Seite:** Ein Bratshop in Hongkong bietet eine seiner Spezialitäten – rot glasiertes, gebratenes Spanferkel.

Als ich von einem beschaulichen Dorf in einer ruhigen Bucht ins Zentrum von Hongkong zog, war die Welt der Gerüche und Geräusche plötzlich eine ganz andere – Dieselabgase traten an die Stelle frischer Seeluft, und ein unaufhörliches, rhythmisches Klopfen erfüllte den Raum, das erst am Nachmittag kurz einschlief und um fünf Uhr schon wieder anschwoll. Eines Abends, als ich mir etwas zu essen machte und mit meinem Küchenbeil die Zutaten zerkleinerte, wurde mir urplötzlich die Herkunft dieses Trommelkonzerts klar: Auch in den Nachbarwohnungen wirbelten Hunderte hackender Beile in der Küchenluft. Wenn man sich in der chinesischen Küche versucht, wird das Küchenbeil schnell zum wertvollsten Werkzeug. Ob schneiden, hacken, schälen oder spalten – mit etwas Übung kann dieses messerscharfe Küchenutensil praktisch alles, und das immer rasantere Stakkato auf dem Hackblock verrät die wachsende Fertigkeit.

Ein ebenso vielseitiges Gerät ist der Wok. Er ist Bratpfanne, Fritteuse, Dämpftopf und Sauteuse in einem. Mit einem Wok, Reiskocher, Tontopf (Claypot), Küchenbeil und Hackblock besitzt man bereits die komplette Grundausstattung einer chinesischen Küche. Obwohl in weiten Teilen Chinas zumeist noch immer über Holzfeuer gekocht wird, entwickelt sich Gas mehr und mehr zum nationalen Brennstoff. Für das Garen im Wok ist es ohnehin

70 HAUPTGERICHTE

die ideale Hitzequelle. Da sich die Hitze der Flamme unmittelbar regulieren lässt, ist Gas dem Elektroherd überlegen, besonders beim Pfannenrühren, das kurze intensive Hitzeschübe erfordert.

Der Brauch, von Gemeinschaftstellern zu essen, hat nichts mit praktischen Überlegungen oder Sparsamkeit zu tun. Er steht vielmehr im Dienst der Geselligkeit und sorgt für maximalen Genuss, denn schließlich kann jeder von jedem probieren. Die verschiedenen Ingredienzien eines chinesischen Essens müssen ausgewogen und kontrastreich zugleich sein, sowohl im Geschmack und in der Konsistenz – süß und sauer, mild und scharf, knusprig und weich – als auch bei den Farben und Formen. Wenn die Hauptzutat eines Wokgerichts länglich und dünn geschnitten ist, so müssen die anderen Bestandteile von ähnlicher Form sein. Bei gewürfeltem Hühnerfleisch zum Beispiel werden die anderen Zutaten ebenfalls gewürfelt und so weiter.

Das Konzept von Yin und Yang reicht zurück bis zum Beginn der Zhou-Dynastie im 12. Jahrhundert v. Chr. Yin verkörpert die Eigenschaften dunkel, sanft, weiblich, feucht, negativ und kalt, während Yang für hell, hart, männlich, trocken, positiv und heiß steht. Dieses Konzept sich gegenseitig ergänzender Elemente wird zusammen mit Heilkräutern auch in der Ernährungslehre angewendet. Dabei wird jedes Lebensmittel als entweder kühlend oder wärmend klassifiziert: Salat und Sellerie sind kühlend, Chilis dagegen wärmend; Fisch ist kalt, rotes Fleisch ist heiß – ein faszinierendes Prinzip, mit dem man sich ruhig einmal genauer beschäftigen sollte.

Da die meisten Mahlzeiten ein gemeinschaftliches Ereignis sind, lässt sich die erforderliche Rezeptmenge einer Speise oder die Anzahl der Gerichte nur schwer kalkulieren. Zu Hause kann sich ein Essen auf ein einfaches Schmorgericht aus dem Tontopf oder Pfannengerührtes aus dem Wok und eine Suppe mit Reis oder Brot beschränken, alles Dinge, die auch um die Ecke bei einer Garküche oder einem Straßenstand erhältlich sind. Im Restaurant ist ein Mahl umfangreicher; je nach Budget, Lust und Laune erreicht die Anzahl der Speisen bequem die der Gäste am Tisch.

In der chinesischen Küche ist die absolute Frische der Produkte oberstes Gebot. Köche und Hausfrauen gehen daher jeden Tag auf den Markt, der ein Ort

Linke Seite: Teehäuser sind am Nachmittag ein beliebtes Ziel für alle, die Zeit haben. **Oben:** Shanghais Straßencafés sind zu jeder Tages- und Nachtzeit bevölkert. **Mitte:** Auch Fischköpfe werden auf Märkten verkauft und zu aromatischen Fonds oder in Schmorgerichten verarbeitet. **Unten:** Die traditionellen Lehmziegelhäuser in Xilamuren spiegeln die tristen Farben der inneren Mongolei und das kärgliche Leben ihrer Bewohner.

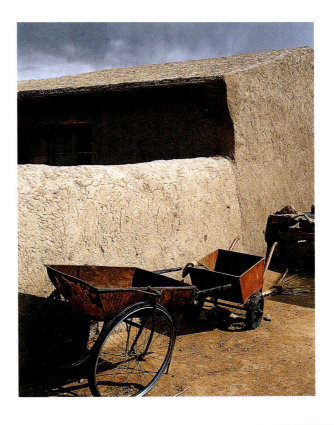

HAUPTGERICHTE 73

reger Geschäftigkeit ist. Zwar wirken die Einkäufer freundlich und entspannt, wenn sie bekannte Gesichter grüßen und angeregt mit den Händlern schwatzen, doch ihre Absicht ist ernst und gewichtig. Schließlich suchen sie den frischesten Fisch, das zarteste Fleisch zum günstigsten Preis, Gemüse, das erst am Morgen geerntet wurde, nicht die Reste vom Vortag, oder was für kulinarische Schätze ihr geübtes Auge auch immer erspähen mag.

Ungefähr 70 Prozent aller chinesischen Fleischgerichte bestehen aus Schweinefleisch. Das von mild bis würzig-pikant zubereitete Fleisch wird besonders im Süden sehr geschätzt, wo gebratenes Spanferkel bei keinem festlichen Anlass fehlen darf. Jeden Tag bringen Güterzüge ihre lebende Fracht aus riesigen Schweinefarmen im Eiltempo über das verzweigte chinesische Schienennetz zu den Märkten in Hongkong und Guangdong oder zu den Spezialitätenrestaurants weiter nördlich.

Ganz im Norden hat das Schwein einen schlechteren Stand. Hier verraten die Speisekarten der Restaurants die Vorliebe der Muslime für Lamm- und Ziegenfleisch in Gerichten wie Hammel-Kebab, zartes Lammfleisch aus dem Wok mit Honig und Koriander oder auch der berühmte »Feuertopf mit Lammfleisch«, eine Art chinesisches Fondue. Dazu wird hauchdünn geschnittenes Lammfleisch verwendet – ein guter chinesischer Koch schneidet aus einem 500-Gramm-Stück angeblich 100 Scheiben! Als die marodierenden Mongolen während eines Feldzugs einmal der Hunger überkam, warfen sie kurzerhand einen Schild ins Feuer, schlachteten ein Schaf und grillten das Fleisch auf dem heißen Metall. Während ihrer Herrschaft im Norden Chinas von 1215 bis 1368 ging das Verfahren mit einem Gitterrost leicht modifiziert in die Küchentradition ein und wurde zu dem mongolischen Barbecue, das man heute in allen Teilen der Welt kennt.

Auch Huhn und Ente werden in großen Mengen und mit ebenso großer Begeisterung genossen. Chinesische Köche verstehen es ganz hervorragend, den vielschichtigen Eigengeschmack und die feste

Konsistenz des Entenfleischs zur Geltung zu bringen. Die berühmte Peking-Ente ist vermutlich eine der bekanntesten internationalen Spezialitäten überhaupt und ein absolutes Muss bei einem Besuch in Chinas Hauptstadt. Nur eine halbe Autostunde von Peking entfernt kann man die großen Zuchtfarmen besuchen, auf denen die Entenküken unter sorgsamer Obhut heranwachsen. Auch Fujian an der Ostküste ist für seine Enten- und Gänsespezialitäten bekannt, die sich vor allem durch die Verwendung von Zitrusfrüchten und Essig auszeichnen. Über Kampferholz oder Tee geräucherte Ente stammt aus Sichuan und ist eines meiner Lieblingsgerichte. Ich verwende die gleiche Technik auch für Wachteln und anderes Geflügel.

Ich könnte ohne Schwierigkeiten ein ganzes Buch über chinesische Hühnergerichte schreiben, hauptsächlich mit Rezepten aus den zentralchinesischen und südlichen Regionen. In Sichuan wandert gewürfeltes Hühnerfleisch mit Chilis und Erdnüssen in den glühend heißen Wok oder geschnetzelt in ein cremiges Sesamdressing. In Guilin aß ich ein in der Salzkruste gebackenes Huhn. Ein anderes Mal probierte ich Huhn, das zusammen mit einer gefleckten roten Eidechse (!) in Brühe gedämpft wurde. Dies kostete schon etwas Überwindung. Huhn gibt es in China in allen Variationen – sanft gar gezogen, bis es förmlich zerfällt, fleischig und saftig in Pfannengerührtem oder als zartes, pochiertes Brustfilet, gebacken im Tontopf wie das berühmte »Bettlerhuhn« aus Hangzhou, mit Reis und einer würzigen Schalotten-Öl-Sauce serviert wie auf der Insel Hainan, knusprig gebraten oder frittiert. Egal in welcher Weise zubereitet, ich kann mich nicht daran erinnern, in China jemals von einem Hühnergericht enttäuscht gewesen zu sein.

Linke Seite: Ältere Männer spielen Krocket auf einem Platz in Kunming. Mitte des 19. Jahrhunderts übernehmen die Briten die Kontrolle über das benachbarte Burma (heute Myanmar). Ihr Einfluss breitete sich schnell nach Norden aus. **Unten:** Nichts wird auf einem Markt weggeworfen. Fisch, der sich nicht verkauft, wird eingesalzen und getrocknet. **Ganz unten:** In einen hufeisenförmigen Felsen gehauene buddhistische Mönche und Weise in Baoding, Sichuan, umgeben einen sitzenden Buddha. Tibet und Sichuan teilen eine Grenze, daher ist der tibetische Buddhismus in diesen Reliefs und Skulpturen vorherrschend.

Man könnte meinen, dass Fleisch und Geflügel in der chinesischen Küche absolut dominieren. Doch Fisch und Meeresfrüchte sind nicht minder populär. Das riesige Netz von Feuchtgebieten, Flüssen, Seen, Stauseen und Teichen im Inland liefert eine imposante Vielfalt an Fischarten, Schal- und Krustentieren, Aalen, Schildkröten sowie essbaren Algen und Moosen. Das Meer vor den Küsten Chinas ist reich an Tiefseefischen, Muscheln und allen möglichen seltsamen Meereskreaturen, für die chinesische Köche und Feinschmecker eine ganz besondere Schwäche haben. In den Seichtgebieten und Flussmündungen wimmelt es dagegen von Garnelen und anderen Krustentieren. Sind sie für den Kochtopf zu klein, werden sie getrocknet, fermentiert und zu einer kräftigen Garnelenpaste verarbeitet.

Die Symbolik der Speisen hat auf dem chinesischen Esstisch einen großen Stellenwert. Fisch zum Beispiel heißt auf Chinesisch *yu*, ein Homonym für Reichtum. Serviert man seinen Gästen also einen ganzen Fisch, wünscht man ihnen Reichtum und Wohlstand. In Guangdong wird Fisch im Ganzen mit Ingwer gedämpft, um seinen frischen, natürlichen Eigengeschmack zu unterstreichen. Der berühmte Westseefisch aus Hangzhou ist ein Gericht, bei dem ein Süßwasserfisch pochiert und vor dem Servieren mit einer mild-würzigen Glasur mit Reisessig überzogen wird. In Sichuan isst man gebratenen Karpfen mit einer scharfen Chilisauce; in Peking wird der gleiche Fisch auch gern frittiert und anschließend in einer schmackhaften Weinsauce gebadet. Entsprechend ihren Würzgewohnheiten lässt sich die chinesische Küche in vier Hauptregionen unterteilen: Der Süden würzt sparsam und schätzt den natürlichen Geschmack; der Osten ist für seine kräftigen und dennoch feinen Aromen bekannt; Sichuan liebt es scharf und feurig; der Norden kocht dagegen weniger scharf, aber durchaus raffiniert.

Ich staune immer wieder über den Einfallsreichtum, mit dem chinesische Köche jede erdenkliche Zutat in einen schmackhaften Bissen verwandeln. Nichts ist unwürdig, um nicht eines Tages in einem Kochtopf zum Star zu avancieren. Selbst so scheinbar nebensächliche Zutaten wie Hühnerfüße, Entenschwimmhäute und -zungen, Schweineohren und -schwänze, Rindersehnen oder Fischhäute und Schwimmblasen verwandeln sich unter den geschickten Händen chinesischer Kochtopfakrobaten in verlockende Leckerbissen.

Unten: Der Jangtse, Chinas längster Fluss, schlängelt sich durch die hoch aufgeschossenen Wolkenkratzer von Chongqing im Herzen des Landes hindurch. Auf der Wasserstraße drängen sich Fähren und Fischerboote. **Rechte Seite:** Ein Bauer im Südwesten Chinas lässt seinen Büffel zwischen Reisfeldern grasen.

76 HAUPTGERICHTE

Osten

Bai Zhi Xian Bei Pang Xie

Jakobsmuscheln mit Zuckerschoten und Krabbensauce

Eigentlich war ich zu dem chinesischen Hochzeitsbankett in Hongkong gar nicht eingeladen, auf dem ich zum ersten Mal dieses herrliche Gericht aß. Ich sprach kein Chinesisch und sollte als Journalistin an einem »Feuertopf«-Dinner in einem großen Restaurant teilnehmen. Als ich ankam, wirbelte mich eine Empfangsdame in einen separaten Speisesaal, und schon begann das Bankett. Das Dinner war bereits ein gutes Stück vorangeschritten, doch kein Feuertopf weit und breit. Irgendetwas schien nicht zu stimmen. Entschuldigungen murmelnd, hastete ich aus dem Raum und stürzte mich auf die nächste Tür. Dahinter hielt eine aufgeregte Hostess die wartenden Gäste und den Feuertopf bei Laune. Mit bereits acht Gängen im Bauch sollte ich mich nun mit Enthusiasmus über ein zehngängiges Feuertopfmenü hermachen – ein echte Herausforderung für jeden Magen. Und während des Essens, so köstlich es auch war, kehrten meine Gedanken immer wieder zu diesen Jakobsmuscheln in ihrer cremigen Krabbensauce auf dem Hochzeitsbankett zurück.

300 g Jakobsmuschelfleisch
½ TL Salz
2 TL Ingwerwein (siehe Seite 246)

FÜR DIE KRABBENSAUCE
1 EL Pflanzenöl
75 g Krabbenfleisch, zerpflückt, oder fein gehacktes Garnelenfleisch
2 Frühlingszwiebeln (nur das Weiße), gehackt
2 TL Reiswein
1 TL helle Sojasauce
1½ TL Maisstärke, aufgelöst in
125 ml Fischfond, extrakräftigem Fond oder Hühnerfond (siehe Seite 250, 251)
Salz und frisch gemahlener weißer Pfeffer
1 Eiweiß, leicht verschlagen

2 EL Pflanzenöl
100 g kleine Zuckerschoten
60 g kleine, frische Austernpilze, geputzt
5 dünne Ingwerscheiben, in feine Streifen geschnitten

◆ Das Muschelfleisch in einer Schüssel mit dem Salz und dem Ingwerwein vorsichtig vermengen. 10 Minuten marinieren lassen.

◆ Für die Sauce das Öl in einem kleinen Topf auf großer Stufe erhitzen. Sobald es mäßig heiß ist, das Krabben- oder Garnelenfleisch darin unter Rühren etwa 30 Sekunden durchwärmen. Den Reiswein und die Sojasauce zugießen und kurz weiterrühren. Langsam die aufgelöste Maisstärke unterrühren, bis die Mischung nach etwa 40 Sekunden eingedickt und klar ist. Gegebenenfalls etwas salzen und großzügig mit weißem Pfeffer abschmecken.

◆ Die Sauce vom Herd nehmen und nach und nach das Eiweiß in einem dünnen Strahl zugießen und ohne Rühren stocken lassen. Falls die Hitze nicht ausreicht, kurz auf niedriger Stufe wieder erhitzen.

◆ In einem Wok das Öl auf großer Stufe sehr heiß werden lassen. Das Muschelfleisch hineingeben und 30 Sekunden pfannenrühren. Das Öl muss absolut heiß sein, da die Muscheln sonst ihren Saft verlieren und trocken und zäh werden. Die Zuckerschoten zugeben und kurz weiterrühren, dann die Austernpilze und den Ingwer hinzufügen und weitere 40 Sekunden rühren, bis das Muschelfleisch fest und weiß ist.

◆ Die Krabbensauce unter die Jakobsmuscheln mengen und alles nochmals 20 Sekunden auf großer Stufe erhitzen. Auf einer Platte anrichten und sofort servieren.

Für 4 Personen

Der Alltag erfordert Sparsamkeit. Hat man aber Gäste, muss die Gastlichkeit verschwenderisch sein. Das Beste ist gerade gut genug.

HAUPTGERICHTE

Mongolei

Die Mongolen sind ein zähes, nomadisches Hirtenvolk mit Schaf- und Rinderherden, das auch heute teilweise noch nach uralten Traditionen lebt. Ihre blutrünstige Geschichte bescherte dem kaiserlichen Palast in Peking zur Zeit der Yuan-Dynastie im 13. Jahrhundert den mongolischen Kaiser Kublai Khan. In der darauf folgenden Ming-Dynastie wurde die Große Mauer erheblich verlängert, um die unbarmherzigen Mongolen auf Distanz zu halten. Ihr kulinarischer Beitrag zur chinesischen Esskultur ist eher gering und beschränkt sich auf die Einführung von Hammel- und Lammfleisch. Hammelfleisch war während der Fremdherrschaft in der Yuan-Zeit das Hauptnahrungsmittel der mongolischen Herrscher, die die Küchen am Hofe eigens mit riesigen Kesseln ausrüsteten, um die Schafe im Ganzen zu kochen. Diese eher unaristokratisch anmutende Kost wurde bei Tisch mit den gleichen scharfen Messern zerlegt wie die Feinde auf dem Schlachtfeld. Das Fleisch spülten sie mit Unmengen Kumiss hinunter, einem alkoholischer Getränk aus vergorener Stutenmilch. Glaubt man Marco Polo, ähnelte das Gebräu in Farbe und Qualität gutem Wein.

Heute bieten die mongolischen Restaurants in den größeren Städten im Norden zahlreiche Lammgerichte, darunter *shuan yangrou*, den berühmten mongolischen Feuertopf, in dem hauchdünn geschnittenes Lammfleisch am Tisch gegart wird, mongolisches Lamm-Barbecue, bei dem das Fleisch auf einem tonnenartigen Eisengrill zubereitet wird, oder auch feurige Lammspieße.

Norden

Mengu Zhima Yangrou

Mongolisches Sesamlamm

Während meiner ersten Jahre in Hongkong war ich als Promoterin für neuseeländisches Lammfleisch aktiv, doch ich begriff schnell, dass die Chinesen sich nicht gerade die Finger danach leckten. Mit einer fächernden Geste unter der Nase erklärten sie Lamm kurzerhand für übel riechend und ungenießbar. Immerhin erfreut sich in der kalten Jahreszeit ein kräftiger Schmortopf mit Ziegenfleisch großer Beliebtheit. Das Gericht stammt ursprünglich von den Hakka, einer umherziehenden Minderheit in den Südprovinzen. Ziege und Schaf teilen sich im Chinesischen den gleichen Namen, doch da hören die Gemeinsamkeiten offenbar auch schon auf. Historisch hat es Lammfleisch ausschließlich durch die Nomadenvölker im äußersten Norden und Westen und in der Küche der muslimischen Volksgruppen zu bescheidenen Ehren gebracht. Doch die Zeiten und Trends ändern sich, und so gehört Lamm inzwischen auch in Peking und anderen Städten im Norden zum allgemeinen kulinarischen Horizont.

Im Süden muss bei Lammfleisch mit etwas Show nachgeholfen werden, eine glühend heiße gusseiserne Grillplatte, wie man sie häufig in Steakhäusern sieht, ist dafür das geeignete Requisit. Die Platte wird zunächst im Ofen erhitzt, dann wird das im Wok halb gegarte Fleisch darauf gestürzt und die Platte in einem theatralischen Auftritt fauchend und brutzelnd, umhüllt von benebelndem Rauch und verlockendem Duft, zu Tisch gebracht. Kaum dass die Platte auf einer schützenden Unterlage steht, um den Tisch nicht zu ruinieren, da schnellen auch schon zielsicher die Stäbchen auf das immer noch zischende Fleisch hinab. Die Grillplatte ist jedoch kein Privileg für Sesamlamm, die meisten anderen Wokgerichte lassen sich auf die gleiche Weise servieren.

Im Restaurant bestelle ich nur selten Fleisch vom Tischgrill, da der Geschmack meist nicht hält, was der Duft verspricht. Dieses Sesamlamm aber, egal ob aus dem Wok oder von der Grillplatte, besticht durch eine einzigartige Verbindung von Aromen, Konsistenz und Wohlgeruch, die einfach unwiderstehlich ist.

FÜR DIE MARINADE

60 ml helle Sojasauce

1½ EL Hoisin-Sauce

1 EL Sesamöl

1 EL Reiswein

2 TL Maisstärke

1½ TL extrafeiner Zucker oder Honig

½ TL Fünf-Gewürze-Pulver

500 g mageres Lammfleisch ohne Knochen (Keule oder Schulter), zunächst in hauchdünne Scheiben, dann in 5 × 2 cm große Stücke geschnitten

1 EL Sesamsamen

2 EL Pflanzenöl

1 EL Sesamöl

1 große gelbe Zwiebel, in schmale Spalten geschnitten und die Schichten voneinander getrennt

80 ml Lamm- oder Hühnerfond (siehe Seite 250) oder Wasser

1½ TL Maisstärke, aufgelöst in 1 EL Wasser

Gemahlener Sichuanpfeffer oder weißer Pfeffer

Scharfe rote oder grüne Chilistreifen (nach Belieben)

◆ Für die Marinade in einem großen, flachen Gefäß die Sojasauce, Hoisin-Sauce, das Sesamöl, den Reiswein, die Maisstärke, den Zucker oder Honig und das Fünf-Gewürze-Pulver verrühren. Das Lammfleisch in die Marinade einlegen und darin wenden, sodass es von allen Seiten gleichmäßig überzogen ist. Zugedeckt bei Raumtemperatur 30 Minuten oder bis zu 24 Stunden im Kühlschrank marinieren lassen.

◆ Einen Wok auf mittlerer Stufe erhitzen. Die Sesamsamen darin unter Rühren kurz rösten, bis sie goldbraun sind. In einer kleinen Schüssel beiseite stellen.

◆ Das Pflanzen- und Sesamöl in dem Wok auf großer Stufe erhitzen. Die Zwiebeln darin etwa 3 Minuten pfannenrühren. Auf einem Teller beiseite stellen.

◆ Den Wok erneut auf großer Stufe erhitzen. Das Lammfleisch mit der Marinade darin etwa 1 Minute pfannenrühren. Das Fleisch mit einem Schaumlöffel herausheben und zu den Zwiebeln geben.

◆ Den Wok mit dem Fond oder Wasser und der aufgelösten Maisstärke ablöschen und 1 Minute rühren, bis die Flüssigkeit leicht gebunden ist. Fleisch und Zwiebeln hinzufügen und nochmals kurz erhitzen. Mit Pfeffer abschmecken. Auf einer vorgewärmten Platte anrichten und mit den Sesamsamen und Chilistreifen (falls verwendet) bestreuen.

◆ Zum Servieren auf einer heißen Grillplatte: Die Platte im 200 °C heißen Ofen vorheizen. Die Zwiebeln im Wok halb garen. Das Lammfleisch wie beschrieben pfannenrühren und getrennt von den Zwiebeln beiseite stellen. Die Sauce zubereiten und das Lammfleisch einrühren. Zum Servieren die Zwiebeln auf der Grillplatte verteilen und zu Tisch bringen. Das Lammfleisch mit der Sauce bei Tisch auf die Platte schöpfen. Mit dem Sesam und den Chilistreifen (falls verwendet) bestreuen.

Für 2–4 Personen

Westen

Guai Wei Ji

Originelles Hühnchen

Die Sichuanesen sind ausgesprochen erfindungsreiche Köche, die vielseitig und mit großzügiger Hand würzen und immer neue, eigenwillige Geschmackskombinationen kreieren. Die Namen der Gerichte spiegeln ihre geschmacklichen Eigenarten. »Originelles Hühnchen« ist ein Gericht, bei dem sich süß, sauer, scharf und salzig perfekt die Waage halten.

Eine »Yu-xiang«-Sauce deutet immer auf scharfe Würze mit einem süßsauren Unterton hin. Knoblauch, Ingwer, scharfe Bohnensauce und Chili geben ihr das aromatische Rückgrat, um auch bei kräftig schmeckendem Fleisch wie Innereien bestehen zu können. Sesamprodukte spielen in der Küche Sichuans eine wichtige Rolle. Das Öl verleiht Saucen und Marinaden einen angenehm nussigen Geschmack und dem Bratfett eine Extradosis Aroma. Sesampaste sorgt bei Dressings und Dips für eine cremig-zarte Konsistenz, sie kommt auch in warmen, süßen Suppen zum Einsatz. Als Garnitur oder Panade bei gebratenem Fleisch oder süßem Gebäck steuern die weißen und schwarzen Samen zusätzlichen Biss und optischen Reiz bei. Bei Sichuanpfeffer handelt es sich um die rotbraunen Beeren eines Gelbholzbaumes. Er ist in den zentralchinesischen Provinzen beheimatet und ersetzt dort den schwarzen oder weißen Pfeffer. Sein Geschmack ist so ansprechend, dass man nur zu gern vergisst, dass eine Überdosis leicht die Lippen und die Kehle betäuben kann. Also mit Vorsicht verwenden!

FÜR DIE SAUCE

2 EL sehr fein gehackte Frühlingszwiebeln (mit den hellgrünen Teilen)

1 EL frisch geriebener Ingwer

1 EL sehr fein gehackter Knoblauch

1 EL Sesampaste

2½ EL helle Sojasauce

2 EL Wasser

5–6 TL Sesamöl

1 EL Rotweinessig

1 EL Pflanzenöl

2–3 TL Chiliöl

2½ TL extrafeiner Zucker

½ TL gemahlener Sichuanpfeffer (nach Belieben)

½ gegartes Huhn (wie für Handzerpflückter Hühnersalat, Seite 67) oder 2 Hühnerkeulen

1 EL helle Sojasauce

Pflanzenöl zum Frittieren

◆ Zunächst die Sauce zubereiten: In einer Schüssel die Frühlingszwiebeln, den Ingwer, Knoblauch, die Sesampaste, Sojasauce, das Wasser, Sesamöl, den Essig sowie das Pflanzen- und Chiliöl, den Zucker und den Sichuanpfeffer (falls verwendet) mit einer Gabel zu einer dünnflüssigen, cremigen Sauce verschlagen. Beiseite stellen.

◆ Wenn Sie bereits gegartes Huhn verwenden, das Fleisch mit der Sojasauce einstreichen und unbedeckt etwa 25 Minuten antrocknen lassen.

◆ Wenn Sie rohe Hühnerkeulen verwenden, in einem Dämpftopf Wasser zum Kochen bringen. Die Keulen in den metallenen Dämpfeinsatz legen, auf den Dämpftopf setzen und zugedeckt etwa 25 Minuten dämpfen. Zur Garprobe mit einem dünnen Spieß an der dicksten Stelle einstechen; der austretende Saft sollte klar sein. Die Keulen herausnehmen, 5 Minuten abkühlen lassen und mit der Sojasauce leicht einstreichen. Unbedeckt etwa 20 Minuten antrocknen und abkühlen lassen.

◆ In einen Wok 7½ cm hoch Öl einfüllen und auf 180 °C erhitzen (zur Probe einen Brotwürfel hineintauchen, er sollte in wenigen Sekunden goldbraun werden). Das halbe Huhn oder die Hühnerkeulen vorsichtig in das heiße Öl gleiten lassen und 2 Minuten frittieren, bis die Haut eine glänzende goldbraune Farbe angenommen hat. Das Fleisch mit einem großen Schaumlöffel oder einer Frittierkelle herausheben und über dem Wok kurz abtropfen lassen. Das Fleisch mindestens 5 Minuten abkühlen lassen. Am besten schmeckt es lauwarm.

◆ Das Fleisch mit dem Messer oder den Händen von den Knochen lösen und in mundgerechte Streifen schneiden. Die Fleischstreifen auf einer Servierplatte dekorativ aufschichten und mit der Hälfte der würzigen Sauce überziehen. Die restliche Sauce separat dazu reichen.

Für 4 Personen

Ein guter Koch verwendet Gewürze, um eine Speise aufzuwerten, ein schlechter Koch, um seine Unfähigkeit zu kaschieren.

82 HAUPTGERICHTE

Osten

Xihu Yu

Westseefisch

Das Leben in der Stadt Hangzhou kreist ständig um ihr berühmtes landschaftliches Wahrzeichen, den West Lake. Schon am frühen Morgen, wenn der Nebel das Wasser noch in sein gespenstisches Tuch hüllt, tauchen schemenhaft die ersten Menschengruppen auf. Tänzerinnen in Pumps wirbeln nach westlichen Klängen ihre schwarzen Kleider über die Aussichtsplattformen, während ein Stückchen weiter auf dem Rasen Schattenboxer in einem stummen Ritual stilisierter Bewegungen innere Ruhe suchen. Weder die Schreie der Wasservögel können ihre Konzentration stören noch die Rufe der Fischer, die ihre Netze und Angeln in der Hoffnung auf Schildkröten, Aale und Karpfen in das trübe Wasser des Sees ausbringen. Am späten Morgen haben zahlreiche Besucher den Westsee und seine Strände fest in Beschlag genommen, und bis zum Sonnenuntergang bevölkern Liebespaare seine steinernen Brücken und Spazierwege. Künstler und Dichter lassen sich noch immer von der Schönheit des Sees inspirieren und Köche von der erstaunlichen Vielfalt seiner Ernte. Das vielleicht berühmteste Gericht aus Hangzhou, »xihu yu«, ist ein fleischiger Karpfen aus dem See, der mit Shaoxing-Reiswein, schwarzem Essig und »lajiangyou«, einer dünnflüssigen, kräftigen Sauce, gewürzt wird.

1 großer oder 2 kleine Süßwasserfische wie Forelle oder Karpfen (etwa 750 g), gesäubert

2 TL frisch geriebener Ingwer

1 EL Reiswein

2 Frühlingszwiebeln (nur das Weiße), fein gehackt

1 große Prise Salz

FÜR DIE SAUCE

60 ml helle Sojasauce

2 EL Pflanzenöl

2 EL Worcestersauce oder
2 TL Tamarindenkonzentrat

3–4 TL schwarzer Essig (dunkler Reisessig)

1 EL extrafeiner Zucker

1 große Prise frisch gemahlener weißer Pfeffer

2 TL Maisstärke

Salz

2 EL in feine Streifen geschnittene frische Ingwerwurzel

2 Frühlingszwiebeln (nur die hellgrünen Teile), in feine Streifen geschnitten

1 kleine, scharfe rote Chilischote, Samen entfernt und in feine Streifen geschnitten

◆ Den Fisch gründlich waschen und abtrocknen. Mit einem Küchenbeil oder einem großen, scharfen Messer von der Bauchhöhle aus ein Filet über die gesamte Länge durch einen tiefen Schnitt vom Rückgrat trennen, aber nicht ganz durchschneiden. Den Fisch flach auseinander klappen und die Messerklinge vorsichtig unter die Brustgräten des abgetrennten Filets führen, sodass die eine Hälfte der zusammenhängenden Filets entgrätet ist, während die andere Brustgräten und Rückgrat behält. Den Fisch wenden (die Haut nach oben) und die dickere Seite mehrmals diagonal bis fast auf die Gräten einschneiden.

◆ Den ausgebreiteten Fisch mit der Haut nach oben auf einen Teller legen und den geriebenen Ingwer, den Reiswein und die gehackten Frühlingszwiebeln gleichmäßig darauf verteilen. 15–20 Minuten marinieren lassen und zwischendurch einmal wenden.

◆ In einer großflächigen Pfanne, in der der Fisch ausreichend Platz hat, 2 cm hoch Wasser einfüllen. Das Salz einstreuen und auf mittlerer Stufe zum Kochen bringen. Den Fisch mit der Haut nach oben einschließlich der Marinadezutaten vorsichtig in das leicht siedende Wasser gleiten lassen. Sobald das Wasser erneut aufwallt, die Pfanne von der Kochstelle nehmen und den Fisch zugedeckt etwa 10 Minuten in der heißen Flüssigkeit ziehen lassen. Den Fisch mit 2 Schaumlöffeln auf eine Servierplatte heben und etwaige Rückstände der Marinade entfernen. Das Fleisch sollte beim Einstechen an der Mittelgräte weiß sein und nicht mehr durchscheinen. Den Fisch warm stellen.

◆ Für die Sauce 80 ml der Garflüssigkeit in einen kleinen Topf abgießen und mit der Sojasauce, dem Öl, der Worcestersauce oder dem Tamarindenkonzentrat, 3 Teelöffeln Essig, Zucker, Pfeffer und der Maisstärke verrühren. Die Mischung bei großer Hitze unter ständigem Rühren rasch aufkochen und etwa 2 Minuten kochen lassen, damit sich die Aromen verbinden. Mit Salz und gegebenenfalls einem weiteren Teelöffel Essig abschmecken. Die Sauce sollte von angenehmer Säure sein.

◆ Den Fisch mit den Ingwer-, Frühlingszwiebel- und Chilistreifen garnieren und mit der heißen Sauce überziehen. Sofort servieren.

Für 4–6 Personen

Das Ablegen der Stäbchen auf dem Rand des Reisschälchens bringt Unglück auf See.

HAUPTGERICHTE 85

süden

Cong Bao Niu Rou

Rindfleisch mit Ingwer und Sellerie

Schnelligkeit, Gluthitze und Bewegung sind das Geheimnis des Pfannenrührens – große Hitze, damit das Fleisch nicht zu kochen beginnt, und ständige Bewegung, damit es von allen Seiten in dem heißen Öl kurz gart.

300 g Rindersteak ohne Knochen (Rumpsteak oder Sirloin), sorgfältig pariert

2 TL helle Sojasauce

1 TL Maisstärke

¼ TL Natron

1 EL Wasser

FÜR DIE SAUCE

60 ml Hühner- oder Rinderfond (siehe Seite 250)

2 TL Reiswein

2 TL helle Sojasauce

1½ TL Maisstärke

½ TL extrafeiner Zucker

80 ml Pflanzenöl

8 feine Scheiben frischer Ingwer, in feine Streifen geschnitten

3 Frühlingszwiebeln (mit den hellgrünen Teilen), schräg in dünne Scheiben geschnitten

2 Stangen Bleichsellerie, schräg in feine Scheiben geschnitten

Salz und frisch gemahlener weißer Pfeffer

◆ Das Rindfleisch quer zur Faser zunächst in hauchdünne Scheiben, dann in etwa 4 cm lange Stücke schneiden. Die Fleischstücke in einer Schüssel mit der Sojasauce, der Maisstärke, dem Natron und dem Wasser gründlich vermengen. 20 Minuten marinieren lassen; so wird das Fleisch noch zarter.

◆ Für die Sauce in einer kleinen Schüssel den Fond, den Reiswein, die Sojasauce, Maisstärke und den Zucker unter langsamem Rühren vermischen.

◆ Das Öl in einem Wok auf großer Stufe erhitzen, bis es zu rauchen beginnt. Den Ingwer, die Frühlingszwiebeln und den Sellerie darin etwa 30 Sekunden pfannenrühren, bis das Gemüse weich zu werden beginnt. Mit einem Schaumlöffel auf einen Teller heben und beiseite stellen.

◆ Immer noch auf großer Stufe das Fleisch in den Wok geben und etwa 1 Minute pfannenrühren, aber nicht durchgaren; dabei das Fleisch ständig in Bewegung halten. Das Gemüse zugeben und unter Rühren 20 Sekunden weitergaren.

◆ Die Saucenmischung in den Wok gießen und weitere 30 Sekunden rühren, bis die Sauce leicht eingedickt ist und das Fleisch sowie das Gemüse wie eine Glasur überzieht. Mit Salz und weißem Pfeffer abschmecken.

◆ Auf einer Platte anrichten und sofort servieren.

Für 3–4 Personen

Osten

Shanghai Ganshao Daxia

Geschmorte Garnelen nach Art von Shanghai

Um die Größe der Riesengarnelen zu unterstreichen, die er auf einem wichtigen Bankett auftrug, wählte ein renommierter Koch aus Shanghai eine pfiffige Methode, damit sich die Schwänze beim Garen nicht aufrollten. Er servierte sie zur Freude seiner Gäste auf einer Platte »synchron schwimmend in einem Strom scharlachroter Sauce«.

  8 Riesengarnelen mit Schale (etwa 375 g)

  2 EL Tomatenketchup

  1 EL Reiswein

  2 TL Hoisin-Sauce

  2½ EL Pflanzenöl

  1 Frühlingszwiebel (nur das Weiße), fein gehackt

  1 TL frisch geriebener Ingwer

  180 ml Fischfond (siehe Seite 250) oder Wasser

  ½ TL Salz

  1 TL Sesamöl

  1 TL Rotweinessig

  1 TL helle Sojasauce

  2 TL Maisstärke, aufgelöst in 1 EL Wasser

  2 Frühlingszwiebeln (nur die grünen Teile), zunächst in 10 cm lange Stücke, dann der Länge nach in feine Streifen geschnitten und in Eiswasser gelegt, bis sie sich kräuseln

◆ Mit Messer oder Küchenschere die Beine der Garnelen abschneiden und wegwerfen. Die ungeschälten Garnelen auf der Bauchseite der Länge nach tief einschneiden, damit sie sich beim Garen nicht zusammenrollen. In einer kleinen Schüssel den Ketchup, Reiswein und die Hoisin-Sauce verrühren.

◆ Das Öl in einem Wok auf großer Stufe erhitzen. Die Frühlingszwiebel, den Ingwer und die Garnelen darin etwa 1 Minute pfannenrühren, bis sich die Garnelen rosa verfärben und fest sind. Die Wein-Ketchup-Mischung zugießen und weitere 30 Sekunden rühren. Mit dem Fond auffüllen, salzen und alles gut verrühren. Die Hitze auf mittlere Stufe herunterstellen und zugedeckt weitere 2 Minuten köcheln lassen, bis die Garnelen gar sind. Die Garnelen mit einer Küchenzange auf eine Platte heben und beiseite stellen.

◆ Die Hitze wieder auf große Stufe stellen, das Sesamöl, den Essig und die Sojasauce zugießen und kurz aufkochen lassen. Die aufgelöste Maisstärke einrühren und die Sauce etwa 30 Sekunden unter Rühren etwas eindicken lassen.

◆ Die Garnelen im Wok nochmals 30 Sekunden erhitzen und mit einer Zange auf einer Platte Kopf an Kopf nebeneinander anrichten. Mit der Sauce überziehen. Die gekräuselten Frühlingszwiebelstreifen auf den Garnelenköpfen verteilen. Sofort servieren.

Für 2–4 Personen

Norden

Shizi Tou

Fleischbälle »Löwenkopf«

Die vier großen Fleischbälle dieser Spezialität aus Yangzhou symbolisieren sowohl die vier Himmelsrichtungen Nord, Süd, West und Ost als auch die Segenswünsche Glück, Reichtum, ein langes Leben und Zufriedenheit. Da sich Kohl und Fleischbälle in der Brühe braun verfärben, ähneln sie anschließend Löwenköpfen, nach denen sie auch benannt sind.

500 g grobes, fettes Schweinehackfleisch

250 g feines, mageres Schweine- oder Rinderhackfleisch

45 g Frühlingszwiebeln (nur das Weiße), fein gehackt

60 g Wasserkastanien, fein gehackt

1½ EL frisch geriebener Ingwer

1 EL fein gehackter Knoblauch

60 g Maisstärke

125 ml helle Sojasauce

250 ml Pflanzenöl

500 g Chinakohl, grob gehackt, oder ganze Köpfe Baby-Pak-Choi

500 ml Hühner- oder Schweinefond (siehe Seite 250, 251), erhitzt

60 ml Reiswein

1 TL Salz, plus Salz zum Abschmecken

Frisch gemahlener weißer Pfeffer

◆ Das grobe und feine Hackfleisch in der Küchenmaschine gründlich durcharbeiten. Die Frühlingszwiebeln, Wasserkastanien, den Ingwer, Knoblauch, 1 Esslöffel der Maisstärke und 60 Milliliter der Sojasauce zugeben und weiter gründlich mixen. Die Masse in 4 gleiche Portionen teilen und jede Portion zu großen Fleischbällen formen.

◆ In einer Schüssel 2 Esslöffel der Sojasauce und die restliche Maisstärke zu einer weichen Paste verrühren. Falls nötig, etwas Wasser zugeben.

◆ Das Öl in einem Wok auf großer Stufe erhitzen. Die Fleischbälle nacheinander in der Soja-Stärke-Mischung wenden und in das heiße Öl gleiten lassen. Die Fleischbälle unter gelegentlichem vorsichtigem Wenden 2½–3 Minuten frittieren, bis ihre Oberfläche leicht gebräunt ist. Mit einem Schaumlöffel auf eine Platte heben. Die verbliebene Soja-Stärke-Mischung zurückbehalten.

◆ Den Chinakohl oder Pak-Choi in das heiße Öl geben und kurz frittieren, bis er gerade eben zusammenfällt. Den Kohl mit einem Schaumlöffel herausheben, kurz über dem Wok abtropfen lassen und in einen chinesischen Tontopf (Claypot) oder ein anderes hitzebeständiges Gargeschirr füllen (eventuell eines, das man in einen Dämpftopf einsetzen kann).

◆ Die Fleischbälle auf den Kohl setzen, vorsichtig den erhitzten Fond zugießen sowie den Reiswein, die restlichen 2 Esslöffel Sojasauce und den Teelöffel Salz zugeben. Mit Wasser auffüllen, sodass die Fleischbälle fast vollständig bedeckt sind. Den Tontopf oder das andere Gargeschirr mit einem Deckel oder Alufolie sorgfältig zudecken und entweder bei mittlerer Hitze auf dem Herd oder in einem fest verschlossenen Dämpftopf über kochendem Wasser etwa 40 Minuten sanft garen. Nach der Hälfte der Garzeit die Fleischbälle vorsichtig wenden.

◆ Nach Ende der Garzeit die Flüssigkeit aus dem Topf in einen Wok abgießen. Auf großer Stufe erhitzen und 2–3 Esslöffel der zurückbehaltenen Soja-Stärke-Mischung einrühren. Zum Kochen bringen und etwa 2 Minuten rühren, bis die Sauce leicht eingedickt ist. Großzügig mit Pfeffer würzen und mit Salz abschmecken.

◆ Die Sauce über die Fleischbälle schöpfen und im Tontopf servieren.

Für 4–8 Personen

Des Menschen Herz ist wie ein Reisfeld, es ist voller Leben, doch es erstickt, wenn es brachliegt.

Süden

Jipurou Ningmengjiang
Hühnerbrust mit Zitronensauce

Zitrusfrüchte, die vor allem im Südosten kultiviert werden, spielen in Chinas Tischkultur und Gastronomie eine bedeutende Rolle. Gold ist die Farbe des Geldes und daher ein Symbol für Wohlstand. So wünscht ein Gastgeber seinen Gästen mit einem Teller leuchtender Orangen als Abschluss eines Festessens symbolisch Reichtum. Reife Mandarinen werden als Tribut dem Tempel dargebracht, um den materiellen Segen der Familie zu mehren, und blühende Kumquatbäume sind ein populäres Neujahrsgeschenk. Viele Haushalte platzieren eine reife Pomelo in der Nähe der Eingangstür, als Einladung an den Wohlstand für das kommende Jahr.

Die Glück bringenden goldgelben Saucen aus Zitrusfrüchten verleihen aber auch vielen beliebten Fleisch- und Fischgerichten eine köstliche scharfe Note. In der Küstenprovinz Fujian im Osten des Landes legt man die winzigen einheimischen Limetten ein und verwendet sie als würzenden Akzent in zahllosen regionalen Spezialitäten, darunter zart geschmortes Entenfleisch. Tangerinensegmente, in Zuckersirup kandiert, sind ein erfrischendes Sommerdessert, und die getrocknete Schale der Frucht (»chenpi«) findet als Würzmittel in rot geschmorten (in Sojasauce gegarten) Speisen und Suppen und in den pikanten Wokgerichten Sichuans Verwendung.

325–375 g schiere Hühnerbrust ohne Haut

½ TL Salz

2 TL Reiswein

2 TL helle Sojasauce

60 g Maisstärke

2 EL Mehl

1 Ei, leicht verschlagen

Pflanzenöl zum Frittieren

FÜR DIE SAUCE

1 Zitrone, in dünne Scheiben geschnitten

Saft von 1 weiteren Zitrone

2 TL Reisessig

2 EL extrafeiner Zucker

60 ml Hühnerfond (siehe Seite 250) oder Wasser

3–4 Tropfen gelbe Lebensmittelfarbe

1½ TL Sesamöl (nach Belieben)

1 TL Maisstärke, aufgelöst in 1 EL kaltem Wasser

60 g Eisbergsalat, in feine Streifen geschnitten (nach Belieben)

◆ Die Hühnerbrüste der Länge nach halbieren und in einer Schüssel mit dem Salz, Reiswein und der Sojasauce vermengen. 20 Minuten marinieren lassen und zwischendurch gelegentlich wenden.

◆ Die Fleischstücke in etwa 2 Esslöffeln der Maisstärke wenden; überschüssige Stärke abklopfen. Die restliche Stärke in einer Schüssel mit dem Mehl und dem Ei zu einem dünnen Ausbackteig verschlagen. Falls nötig, etwas Wasser zugeben.

◆ In einen Wok 4 cm hoch Öl einfüllen und auf 180 °C erhitzen (zur Probe einige Tropfen Backteig hineingeben; wenn sie binnen Sekunden goldbraun werden und an die Oberfläche steigen, ist die Temperatur erreicht). Portionsweise arbeiten: Die Fleischstücke einzeln nacheinander in den Backteig tauchen. Überschüssigen Teig abtropfen und das Fleisch in das heiße Öl gleiten lassen. In etwa 5 Minuten goldgelb frittieren, bis es durchgegart ist. Die ausgebackenen Hühnerbrüste mit einem Schaumlöffel auf ein Gitter heben und über Küchenpapier abtropfen lassen. Warm stellen.

◆ Wenn sämtliches Fleisch frittiert ist, das Öl in eine hitzebeständige Schüssel abgießen und den Wok mit Küchenpapier auswischen. 2 Esslöffel des Öls zurück in den Wok geben und auf großer Stufe erhitzen. Für die Zitronensauce die Zitronenscheiben, den Zitronensaft, den Reisessig, Zucker, den Fond oder das Wasser, die Lebensmittelfarbe und das Sesamöl zügig in den Wok füllen und zum Kochen bringen. Die Hitze auf mittlere Stufe herunterstellen und etwa 30 Sekunden köcheln lassen, damit sich die Aromen verbinden. Die Stärkemischung zugeben und unter Rühren 30 Sekunden eindicken lassen.

◆ Eine Servierplatte nach Belieben mit Eisbergsalat auskleiden. Die Hühnerbrüste in dicke Scheiben schneiden und auf dem Salatbett oder direkt auf der Platte anrichten. Die Sauce mit den Zitronenscheiben über dem Fleisch verteilen und sofort servieren.

Für 4–6 Personen

Jeder Bauernhof in Guangdong hält sich einige Hühner, die die herabfallenden Reiskörner aufpicken.

HAUPTGERICHTE 91

Chinesischer Wein

Als die Chinesen vor mehr als 4 000 Jahren durch Zufall einen trinkbaren Wein aus vergorenem Reis herstellten, löste das neue Getränk eine derartige Begeisterung aus, dass der damalige Kaiser hastig vier Dekrete zum Weingenuss erließ, die bis heute befolgt werden: Wein darf nur aus kleinen Tassen getrunken werden; um den Alkohol zu absorbieren, müssen »weinbegleitende Speisen« (warme und kalte Vorspeisen) dazu gereicht werden; Wein sollte nicht während des Hauptteils eines Festessens serviert werden; und die Weintrinker müssen sich in leichten körperlichen und geistigen Tätigkeiten üben. Diese »Trinkspiele« aus jener Zeit – Schere-Papier-Stein und andere Fingerspiele – werden noch heute in chinesischen Restaurants überall auf der Welt mit lautstarkem Enthusiasmus gespielt. Beim Trinken gehört meist auch ein Toast dazu. Wer einen Trinkspruch ausbringen will, gibt ein Zeichen, worauf die winzigen Tassen gefüllt und erhoben werden, um den Wein, begleitet von euphorischen *Gan-bai*-Rufen (frei übersetzt: »Kopf in den Nacken«), in einem Zug die Kehle hinabzustürzen.

Aus Shaoxing südwestlich von Shanghai in der Provinz Zhejiang stammen die feinen bernsteinfarbenen Reisweine, die auch unter dem gleichen Namen vermarktet werden. Die besten Weine sind mild im Geschmack und haben einen Alkoholgehalt von etwa 20 Prozent. Manchmal parfümiert man sie mit Blüten, um daraus einen eleganten Aperitif oder Dessertdrink zu bereiten. Da der Wein in aller Regel warm getrunken wird, stellt sich seine belebende bis enthemmende Wirkung meist sehr rasch ein. Die Geschmackspalette reicht je nach Qualität und Alkoholgehalt von vollfruchtig und leicht lieblich bis herb und brennend. Unerfahrene Gäste sollten sich vor einem Glas »Weißwein« in Acht nehmen, er könnte sich als ein Hirseschnaps von der Stärke eines Wodkas entpuppen oder als ein feuriger *maotai*, ein 80-prozentiger Reisschnaps. Chinesischer Reiswein schmeckt anders und ist erheblich alkoholreicher als der japanische Sake.

In der Küche wird Reiswein für Wokgerichte und Marinaden verwendet und dient als wichtiges Würzmittel in heißen und kalten Weinsaucen, insbesondere bei Seafood- und Geflügelgerichten. Er verleiht den Speisen ein unverkennbares Aroma, das an trockenen Sherry erinnert. Letzterer ist daher auch ein geeigneter Ersatz, falls kein Reiswein zur Hand ist. Japanischer *mirin* kann aushelfen, wenn eine süßliche Note gefragt ist.

Auch süße Obstweine aus Pflaumen und Weintrauben werden seit Menschengedenken in China hergestellt, wenn auch nur in geringen Mengen. Der kommerzielle Weinbau begann allerdings erst im 19. Jahrhundert, als deutsche Einwanderer in Shandong feststellten, dass ihre Elsässer Weine perfekt zu chinesischem Essen passten. Bis heute wird in den Kellereien Yangtai und Tianjin im Norden Chinas Wein gekeltert.

Norden

Jiu Suan La Jiao Xiaren

Garnelen mit Chili und Knoblauch in Weinsauce

Reiswein und einige interessante Nebenprodukte der Weinherstellung finden in zahlreichen chinesischen Rezepten Verwendung. Als würzende Zutat verleihen sie dem Gericht ein subtiles bis deutlich hefeartiges Aroma. Die roten Maischereste, die in den Gärbottichen zurückbleiben, nachdem der Wein zum Klären abgezogen wurde, nennt man »hongzao« (roter Reis). In der Küche des Nordens dient »hongzao« als farbig-würzige Grundlage für Saucen zu Fleisch mit kräftigem Eigengeschmack wie Schweineleber und Ente. Getrocknete rote Reismaische wird in kleinen Päckchen oder, mit Reiswein versetzt, in Gläsern angeboten.

Gesüßter vergorener Reis ist eine beliebte Zutat in Desserts aus frischen Früchten. Er ist ganz leicht herzustellen, indem man eingeweichten Klebreis mit Zucker und Hefe vermengt und etwa eine Woche gären lässt. Parfümierte Weine wie der hervorragende »guihuajiu« aus Guilin (Cassiablütenwein) und der »meigui liu jiu« aus Tianjin (Rosenblütenlikör) sind aromatische Süßweine, die gern als Aperitif getrunken werden, aber auch in der Küche vielseitige Verwendung finden. In der Küche Pekings sind Saucen, denen mit Blüten aromatisierter Reiswein zugesetzt wird, gang und gäbe. Bei einem in der nördlichen Provinz Hebei sehr populären Hühnergericht werden gleich drei verschiedene Weine zum Marinieren, als Würzmittel und für die Sauce verwendet. Chinesischer Wein, darunter der aromatische Shaoxing, ist zunehmend auch über die Landesgrenzen hinaus erhältlich. In einer Sauce wie für diesen Klassiker aus Peking ist das Original immer noch am besten; doch der japanische »mirin« ist ein würdiger Ersatz.

*12 geschälte Garnelen
(220 g; etwa 500 g ungeschält)*

1 EL Salz, plus Salz zum Abschmecken

2 Eiweiß

45 g Maisstärke

625 ml Pflanzenöl

1 große, scharfe rote Chilischote, Samen entfernt und in Streifen geschnitten

3 Knoblauchzehen, in Scheiben geschnitten

180 ml Reiswein

2 TL helle Sojasauce

1½ TL extrafeiner Zucker

2 TL Maisstärke, aufgelöst in 125 ml Hühnerfond (siehe Seite 250)

Einige Tropfen Chiliöl

1½ EL grüne Frühlingszwiebelröllchen

◆ Die Garnelen der Länge nach halbieren und den dunklen Darm entfernen. Mit 1 Esslöffel Salz bestreuen und 10 Minuten einwirken lassen. Die Garnelen unter fließendem kaltem Wasser abspülen und abtropfen lassen. Mit Küchenpapier trockentupfen.

◆ Die Eiweiße in einer Schüssel verschlagen. Die Maisstärke einstreuen und die Mischung zu einem dünnen Backteig aufschlagen.

◆ Das Pflanzenöl in einem Wok auf großer Stufe erhitzen. Die Hälfte der Garnelen durch den Backteig ziehen und in dem heißen Öl in etwa 1 Minute goldgelb frittieren. Mit einem Schaumlöffel auf einen Gitterrost heben und über Küchenpapier abtropfen lassen. Mit den restlichen Garnelen auf die gleiche Weise verfahren.

◆ Das Öl in eine kleine, hitzebeständige Schüssel abgießen und den Wok auswischen. 1 Esslöffel des Öls zurück in den Wok geben und auf großer Stufe erhitzen. Die Chilistreifen und Knoblauchscheiben darin 20 Sekunden pfannenrühren. Den Reiswein, die Sojasauce und den Zucker hinzufügen und weitere 40 Sekunden köcheln lassen, bis ein Teil der Flüssigkeit verdampft ist. Nach und nach die aufgelöste Stärke zugießen und unter langsamem Rühren 1½ Minuten eindicken lassen. Mit Salz abschmecken.

◆ Die Garnelen zurück in den Wok geben und gleichmäßig in der Sauce wenden, bis sie heiß sind. In einer Schüssel anrichten, mit etwas Chiliöl beträufeln, mit den Frühlingszwiebeln garnieren und sofort servieren.

Für 4 Personen

Süden

Xiang Su Ya

Knusprige Ente

Diese Ente mit köstlichem Aroma ist das südliche Pendant zur berühmten Peking-Ente. Auch wenn die Haut vielleicht nicht denselben bernsteinfarbenen Glanz und unwiderstehlich knusprigen Biss erreicht wie die Rivalin aus der Hauptstadt, so kann sie doch mit jeder gebratenen Ente konkurrieren.

1 Ente (2 kg)

2 EL dunkle Sojasauce

1 EL Hoisin-Sauce, mehr zum Servieren

1 EL Honig

1¼ TL Fünf-Gewürze-Pulver

½ TL Salz

2 EL feine frische Ingwerscheiben

1 Frühlingszwiebel, geputzt

Pfeffersalz (siehe Seite 33) zum Servieren

◆ Die Ente in einem Durchschlag in die Spüle stellen und die gesamte Oberfläche mit kochendem Wasser übergießen. Das festigt ihre Haut, sodass sie beim Garen noch knuspriger wird. Die Ente 15 Minuten abtropfen lassen.

◆ In einer Schüssel die Sojasauce, 1 Esslöffel Hoisin-Sauce, den Honig, das Fünf-Gewürze-Pulver und das Salz verrühren. Die Ente mit der Mischung dick einstreichen, den Rest in der Bauchhöhle verteilen. Den Ingwer und die ganze Frühlingszwiebel ebenfalls in die Bauchhöhle stecken. Die Ente auf einem Gitterrost in die Bratenpfanne setzen und 2 Stunden ruhen lassen.

◆ Den Ofen auf 180 °C vorheizen.

◆ Die Ente auf der mittleren Einschubleiste in den Ofen schieben und etwa 40 Minuten braten. Mit einem dünnen, spitzen Spieß rundherum einstechen, damit das Fett austreten kann und die Haut knusprig wird. Weiter 20–30 Minuten braten, bis das Fleisch zart und die Haut goldbraun und knusprig ist. Sobald das Fleisch fast gar, die Haut aber noch nicht knusprig ist, die Ofentemperatur für die letzten 10 Minuten auf 190–200 °C erhöhen. Zur Garprobe einen Spieß an der dicksten Stelle der Keule einstechen; ist der austretende Saft klar, ist die Ente gar.

◆ Die Ente aus dem Ofen nehmen und mindestens 10 Minuten ruhen lassen. Das Fleisch auslösen, in dünne Scheiben schneiden und auf einer Platte anrichten. Mit Hoisin-Sauce oder Pfeffersalz servieren.

Für 8 Personen

Norden

Shandong Xianggu Ji

Shandong-Huhn mit Pilzen

Das volle, kräftige Aroma dieses Gerichts ist typisch für die Küche dieser Provinz im Norden.

4 große getrocknete schwarze Shiitake, 25 Minuten in heißem Wasser eingeweicht

300 g Hühnerbrust ohne Haut, in 12 mm große Würfel geschnitten

1 kleines Eiweiß, schaumig geschlagen

1½ EL Tapioka- oder Maisstärke

1 EL frisch geriebener Ingwer

1 TL Reiswein

250 ml zerlassenes Hühnerfett, Schweinefett oder Pflanzenöl

1½ EL Hoisin-Sauce

1½ TL gelbe Bohnenpaste

Salz

◆ Die Pilze aus dem Einweichwasser nehmen und etwaige Stiele entfernen. Die Hüte vierteln und zurück in das Wasser geben. Beiseite stellen und erst kurz vor der Weiterverarbeitung abgießen.

◆ In einer Schüssel das Hühnerfleisch mit dem Eiweiß und der Tapioka- oder Maisstärke gründlich vermengen. 10 Minuten ruhen lassen.

◆ Den geriebenen Ingwer in ein sauberes Küchentuch einschlagen, den Saft auspressen und mit dem Reiswein vermengen. 1 Teelöffel des ausgepressten Ingwerfleischs zugeben, den Rest wegwerfen.

◆ Das Fett oder Öl in einem Wok auf mittlerer Stufe erhitzen. Sobald es leicht zu rauchen beginnt, das Fleisch darin etwa 1½ Minuten pfannenrühren, bis es fast gar ist. Mit einem Schaumlöffel auf einen Teller heben. Das Fett abgießen und für eine spätere Verwendung aufbewahren.

◆ Den Wok erneut auf mittlerer Stufe erhitzen und das Fleisch sowie die abgetropften Pilze darin weitere 20 Sekunden pfannenrühren. Die Reiswein-Ingwer-Mischung, die Hoisin-Sauce und die Bohnenpaste zufügen und etwa 40 Sekunden weiterrühren, bis das Fleisch gar und gleichmäßig von den Würzzutaten durchzogen ist.

◆ Das Gericht mit Salz abschmecken, auf einer Platte anrichten und sofort servieren.

Für 3–4 Personen

HAUPTGERICHTE 95

Süden

Hongshao Zhurou

Schweinefleisch, in Sojasauce geschmort

Speisen, die in einem fest verschlossenen Topf gedünstet oder geschmort werden, heißen »men« in China. Ist Sojasauce der Hauptbestandteil der Garflüssigkeit, spricht man von »hongshao«, was so viel bedeutet wie »rot schmoren«. Es ist besonders für große Fleischstücke und festes Schmorfleisch wie Schweinsfüße eine beliebte Garmethode, aber auch für ganzes Geflügel und hier besonders für Wildgeflügel, das langsames, sanftes Garen erfordert, damit es ganz zart wird und förmlich auf der Zunge zergeht. Einige auf diese Art zubereitete Gerichte haben einen bestimmten Symbolgehalt und werden daher zu festlichen Anlässen wie Neujahr oder auf einer Hochzeit serviert. »Rot geschmorte« Schweineschulter oder Schweinsfüße mit Algen für ein langes Leben und Kopfsalat für Reichtum heißt zum Beispiel wörtlich übersetzt »Unverhofft kommt oft«. »Hongshao zhurou« trägt die poetische Bedeutung »Friede und Harmonie«. In brauner Sauce gegart ist die weniger bedeutungsgeladene Umschreibung der im »Hongshao«-Stil zubereiteten aromatischen Gerichte Shanghais. Zu den beliebtesten gehören Süß- oder Salzwasseraal, in einer üppigen braunen Sauce geschmort und vor dem Servieren großzügig mit weißem Pfeffer bestreut. Wunderbar duftende schwarze Shiitake, fleischige bernsteinfarbene Abalonepilze und Auberginen sind häufige Zutaten in »Hongshao«-Zubereitungen. Sie nehmen das vielschichtige Aroma der Sauce auf und steuern ihrerseits Geschmack und Konsistenz bei, genauso wie Ingwer, knackige Bambussprossen und Kastanien.

---

750 g Schweinekeule oder -schulter mit Haut

2½ EL Hoisin-Sauce

8 getrocknete schwarze Shiitake, 5–10 Minuten in kochendem Wasser eingeweicht und abgetropft

180 ml helle Sojasauce

2 EL Reiswein

1 Sternanis

1 kleine Zimtstange

1 TL Sichuanpfefferkörner

1 Frühlingszwiebel, geputzt

1 EL feine Ingwerstreifen

Etwa 500 ml Wasser (nach Belieben)

Salz

500 g Baby-Pak-Choi, längs halbiert, oder ein anderer chinesischer Blattkohl (nach Belieben)

2 TL Maisstärke, aufgelöst in 2 EL Wasser

◆ Die Haut des Schweinefleischs mit einem scharfen Messer mehrmals einritzen. Mit der Hoisin-Sauce gründlich einstreichen und 1 Stunde einwirken lassen.

◆ Das Fleisch in einen gerade ausreichend großen Topf setzen. Die Pilze, die Sojasauce, den Reiswein, Sternanis, die Zimtstange, den Sichuanpfeffer, die Frühlingszwiebel und den Ingwer zugeben und so viel Wasser zugießen, dass das Fleisch gerade bedeckt ist. Auf mittlerer Stufe zum Kochen bringen und mit einem Deckel fest verschließen. Die Hitze auf niedrige Stufe herunterstellen und etwa 1 Stunde leise köcheln lassen, bis das Fleisch weich ist. Zur Garprobe mit einem Spieß einstechen.

◆ Das Fleisch auf eine Platte heben und locker mit Alufolie bedecken, damit es warm bleibt. Die Pilze ausstechen, die harten Stiele, falls vorhanden, mit einem kleinen, scharfen Messer entfernen und die Hüte zurück in die Sauce geben.

◆ Die Sauce rasch zum Kochen bringen und auf mittlerer Stufe etwa 10 Minuten köcheln lassen, bis die Flüssigkeit auf etwa 125 Milliliter eingekocht ist.

◆ Wird das Fleisch mit Pak-Choi oder einem anderen Blattkohl serviert, inzwischen in einem Wok oder einem anderen Topf Wasser zum Kochen bringen und leicht salzen. Den Kohl hineingeben, sofort von der Kochstelle nehmen und 5 Minuten in der heißen Flüssigkeit ziehen lassen. Den Kohl gründlich abtropfen lassen und den Rand einer Servierplatte dekorativ damit auskleiden.

◆ Das Schweinefleisch in Scheiben schneiden und in der Mitte der Platte anrichten. Die aufgelöste Stärke in die Sauce einrühren und etwa 1 Minute unter Rühren köcheln lassen, bis die Sauce leicht eingedickt und klar ist. Die Sauce mit den Pilzen über dem Fleisch verteilen und sofort servieren.

Für 4–6 Personen

Wird ein Kind geboren, bekommt die Mutter mit Ingwer geschmortes Huhn oder Schweinefleisch, damit sie wieder zu Kräften kommt.

Garen im Tontopf

Das Garen im Tontopf (Claypot) ist in China sehr verbreitet. Die irdenen Töpfe aus einer Sand-Ton-Mischung kommen in den meisten heimischen Küchen fast täglich zum Einsatz und lassen sich direkt auf die holz-, holzkohle- oder gasbefeuerte Flamme setzen. Die Tontöpfe sind mit einer Innenglasur versehen, das erleichtert das Reinigen, hält das Gargut feucht und leitet die Hitze besser. Mit ihrem fest verschließbaren Deckel sind sie ideal zum Reiskochen, für Suppen und zum langsamen Schmoren und Pochieren.

Die Tontöpfe sind leicht, billig und robust. Damit sie nicht springen, sollte man sie aber nie ohne Flüssigkeit erhitzen, nicht direkt auf eine heiße Herdplatte oder in heißem Zustand auf eine kalte Unterlage stellen. Einige Tontöpfe sind zur Verstärkung zusätzlich mit einem Drahtgeflecht ausgestattet.

Etwas ganz Besonderes sind die Dämpftontöpfe aus Yunnan, die aus dem gleichen harten dunklen Ton hergestellt werden wie chinesische Teekannen. Nach innen sind sie mit einer spitz zulaufenden Tülle ausgestattet. Sie werden in einen Dämpftopf gesetzt, und durch die Tülle strömt beständig heißer Dampf in das mit einem Deckel verschlossene Gefäß, sodass das Gargut gleichzeitig von innen und von außen gedämpft und unvergleichlich zart wird.

Osten

Hai Xian Geng

Meeresfrüchte aus dem Tontopf

Die abwechslungsreichen Regionalküchen der Küstenprovinzen, von der Insel Hainan im Süden bis nach Jiangsu und Shandong im Nordosten, verwenden das ganze Jahr über Meeresfrüchte in Hülle und Fülle. Ein Gericht mit sechs verschiedenen Sorten Fisch und Krustentieren gilt in den maritimen Regionen keineswegs als extravagant, während im Binnenland ein derartiges Staraufgebot bestenfalls bei einem Festmahl auf den Tisch käme. Im Tontopf zubereitete Fischsuppen und -schmortöpfe sind zu Hause vor allem in den kalten Wintermonaten eine willkommene Kost. Mit gedämpftem Reis und Gemüse ist ein Meeresfrüchtetopf eine vollwertige Mahlzeit. Bei der Zubereitung von frischem Seafood ist das Timing ganz entscheidend, besonders, wenn man mehrere Sorten zusammen gart. Garnelen sollten noch knackigen Biss haben, Fisch sollte eine zarte, blättrige und saftige Struktur bewahren und nicht trocken und krümelig werden. Austern und Krabbenfleisch brauchen lediglich ganz leicht erwärmt zu werden.

250 g große Garnelen mit Schale

75 g küchenfertig vorbereitete Kalmartuben (etwa 125 g ungesäuberte Tuben; siehe Seite 249)

250 g festfleischiges weißes Fischfilet

5 cm Möhre

2 EL Pflanzenöl

1 Stange Bleichsellerie, schräg in feine Scheiben geschnitten

½ gelbe Zwiebel, in schmale Spalten geschnitten und die Schichten voneinander getrennt

8 sehr dünne Ingwerscheiben

300 ml Fischfond (siehe Seite 250)

2 TL Reiswein

2 EL Austernsauce

40 g Bambussprossen, in feine Scheiben geschnitten

40 g kleine Reisstrohpilze aus der Dose

1½ EL Maisstärke, aufgelöst in 2 EL Wasser

100 g kleine, geschälte Garnelen

60–90 g ausgelöstes Austernfleisch (nach Belieben)

100 g Krabbenfleisch oder 2 Eiweiß, leicht verschlagen

Salz und frisch gemahlener weißer Pfeffer

2 EL Frühlingszwiebelspitzen, in feine Röllchen geschnitten

98 HAUPTGERICHTE

◆ Einen großen, feuerfesten chinesischen Tontopf, falls vorhanden, zum Vorwärmen mit heißem Wasser füllen. Alternativ können Sie auch einen Schmortopf mit schwerem Boden verwenden.

◆ Die großen Garnelen schälen, dabei das letzte Schalensegment mit dem Schwanzfächer daran belassen. Den Rücken der Länge nach einschneiden, den dunklen Darm entfernen und die Garnelenschwänze gründlich in kaltem Wasser waschen. Mit Küchenpapier trockentupfen und beiseite stellen. Die Kalmartuben an einer Seite aufschneiden und flach ausbreiten. Die Innenseite mit einem spitzen Messer in Abständen von 3 mm kreuzweise einritzen. Die Tuben in 2 cm große Quadrate schneiden und beiseite stellen. Das Fischfilet in 2½ cm große Würfel schneiden und ebenfalls beiseite stellen.

◆ Die Möhre schälen und mit einem V-förmigen Riefenschneider oder einem anderen geeigneten Werkzeug rundherum der Länge nach fünf- bis sechsmal einkerben. Die Möhre quer in Scheiben schneiden, sodass blumenförmige Stücke entstehen. Beiseite stellen.

◆ Das Wasser aus dem Tontopf, falls verwendet, abgießen. Das Öl in dem Ton- oder Schmortopf auf großer Stufe erhitzen. Die Möhren- und Selleriescheiben, die Zwiebel und den Ingwer darin etwa 1 Minute beständig rühren, bis das Gemüse etwas weich geworden ist. Den Fischfond zugießen und zum Kochen bringen. Den Reiswein und die Austernsauce einrühren und 30 Sekunden köcheln lassen, damit sich die Aromen miteinander verbinden.

◆ Die großen Garnelen, Kalmarstücke, Fischwürfel, Bambussprossen und Reisstrohpilze hinzufügen und garen, bis die Flüssigkeit wieder aufkocht, das dauert etwa 2 Minuten. Die aufgelöste Stärke einrühren und 40 Sekunden langsam weiterrühren, bis die Mischung erneut aufwallt.

◆ Die kleinen Garnelen sowie das Austern- und das Krabbenfleisch, falls verwendet, unterrühren. Die Eiweiße, falls verwendet, durch ein feines Sieb in die Mischung abseihen, sodass es dünne Fäden zieht. Den Topf vom Herd ziehen und mindestens 2 Minuten nicht rühren.

◆ Den Meeresfrüchtetopf mit Salz und Pfeffer abschmecken und nochmals durchrühren, damit alle Zutaten gleichmäßig verteilt sind. Mit den Frühlingszwiebelröllchen bestreuen und in einer Servierschüssel oder direkt im Topf sofort servieren.

Für 4–8 Personen

Norden

Dun Ya Meijiang

Geschmorte Ente mit Pflaumensauce

Die Schwere der Ente wird bei diesem Gericht hervorragend von einer süßsauren Pflaumensauce entschärft.

750 g gemischte Entenstücke, etwa Keulen und Flügel

60 g Tapioka- oder Maisstärke

Pflanzenöl zum Frittieren

1 EL Sesamöl

180 ml Pflaumensauce (»plum sauce«)

250 ml Wasser

Salz und frisch gemahlener schwarzer Pfeffer

◆ Große Entenstücke halbieren, unter fließendem kaltem Wasser waschen und mit Küchenpapier trockentupfen. Die Tapioka- oder Maisstärke in einen Plastikbeutel füllen und die Entenstücke hinzufügen. Den Beutel fest zuhalten und vorsichtig schütteln, sodass die Entenstücke gleichmäßig mit der Stärke überzogen werden. Die Stücke in einen Durchschlag legen und überschüssige Stärke abklopfen.

◆ Den Ofen auf 180 °C vorheizen.

◆ Das Pflanzenöl 2½ cm hoch in eine große Bratpfanne oder einen Wok gießen und auf großer Stufe erhitzen, bis es zu rauchen beginnt. Das Sesamöl zugeben und die Hälfte der Entenstücke vorsichtig in das heiße Öl einlegen. Das Fleisch 1 Minute anbraten, die Hitze auf mittlere Stufe herunterstellen und weitere 5–8 Minuten braten, bis die Entenstücke gut gebräunt sind. Mit einem Schaumlöffel in einen Tontopf oder ein anderes verschließbares, ofenfestes Gefäß legen. Mit den restlichen Entenstücken in gleicher Weise verfahren. (Das Anbraten verleiht eine schöne braune Farbe und entzieht einen Teil des Fetts).

◆ Die Pflaumensauce und das Wasser mit einer großzügigen Prise Salz und Pfeffer in einer kleinen Schüssel verrühren. Die Mischung gleichmäßig über die Entenstücke verteilen, zugedeckt in den mittleren Teil des Ofens schieben und 30 Minuten schmoren. Die Entenstücke wenden und zugedeckt weitere 30 Minuten schmoren, bis das Fleisch ganz zart ist.

◆ Mit Salz und Pfeffer abschmecken und direkt im Topf servieren. Oder die Entenstücke mit einer Küchenzange auf einer Servierplatte anrichten, mit der Sauce überziehen und dann servieren.

Für 4–6 Personen

Süden

Zheng Cong Jiang Yu

Gedämpfter Fisch mit Ingwer und Frühlingszwiebeln

Zum Schneiden der Möhrenblüten mit der Spitze eines kleinen, scharfen Messers die Möhre am dünnen Ende rundherum fünf- bis sechsmal v-förmig einschneiden, sodass sich die Einschnitte in der Mitte treffen. Dann das obere Teil ablösen, und fertig sind die Möhrenblüten.

1 ganzer Fisch, etwa Schnapper, Porgy oder Wolfsbarsch (750 g–1 kg), gesäubert

5 cm frische Ingwerwurzel, geschält, zunächst in dünne Scheiben, dann in feine Streifen geschnitten

3 Frühlingszwiebeln (nur das Weiße), in 5 cm lange Stücke, dann längs in feine Streifen geschnitten

3 EL helle Sojasauce

2 EL Reiswein

1 EL Pflanzenöl

Frische Korianderzweige

Möhrenblüten (siehe Rezepteinleitung)

◆ Den Fisch unter fließendem kaltem Wasser gründlich waschen und trockentupfen. Auf ein Brett legen und von beiden Seiten das Fleisch mit einem scharfen Messer in Abständen von 3 cm diagonal tief einschneiden.

◆ Den Fisch auf eine große, hitzebeständige Platte legen. Ein Drittel des Ingwers und der Frühlingszwiebeln in die Bauchhöhle füllen, den Rest auf der Oberfläche verteilen. Den Fisch mit der Sojasauce, dem Reiswein und dem Pflanzenöl übergießen.

◆ In einem Dämpftopf Wasser zum Kochen bringen. (Wenn Sie keinen ausreichend großen Dämpftopf oder einen Wok mit Deckel haben, können Sie den Wok auch mit extrastarker Alufolie verschließen.) Den Fisch auf der Platte in den Dämpftopf einsetzen und fest verschließen. Die Hitze herunterstellen, sodass das Wasser eben noch siedet, und den Fisch 15–18 Minuten dämpfen. Zur Garprobe mit der Messerspitze an der dicksten Stelle neben dem Kopf einstechen. Wenn sich das Fleisch mühelos durchdringen lässt und nicht mehr durchscheint, ist der Fisch gar.

◆ Die Platte mit dem Fisch möglichst mit Ofenhandschuhen, damit Sie sich am heißen Dampf nicht verbrennen, aus dem Dämpftopf heben. Die Platte mit den Korianderzweigen und den Möhrenblüten garnieren und sofort servieren.

Für 4–6 Personen

HAUPTGERICHTE 101

Osten

Dou Shi Pai Gu

Schweinerippen mit schwarzen Bohnen

Ich bin immer völlig hingerissen, wenn der Duft von gesalzenen schwarzen Bohnen, die mit Knoblauch und Ingwer in der heißen Pfanne brutzeln, meine Nase kitzelt. In der kantonesischen Küche sind Fisch und Geflügel in Verbindung mit schwarzer Bohnensauce weit verbreitet. Ich finde dagegen, dass die erdige Salzigkeit der schwarzen Bohnen viel besser mit Zutaten harmoniert, die einen kräftigen Eigengeschmack mitbringen. An einem Wok mit schwarzen Bohnen und Muscheln oder Meeresschnecken kann ich einfach nicht vorbeigehen, und in einem Dim-sum-Restaurant oder einem Marktimbiss verpasse ich selten die Gelegenheit, Kutteln so zu essen, wie ich sie am liebsten mag – ganz langsam mit schwarzen Bohnen geschmort und mit Unmengen von Knoblauch und Chili. Am besten aber kommt die charakteristische Würze der Bohnen in Verbindung mit fleischigen, fettdurchzogenen Schweinerippchen zur Geltung.

In vielen chinesischen Lebensmittelmärkten sind die weichen, schrumpeligen fermentierten Sojabohnen offen und portionsweise erhältlich. Eine sparsame Bevorratung ist aber nicht unbedingt erforderlich, da sich die Bohnen in einem fest verschlossenen Gefäß problemlos bis zu einem Jahr halten. Vor der Verwendung wasche ich die Bohnen, um einen Teil des Salzes zu entfernen, und trockne sie ab. Verzichten Sie darauf, sollten Sie immer erst den Salzgehalt eines Gerichts probieren, bevor Sie die ganze Rezeptmenge Sojasauce oder Salz zugeben.

---

1 kg Schweinebauch mit Knochen oder dicke, fleischige Spareribs, in 5 × 7½ × 2½ cm große Stücke geschnitten

100 g Frühlingszwiebeln (mit den hellgrünen Teilen), gehackt, die Hälfte der grünen Teile für die Garnitur zurücklegen

2 EL frisch gehackter Ingwer

1½ EL gehackter Knoblauch

1 EL gehackte getrocknete oder frische Chilischote (Samen zuvor entfernt)

2 EL dicke schwarze Bohnensauce oder 45 g gesalzene schwarze Sojabohnen, abgespült, abgetropft und gehackt

1 EL hellbrauner Zucker

180 ml Wasser

80 ml Reiswein

60 ml helle Sojasauce

Frisches gehacktes Koriandergrün

1 EL Maisstärke, aufgelöst in 1½ EL Wasser (nach Belieben)

◆ Die Fleischstücke nebeneinander in eine ofenfeste Form legen. Die Frühlingszwiebeln, den Ingwer, Knoblauch und Chili gleichmäßig darüber verteilen. In einer Schüssel die schwarze Bohnensauce oder die gehackten Bohnen mit dem Zucker, Wasser, Reiswein und der Sojasauce verrühren und die Mischung über das Fleisch gießen. Die Form mit einem Deckel oder Alufolie verschließen und mindestens 1 Stunde oder bis zu 4 Stunden im Kühlschrank durchziehen lassen. Zwischendurch das Fleisch mehrmals wenden.

◆ Den Ofen auf 165 °C vorheizen. Die Form zugedeckt in den Ofen schieben und das Fleisch 1¼ Stunden schmoren; dabei gelegentlich wenden. Den Deckel oder die Folie abnehmen, die Temperatur auf 190 °C erhöhen und weitere 20 Minuten garen, bis das Fleisch stellenweise knusprig und die Flüssigkeit teilweise eingekocht ist.

◆ Alternativ lässt sich das Fleisch auch dämpfen: In einem Dämpftopf Wasser zum Kochen bringen. Die Hitze etwas herunterstellen und die Form mit dem Fleisch unbedeckt in den Dämpftopf einsetzen. Das Fleisch locker mit Pergament- oder Backpapier bedecken und den Dämpftopf fest verschließen. Das Fleisch 1–1¼ Stunden dämpfen, bis es weich ist.

◆ Die Form aus dem Ofen oder aus dem Dämpftopf nehmen, den Deckel (und Papier) abheben. Überschüssiges Fett von der Oberfläche abschöpfen. Mit den zurückbehaltenen Frühlingszwiebelröllchen und dem Koriandergrün garnieren und in der Form sofort servieren.

◆ Wenn Sie eine dickere Sauce bevorzugen, das Fleisch mit einer Küchenzange auf eine Servierplatte heben. Die entfettete Schmorflüssigkeit in einen Wok oder einen kleinen Topf gießen, bei großer Hitze die Hälfte der aufgelösten Stärke hinzufügen, unter Rühren zum Kochen bringen und etwa 2 Minuten kochen lassen. Nach Belieben weitere Stärke einrühren, bis die Sauce die gewünschte Konsistenz erreicht hat und klar und glänzend ist. Die Sauce über dem Fleisch verteilen, mit den Frühlingszwiebelröllchen und dem Koriandergrün garnieren und sofort servieren.

Für 4–6 Personen

Von portugiesischen Händlern im 16. Jahrhundert nach China gebracht, verdrängten Chilis in vielen Gerichten schon bald den Pfeffer.

Norden

Qingsun Xiangcai Yangrou

Gebratenes Lammfilet mit Koriander

Frisches Koriandergrün ist eines der wenigen Kräuter, das in der chinesischen Küche praktisch im Dauereinsatz ist. Das vor vielen Jahrhunderten aus dem Mittelmeerraum eingeführte Kraut gedeiht vor allem im Süden des Landes, wo es als Garnitur oder in Füllungen allgegenwärtig ist. Auch als Gemüse tritt es gelegentlich auf, etwa mit Fleischstreifen und Bohnensprossen. Meistens aber verleiht Koriandergrün nur eine unterstützende Würze.

300 g Lammrückenfilet oder Lammsteak aus der Keule, quer zur Faser in hauchdünne Scheiben geschnitten

1 EL Hoisin-Sauce

½ TL schwarzer Essig (dunkler Reisessig)

¼ TL extrafeiner Zucker

1 EL Sesamöl

1 Knoblauchzehe, in Scheiben geschnitten

100 g Bambussprossen, in Scheiben geschnitten

2 Frühlingszwiebeln (mit den hellgrünen Teilen), in Röllchen geschnitten

1½ EL helle Sojasauce

2 TL Maisstärke, aufgelöst in 80 ml Hühner- oder Rinderfond (siehe Seite 250)

Salz und frisch gemahlener weißer Pfeffer

15 g frische Korianderblätter

◆ Das Lammfleisch in eine flache Schüssel legen, mit der Hoisin-Sauce und dem Essig beträufeln, den Zucker einstreuen und alles gründlich vermengen. Das Fleisch 20 Minuten marinieren lassen.

◆ Das Sesamöl in einem Wok auf großer Stufe erhitzen, bis es zu rauchen beginnt. Den Knoblauch darin 10 Sekunden pfannenrühren, bis er aromatisch duftet. Mit einem Schaumlöffel herausheben und in einer kleinen Schale beiseite stellen.

◆ Bei immer noch großer Hitze das Fleisch in den Wok geben und etwa 1½ Minuten pfannenrühren, bis es gerade etwas Farbe angenommen hat, aber noch nicht durchgegart ist. Die Bambussprossen,

104 HAUPTGERICHTE

Frühlingszwiebeln und den beiseite gestellten Knoblauch hinzufügen und weitere 30 Sekunden beständig rühren, bis das Fleisch rundherum gebräunt ist.

◆ Die Sojasauce entlang dem inneren Pfannenrand in den Wok gießen und unter das Fleisch rühren, sobald sie durcherhitzt die Wandung hinabläuft. Die aufgelöste Stärke zugießen und etwa 30 Sekunden langsam weiterrühren, bis die Sauce leicht eingedickt und klar ist. Mit Salz und Pfeffer abschmecken.

◆ Die Korianderblätter unter das Fleisch mischen, auf einer Platte anrichten und sofort servieren.

Für 2–4 Personen

Osten

Gong Bao Bang

Venusmuscheln mit Knoblauch, Chili und Ingwer

Bei einem Besuch in Taipeh stieß ich einmal auf ein beliebtes Straßencafé, in dem die Leute scharenweise nach Schüsseln mit den kleinsten Venusmuscheln, die man sich überhaupt vorstellen kann, anstanden, die köstlich nach Knoblauch und feurig scharfen roten Chilis dufteten. Die kräftigen Aromen und die Verwendung von Knoblauch sind ein Widerhall der Küche von Jiangxi auf dem chinesischen Festland, der ursprünglichen Heimat vieler Taiwanesen.

450 g tiefgefrorenes Venusmuschelfleisch oder 750 g frische Venusmuscheln in der Schale

125 ml Wasser

2 EL Pflanzenöl

60 g gelbe Zwiebeln, gewürfelt

75 g Bleichsellerie, gewürfelt

1½ EL gesalzene schwarze Bohnen, abgespült, abgetropft und gehackt

1½ EL fein gehackter Knoblauch

1½ EL fein gehackte scharfe rote Chilischote

1½ EL frisch geriebener Ingwer

1 EL helle Sojasauce

2 TL Maisstärke, aufgelöst in 80 ml Fischfond (siehe Seite 250) oder Wasser

½ TL extrafeiner Zucker

1 große Prise frisch gemahlener weißer Pfeffer

Salz

10 g frisch gehacktes Koriandergrün

◆ Wenn Sie frische Venusmuscheln in der Schale verwenden, müssen diese meist einige Stunden in kaltem Wasser gewässert werden, damit sie den Sand aus dem Inneren abgeben. Sind die Muscheln sandfrei, genügt es, die Schaltiere unter fließendem kaltem Wasser abzubürsten. Muscheln, die sich bei Berührung nicht schließen, wegwerfen, sie könnten verdorben sein. Die Muscheln in einen Topf füllen, das Wasser zugießen und mit einem Deckel fest verschließen. Bei großer Hitze zum Kochen bringen und etwa 3 Minuten kochen lassen, bis sich die Muscheln geöffnet haben. Die Muscheln in einen Durchschlag abgießen und gut abtropfen lassen. Ungeöffnete Exemplare wegwerfen. Das Muschelfleisch auslösen und beiseite stellen. Die Schalen wegwerfen.

◆ Das Öl in einem Wok auf mittlerer Stufe erhitzen. Sobald es heiß ist, die Zwiebel- und Selleriewürfel darin etwa 1 Minute pfannenrühren, bis sie weich zu werden beginnen. Die schwarzen Bohnen, den Knoblauch, Chili und den Ingwer zugeben und etwa 30 Sekunden weiterrühren, bis die Zutaten aromatisch duften. Das Muschelfleisch und die Sojasauce hinzufügen und weitere 40 Sekunden rühren, bis alle Zutaten gleichmäßig vermengt sind.

◆ Die aufgelöste Stärke zugießen und mit dem Zucker und Pfeffer würzen. Die Hitze etwas reduzieren und unter gelegentlichem Rühren noch etwa 2 Minuten köcheln lassen, bis das Muschelfleisch gar und die Sauce leicht eingedickt ist. Salzen.

◆ Das Koriandergrün untermischen, die Muscheln in einer Schüssel anrichten und sofort servieren.

Für 4 Personen

Westen

Dong Jiang Yan Jiu Ji

In der Salzkruste gebackenes Huhn

Für dieses attraktive Gericht wird traditionell ein würziges, silbrig-graues Salz aus Sichuan verwendet. Trotz des dicken Salzmantels nimmt das Hühnerfleisch nur gerade so viel Salz auf, dass es eine delikate Würze erhält.

1 Huhn (etwa 1½ kg)
2 EL frisch geriebener Ingwer
1 EL Reiswein
1 Frühlingszwiebel (mit den hellgrünen Teilen), gehackt
1½ kg Steinsalz oder anderes sehr grobes Salz
1½ TL Fenchelsamen, leicht zerstoßen
1 TL Sichuanpfefferkörner, leicht zerstoßen

◆ Das Huhn unter fließendem kaltem Wasser waschen und in eine Schüssel legen. In einer weiteren Schüssel den Ingwer mit dem Reiswein verrühren und durch ein feines Sieb über das Huhn seihen. Die Rückstände aus dem Sieb und die Frühlingszwiebel in die Bauchhöhle des Huhns füllen. Bei Raumtemperatur 1 Stunde marinieren lassen.

◆ Das Salz in einer ofenfesten Form ausbreiten, die wenig größer ist als das Huhn. Die Form in den Ofen schieben, den Ofen auf 190 °C einschalten und das Salz 20 Minuten erhitzen.

◆ Die Form aus dem Ofen nehmen; den Ofen eingeschaltet lassen. Die Hälfte des Salzes aus der Form schöpfen. Die Hälfte der Fenchelsamen und des Sichuanpfeffers über das in der Form verbliebene Salz verteilen. Das Huhn mit der Brustseite nach oben auf das Salzbett setzen und mit dem restlichen Fenchel und Sichuanpfeffer bestreuen. Das Huhn mit dem zuvor entfernten Salz bedecken. Die Form mit einem Deckel oder Alufolie schließen, in den Ofen schieben und das Huhn 45 Minuten backen. Den Deckel oder die Folie abnehmen und weitere 15–20 Minuten backen, bis die Haut goldbraun und knusprig ist. Zur Garprobe mit einem dünnen Spieß an der dicksten Stelle einer Keule einstechen. Der austretende Saft sollte klar sein.

◆ Das Huhn auf ein Tranchierbrett setzen und an der Haut haftendes Salz abreiben. Mit einem Küchenbeil durch die Knochen hindurch in mundgerechte Stücke zerteilen.

◆ Die Hühnchenstücke auf einer Platte anrichten und sofort servieren.

Für 4–6 Personen

HAUPTGERICHTE 107

süden

Cuipi Wakuai Yu

»Zerbrochene Fischziegel« mit süßsaurer Sauce

Als ein Lehrling einmal einen Fisch ungeschickt zerteilte, nannte ein fantasievoller Koch das Ergebnis »zerbrochene Ziegel«. Der Lehrling besserte sich, doch der Name blieb.

FÜR DIE »FISCHZIEGEL«
300 g festes weißes Fischfilet
½ TL Salz
1½ TL Reiswein

FÜR DIE SÜSSSAURE SAUCE
60 ml Hühnerfond (siehe Seite 250) oder Wasser
80 ml Reisessig
1 EL helle Sojasauce
45 g extrafeiner Zucker
½ TL Salz
2 EL Pflanzenöl
1–3 TL in feine Streifen geschnittener Ingwer
½ TL durchgepresster Knoblauch (nach Belieben)
60 g rote Paprikaschote, gewürfelt
60 g Salatgurke, ungeschält gewürfelt
2 Frühlingszwiebeln (mit den hellgrünen Teilen), gehackt
3–4 Tropfen rote Lebensmittelfarbe (nach Belieben)
1 EL Maisstärke, aufgelöst in 1 EL Wasser

75 g Tapioka- oder Maisstärke
Pflanzenöl zum Frittieren
1 EL Sesamöl (nach Belieben)

◆ Für die »Fischziegel« die Filets vom Schwanzende aus mit einem Küchenbeil oder scharfen Messer schräg in 1 cm dicke Scheiben schneiden. Salzen, mit dem Reiswein beträufeln und beiseite stellen.

◆ Für die Sauce in einer kleinen Schüssel den Fond oder das Wasser mit dem Essig, der Sojasauce, dem Zucker und Salz verrühren, bis sich der Zucker gelöst hat. Das Pflanzenöl in einem Topf auf mittlerer Stufe erhitzen, bis es an der Oberfläche zu flimmern beginnt. Den Ingwer (Menge nach Geschmack), den Knoblauch (falls verwendet), die Paprika- und Gurkenwürfel sowie die Frühlingszwiebeln darin etwa 1 Minute pfannenrühren, bis das Gemüse gerade weich wird. Die Hitze etwas erhöhen, die Essigmischung zugießen, rasch aufkochen und 1 Minute unter Rühren kochen lassen. Nach Belieben die Lebensmittelfarbe unter die aufgelöste Stärke rühren und die Mischung anschließend in die Sauce einrühren. Bei mittlerer Hitze unter langsamem Rühren etwa 1 Minute köcheln lassen, bis die Sauce leicht eingedickt und klar ist. Vom Herd ziehen und beiseite stellen.

◆ Die Stärke in einen Plastikbeutel füllen und den Fisch hinzufügen. Den Beutel fest zuhalten und kräftig schütteln, bis die Fischscheiben gleichmäßig mit einer dicken Schicht Stärke überzogen sind. In einem Durchschlag die überschüssige Stärke abklopfen.

◆ Das Pflanzenöl 4 cm hoch in einen Wok gießen und auf 180 °C erhitzen (die Temperatur ist erreicht, wenn ein Brotwürfel darin innerhalb von Sekunden goldbraun wird). Nach Belieben das Sesamöl zugeben. Vorsichtig die Hälfte der »Fischziegel« in das heiße Öl gleiten lassen und in etwa 1½ Minuten goldgelb frittieren. Mit einem Schaumlöffel herausheben, über dem Wok kurz abtropfen lassen und auf einer großen Servierplatte anrichten. Den restlichen Fisch auf die gleiche Weise zubereiten.

◆ Die Sauce, falls nötig, unter ständigem Rühren wieder erhitzen und gleichmäßig über dem Fisch verteilen. Sofort servieren.

Für 4–6 Personen

Frisch aus dem Wasser

Das chinesische Wort für Fisch heißt *yu*. Doch in einer anderen Tonlage gesprochen, kann es auch Reichtum bedeuten. Fisch und Meeresfrüchte spielen daher bei einem festlichen Essen eine wichtige symbolische Rolle. Was die Frische der Ware anbelangt, sind die Chinesen sehr pingelig. Wann immer es geht, kaufen sie ihren Fisch noch springlebendig. Ob in riesigen Lebensmittelmärkten oder in dem winzigen Geschäft an der Ecke, Fischhändler stellen ihre lebende Ware in Kübeln mit sprudelndem Frischwasser aus, um noch zappelnd in einem Plastikbeutel in Richtung Kochtopf zu wandern. Garoupa, Zackenbarsch, Schwarzer und Silberner Pampel, Petersfisch und Red Snapper sind die beliebtesten Salzwasserfische, während Chinas breite Flüsse und lotosbedeckten Seen Aale, Schildkröten, Catfish, zahlreiche Karpfenarten und Süßwassergarnelen liefern. In guten Fischrestaurants werden Fisch und andere Meeresfrüchte in riesigen Wasserbecken gehältert. Das Objekt der Begierde wird dann zur eingehenden Prüfung an den Tisch gebracht, wo der Kellner den Gast über die geeignete Zubereitung berät.

Große, hochseetüchtige Dschunken suchen ihre Beute fernab der chinesischen Gewässer und sorgen für die sehr geschätzten Exoten in Chinas Fischküche: Haifischflossen, Quallen, Meeresschnecken und Seetang, der zu dünnen Blättern gepresst wird. An den felsigen Küsten der Flussmündungen fangen Fischer alle möglichen Schal- und Krustentiere, darunter Jakobsmuscheln, Miesmuscheln, Austern, Strandschnecken, Venus- und Herzmuscheln, Garnelen und Krebse sowie die immer rarer werdenden Abalonen.

Hunderttausende auf dem Wasser arbeitende Chinesen setzten kaum einmal einen Fuß an Land. Seit Generationen wohnen die Hoklo-Fischer auf ihren Dschunken und Sampan-Hausbooten und betreten nur selten festen Boden, und der Kormoranfischer lebt mit seinen Vögeln in einer symbiotischen Partnerschaft, die häufig ein Leben lang währt.

Nicht jeder Fischkonsument in China verlässt sich auf das Marktangebot. Gib ihm eine Angelrute und einen Teich, und schon ist so mancher Chinese nicht nur in ländlichen Gegenden ein glücklicher Mensch. Der selbstvergessene Angler, der geduldig auf das Zerren an seiner Leine wartet, ist seit Jahrtausenden Gegenstand der Malerei, und auch heute noch findet ein Künstler im Zentrum jeder beliebigen Stadt auf einer Brücke über einen Fluss, auf einem Holzboot auf einem See oder auf einem Felsen am Flussufer ein Motiv.

Süden

Zhulijirou Boluo

Knusprig ausgebackenes Schweinefleisch mit Ananassauce

In China wird eine große Vielfalt an Früchten kultiviert: unvergleichlich süße Melonen auf den Hochebenen im äußersten Westen; knackige rotschalige Äpfel im Norden; weiße oder Chinesische Birnen, die so groß sind, dass Marco Polo im 13. Jahrhundert von Früchten berichtete, die »fünf Kilogramm das Stück wiegen«. Zitrusfrüchte und Steinobst wachsen in den saftigen Flussebenen Sichuans und im Hinterland von Fujian. Litchis, Bananen und andere tropische Früchte gedeihen Seite an Seite mit sich wiegenden Ingwerstauden und Zuckerrohr in Guangdong und auf der Insel Hainan. Exotische Fruchtsäfte sind, eiskalt getrunken, beliebte Durstlöscher, die gelegentlich auch in der Küche für süße Saucen, zu Desserts und pikanten Gerichten verwendet werden. Die wohl häufigste Saucenfrucht ist vermutlich die Ananas, die in goldgelben Stückchen in einer süßsauren Sauce schwimmt. Bei dieser Variante sorgen schwarzer Pfeffer, Ingwer und Chili für zusätzlichen Pfiff.

375 g Schweinelende oder magere Steaks aus der Keule, quer zur Faser in dünne Scheiben geschnitten

2 TL frisch geriebener Ingwer

1 TL Salz

2 Eier

45 g Mehl

30 g Tapioka- oder Maisstärke

3 EL Wasser

FÜR DIE SAUCE
80 ml Wasser

60 ml Reisessig

2 EL süße Chilisauce

3½ TL Maisstärke

2½ EL extrafeiner Zucker

½ TL Salz

½ TL zerstoßener schwarzer Pfeffer

2 EL Pflanzen- oder Erdnussöl

2 TL fein gehackte Frühlingszwiebel (mit den hellgrünen Teilen)

2 TL fein gehackter frischer Ingwer

1½ TL fein gehackter Knoblauch

100 g Ananas, fein gewürfelt

Pflanzen- oder Erdnussöl zum Frittieren

◆ Das Schweinefleisch in 5 cm große Quadrate schneiden und in einer Schüssel mit dem Ingwer und dem Salz gründlich vermengen. 10 Minuten marinieren lassen.

◆ In einer weiteren, ausreichend großen Schüssel (sie muss später auch das Fleisch aufnehmen) die Eier leicht verschlagen. Das Mehl, die Stärke und das Wasser zugeben und alles zu einem dünnen Backteig verrühren.

◆ Für die Sauce in einer kleinen Schüssel das Wasser, den Essig, die Chilisauce, die Stärke, den Zucker, Salz und Pfeffer verrühren. Das Öl in einem kleinen Topf auf mittlerer Stufe erhitzen. Die Frühlingszwiebel, den Ingwer und den Knoblauch darin unter ständigem Rühren etwa 30 Sekunden anschwitzen, bis sie ihr Aroma abgeben. Die Essigmischung zugießen und immer noch auf mittlerer Stufe zum Kochen bringen; dabei beständig und langsam rühren. Sobald die Sauce eine leichte Bindung hat und klar ist, die Ananaswürfel unterziehen und 30 Sekunden erhitzen. Die Sauce vom Herd nehmen und warm stellen.

◆ Das Öl 4 cm hoch in einen Wok gießen und auf 190 °C erhitzen (zur Probe einige Tropfen Backteig hineingeben; wenn sie binnen Sekunden goldbraun werden, ist die Temperatur erreicht). Das Fleisch in die Schüssel mit dem Backteig geben und darin wenden, bis es gleichmäßig von allen Seiten überzogen ist. Ein Drittel des Fleisches, ein Stück nach dem anderen, in das heiße Öl gleiten lassen und in etwa 4 Minuten goldgelb und knusprig ausbacken. Mit einem Schaumlöffel herausheben und auf einen Teller legen. Das Öl vor der nächsten Portion wieder auf die gewünschte Temperatur erhitzen und das restliche Fleisch in 2 weiteren Durchgängen auf die gleiche Weise ausbacken. Sämtliches Fleisch auf einmal zurück in den Wok geben und etwa 1 Minute rühren, bis es heiß und knusprig ist. Mit einem Schaumlöffel herausheben, kurz über dem Wok abtropfen lassen und auf einer Platte anrichten.

◆ Die Sauce gleichmäßig über das Fleisch gießen und sofort servieren.

Für 4–6 Personen

Für Zufriedenheit und Produktivität hasten Menschen bei der Arbeit, nicht aber bei Tisch.

110 HAUPTGERICHTE

Westen

Chongqing Huoguo
Chongqing-Feuertopf

In Chinas Westen liegt die ausgedehnte Beckenlandschaft Sichuans mit fruchtbaren Flusstälern und Feuchtgebieten. Die Provinz Sichuan ist eines meiner Lieblingsreiseziele, sowohl wegen ihrer spektakulären Landschaft als auch wegen der guten Küche. Die Gastronomie Chongqings rühmt sich eines hervorragenden Rufs, die Stadt ist zudem die Heimat einer der bedeutendsten Kochschulen des Landes. Bei meinem ersten Besuch in Sichuan wollte ich unbedingt einen der regionalen Feuertöpfe probieren, die unserem Fondue ähneln. Dabei gehören auch Kutteln und andere Innereien zur Auswahl des hauchdünn geschnittenen Fleisches, das mit Holzstäbchen oder kleinen Drahtsieben in die blubbernde Brühe getaucht wird. In dieser Provinz, wo man es würzig-aromatisch mag, verströmt die Brühe einen kräftigen Duft nach scharfer Sojasauce, Pfeffer, Knoblauch und Chili.

Doch verschlug es mich zunächst nach Chengdu, wo ich Bekanntschaft mit dem Yin-Yang-Feuertopf machte. Wir versammelten uns um einen Tischkocher, auf dem ein Wok stand, der durch ein geschwungenes Blech im Inneren in die Yin- und Yang-Segmente unterteilt war. In dem einen Teil war eine mild abgeschmeckte Brühe, in dem anderen eine würzige scharlachrote Flüssigkeit mit pürierten Chilis. Dazu gab es, auf Spieße gesteckt, ein Sortiment exotischer Zutaten: winzige, schlüpfrige Stücke Catfish und Babyaal, Würfel von Schildkrötenfleisch und Python, bizarr geformte Pilze, Froschschenkel. Mit Schweißperlen auf der Stirn lehnten wir uns zwei Stunden später satt und zufrieden zurück. Chongqings Feuertopf musste eben noch ein bisschen warten.

200 g Hühnerbrust ohne Haut, in sehr dünne Scheiben geschnitten

200 g Rinderfilet, in sehr dünne Scheiben geschnitten

200 g Kutteln, vorgegart und in 5 × 1,2 cm große Streifen geschnitten, oder weitere 200 g rohes Hühner- oder Rindfleisch, in sehr dünne Scheiben geschnitten

125 g Schweine- oder Kalbsleber, in sehr dünne Scheiben geschnitten und 20 Sekunden blanchiert (nach Belieben)

12 große Süßwassergarnelen oder 6 kleine Flusskrebse

12 Garnelenbällchen (siehe Seite 245)

¼ kleiner Chinakohl (etwa 250 g), in Streifen geschnitten

6 kleine getrocknete Wolkenohren, 25 Minuten in heißem Wasser eingeweicht

6 getrocknete schwarze Shiitake, 25 Minuten in heißem Wasser eingeweicht

30 g Glasnudeln, 10 Minuten in kaltem Wasser eingeweicht, abgetropft und in 10 cm lange Stücke geschnitten

125 g Bohnensprossen, 10 Sekunden blanchiert und abgetropft

Chiliöl

Gemahlener Sichuanpfeffer

FÜR DEN FEUERTOPF

2–2½ l Wasser

2 EL Reiswein

2 EL Knoblauch-Chili-Sauce

2 EL scharfe Bohnensauce

2 EL helle Sojasauce

2 TL Salz

◆ Das Hühnerfleisch, Rindfleisch sowie die Kutteln und die Leber (falls verwendet) auf einer Platte anrichten. Die Garnelen oder Flusskrebse schälen, längs halbieren und den dunklen Darm entfernen. Die Krustentiere und Garnelenbällchen mit dem Kohl auf einer weiteren Platte anrichten. Die Pilze abtropfen lassen, etwaige harte Stiele der Shiitake oder holzige Stellen der Wolkenohren entfernen. Überschüssiges Wasser ausdrücken, mit den Glasnudeln und Bohnensprossen auf einer dritten Platte anrichten.

◆ Das Chiliöl und den Sichuanpfeffer zum Dippen in kleine Schälchen füllen.

◆ Zum Garen einen traditionellen chinesischen Feuertopf, einen elektrischen Wok oder einen elektrischen oder gasbetriebenen Tischkocher mit einem feuerfesten Topf vorbereiten. Das Wasser einfüllen und bei großer Hitze zum Kochen bringen. Die Hitze etwas reduzieren und mit den restlichen Zutaten 4–5 Minuten köcheln lassen; den sich an der Oberfläche bildenden Schaum abschöpfen.

◆ Jeder Teilnehmer der Runde gart seine Fleisch- oder Fischstücke – jeweils 1–2 Stücke gleichzeitig – selbst in der Brühe. Das Gargut wird mit hölzernen Stäbchen oder in kleinen Drahtsieben in der Brühe gegart und vor dem Verzehr in das Chiliöl oder den Sichuanpfeffer getaucht. Sobald das Fleisch und der Fisch aufgebraucht sind, werden die Nudeln und der Kohl kurz in der heißen Brühe erhitzt und anschließend in kleine Schalen geschöpft. Oder man füllt die Nudeln und den Kohl direkt in die Schalen und schöpft die heiße Brühe darüber.

Für 6 Personen

Westen

Dong'an Ji

Würziges Ingwerhuhn

Ingwer, Knoblauch, Chilis, Essig und Sichuanpfeffer sind die typischen und mit freigiebiger Hand verwendeten Würzbeigaben Hunans. Die Stadt Dong'an liegt an der südlichen Grenze dieser Binnenprovinz.

FÜR DIE SAUCE
125 ml Hühnerfond (siehe Seite 250) oder Wasser
1½ EL helle Sojasauce
1 EL schwarzer Essig (dunkler Reisessig)
2 TL Chiliöl
1 EL extrafeiner Zucker

450 g ausgelöste Hühnerkeulen, in 2 cm große Würfel geschnitten
1 EL dunkle Sojasauce
1 EL Maisstärke
Erdnuss- oder Pflanzenöl zum Frittieren

75 g Frühlingszwiebeln (mit den hellgrünen Teilen), gehackt
1 scharfe rote Chilischote, Samen entfernt und in Streifen geschnitten
1 EL frisch geriebener Ingwer
1 EL zerstoßener Knoblauch
Salz
1 große Prise weißer Pfeffer oder Sichuanpfeffer

◆ Für die Sauce den Fond oder das Wasser, die helle Sojasauce, den Essig, das Chiliöl und den Zucker in einer kleinen Schüssel verrühren und beiseite stellen.

◆ In einer weiteren Schüssel das Hühnerfleisch mit der dunklen Sojasauce und der Stärke sorgfältig vermengen und mindestens 15 Minuten marinieren lassen.

◆ Das Öl 2½ cm hoch in einen Wok gießen und auf 180 °C erhitzen (zur Probe einen Brotwürfel hineintauchen, er sollte in wenigen Sekunden goldbraun sein). Das Fleisch vorsichtig in das heiße Öl gleiten lassen und mit Holzstäbchen oder einem Schaumlöffel die Stücke voneinander trennen. Etwa 1½ Minuten frittieren, bis das Fleisch goldbraun ist; zwischendurch wenden. Mit einem Schaumlöffel auf einen Gitterrost heben und über einem Teller abtropfen lassen.

◆ Das Öl bis auf 2 Esslöffel abgießen und den Wok auf großer Stufe erneut erhitzen. Die Frühlingszwiebeln, die Chilischote, den Ingwer und den Knoblauch hineingeben und etwa 30 Sekunden pfannenrühren, bis die Zutaten etwas weicher geworden sind. Das Fleisch wieder in den Wok füllen und auf großer Stufe weitere 30 Sekunden pfannenrühren, bis sämtliche Zutaten gleichmäßig vermengt sind.

◆ Die Sauce zugießen und bei großer Hitze weitere 10 Sekunden gründlich verrühren. Die Hitze auf mittlere Stufe reduzieren und das Fleisch zugedeckt noch etwa 4 Minuten garen, bis es weich ist und sich die Aromen miteinander verbunden haben. Mit Salz und Pfeffer abschmecken.

◆ Das Ingwerhuhn in einer Schale oder auf einer Platte anrichten und sofort servieren.

Für 4 Personen

süden

Cha Shao Rou

Rot gebratenes Schweinefleisch

Das rot glasierte Fleisch, das überall in den chinesischen Brat- und Grillshops hängt, ist eine unwiderstehliche Verlockung, der ich jedes Mal erliege, wenn ich daran vorbeigehe. Gebratenes Schweinefleisch ist besonders vielseitig, und so setzen Chinas Köche es auch ein: in gerührter Gesellschaft im Wok, gewürfelt in gebratenem Reis, hauchdünn aufgeschnitten auf gedämpftem Reis, gehackt in Nudeln oder als Suppeneinlage, in gedämpfte Reisblätter gewickelt oder durchgedreht in Füllungen. Die meisten Bratshops sind seit Generationen Familienbetriebe, in denen die Söhne das Handwerkliche von ihren Vätern erlernen, während die Mütter ihre Töchter lehren, das Küchenbeil zu schwingen.

1–2 Schweinefilets (insgesamt 375–500 g)

FÜR DIE MARINADE
2 EL helle Sojasauce

1½ TL dunkle Sojasauce

1½ EL extrafeiner Zucker

1½ TL Fünf-Gewürze-Pulver

¾ TL Natron

1 TL zerstoßener Knoblauch

1½ EL Pflanzenöl

3–4 Tropfen rote Lebensmittelfarbe (nach Belieben)

250 ml Wasser

◆ Das Schweinefilet von Fett und Sehnen befreien. Das Fleisch der Länge nach halbieren und die Hälften quer in 15 cm große Stücke schneiden.

◆ Für die Marinade in einem flachen Geschirr die helle und dunkle Sojasauce, den Zucker, das Fünf-Gewürze-Pulver, Natron, Knoblauch und das Öl gut vermengen. Wenn das Fleisch seine typische rote Färbung erhalten soll, die Lebensmittelfarbe zugeben. Die Fleischstücke einzeln in der Marinade wenden und nebeneinander in eine Schale legen. Zugedeckt im Kühlschrank mindestens 1½ Stunden marinieren lassen und alle 20 Minuten wenden; oder über Nacht durchziehen lassen und dabei gelegentlich wenden.

◆ Einen Bratrost in die zweithöchste Einschubleiste des Ofens einsetzen. Die Abtropfpfanne mit dem Wasser füllen und direkt darunter einschieben. Den Ofen auf 200 °C vorheizen.

◆ Das Fleisch mit etwas Abstand auf den Rost legen und 12 Minuten braten. Wenden und weitere 5 Minuten braten. Die Oberfläche sollte glasiert und an den Rändern ganz leicht angekohlt, das Fleisch im Innern aber noch rosa und saftig sein. Anrichten.

◆ Wenn Sie das Fleisch im Voraus zubereiten, auf dem Rost vollständig abkühlen lassen und zugedeckt maximal 4 Tage im Kühlschrank aufbewahren.

Für 4–8 Personen

Süden

Qing Chao Xiaren

Garnelen mit Cashewnüssen

Kein Meerestier ist in der chinesischen Küche so populär wie Garnelen. Die besten und frischesten Exemplare wandern in die Woks des Südens, die fleischigsten in die Schmortöpfe Zentral- und Westchinas und wieder andere »ertrinken« manchmal samt Schale in der Tiefe nördlicher Kochtöpfe. Die allerkleinsten Vertreter werden getrocknet und dienen als wichtiges Würzmittel für Suppen, Reis- und Schmorgerichte. Manchmal bringen die Krabbenfischer riesige Garnelen, dick wie ein Besenstiel und lang wie eine Banane, an Land. Ich grille sie in der Schale über Holzkohle oder umhüllt von einer dicken, groben Salzkruste auf einer heißen gusseisernen Platte. Der leicht süßliche Geschmack von Garnelen ist die perfekte Ergänzung für viele typisch chinesische Aromen – salzige schwarze Bohnen, pikante süßsaure Saucen oder scharfwürzige, nach Chili und Sichuanpfeffer duftende »kung pao«-Saucen. Garnelen schmecken auch ganz hervorragend in süßem Wein gegart oder mit Longjing-Teeblättern und mit Soja gewürzt. Doch was geht schon über einen Berg knackfrischer Shrimps direkt aus dem Dämpftopf?

18 Garnelen in der Schale (etwa 220 g)

125 ml Pflanzenöl

75 g rohe Cashewnüsse

6 dünne Möhrenscheiben, halbiert

1 kleine gelbe Zwiebel, in 1 cm breite Spalten geschnitten und die Schichten voneinander getrennt

8 Stücke (2 × 2 cm) rote Paprikaschote

1 Prise Salz, plus Salz zum Abschmecken

6 kleine, sehr feine Ingwerscheiben

2 grüne Spargelstangen, die holzigen Enden entfernt, schräg in 12 mm dicke Stücke geschnitten, oder 8 kleine Zuckerschoten

2 Köpfe Baby-Pak-Choi, längs geviertelt

2 EL Wasser

2 TL Reiswein

1 EL helle Sojasauce

6 Reisstrohpilze oder Knopfpilze aus der Dose, halbiert

1 EL Maisstärke, aufgelöst in 180 ml Hühnerfond (siehe Seite 250)

Frisch gemahlener weißer Pfeffer

2 EL grüne Frühlingszwiebelröllchen

◆ Die Garnelen schälen; aber das letzte Schalensegment mit dem Schwanzfächer daran belassen. Mit einem scharfen Messer den Rücken der Länge nach tief einschneiden und den dunklen Darm entfernen. Die Garnelen in kaltem Wasser waschen, abtropfen lassen und mit Küchenpapier trockentupfen.

◆ Das Öl in einem Wok auf großer Stufe erhitzen. Die Cashewnüsse in dem heißen Öl in 45–90 Sekunden goldgelb rösten. Mit einem Schaumlöffel herausnehmen und zum Abtropfen auf Küchenpapier legen.

◆ Die Garnelen in das heiße Öl geben und etwa 1 Minute pfannenrühren, bis sie sich zusammenrollen, rosa verfärben und fest sind. Mit einem Schaumlöffel auf einen Teller heben und beiseite stellen.

◆ Das Öl in eine kleine, hitzebeständige Schüssel gießen und den Wok mit Küchenpapier auswischen. 2 Esslöffel des Öls zurück in den Wok gießen und auf großer Stufe erhitzen. Sobald das Öl heiß ist, die Möhrenscheiben, Zwiebel, Paprikastücke sowie die Prise Salz hineingeben und etwa 40 Sekunden pfannenrühren, bis das Gemüse weich zu werden beginnt. Den Ingwer, den Spargel oder die Zuckerschoten und den Pak-Choi hinzufügen und weitere 20 Sekunden pfannenrühren. Das Wasser zugießen und 1 Minute weiterrühren, bis es verkocht ist. Mit dem Reiswein und der Sojasauce würzen und die Pilze gründlich untermischen.

◆ Die Hitze auf mittlere Stufe reduzieren. Die aufgelöste Stärke hineingießen und die Mischung unter langsamem Rühren etwa 1½ Minuten etwas eindicken lassen. Mit Salz und Pfeffer abschmecken.

◆ Die Garnelen in der Mischung kurz erhitzen. Die Cashewnüsse und die Frühlingszwiebelröllchen unterheben. Das Gericht auf einer Servierplatte anrichten und sofort servieren.

Für 2–4 Personen

Chinesische Dschunken besegeln noch immer das südchinesische Meer und ziehen für den täglichen Fang ihre Schleppnetze durchs Wasser.

Westen

Chenpi Niurou

Rindfleisch mit Tangerinenschale

Schälen Sie einmal eine Tangerine, und Ihre Nase wird Ihnen verraten, warum die getrocknete Schale der Frucht (»chenpi«) ein sehr beliebtes Würzmittel ist. In den zentralchinesischen Provinzen Sichuan und Hunan hat sie von Wok- bis zu Schmorgerichten einen Stammplatz auf der Zutatenliste. Die getrocknete Schale sieht aus wie gesprenkelte Holzspäne; doch sobald man sie mit dem Fingernagel nur leicht aufkratzt, verströmt sie ein wunderbares Aroma. »Juzi« ist der chinesische Oberbegriff für Zitrusfrüchte aus der Familie der Orangen. Er wird eng mit Glück in Verbindung gebracht, darum werden Orangen symbolisch den Göttern als Opfer dargebracht, Gästen angeboten und im Garten kultiviert.

Tangerinen- oder Mandarinenschale in einer Speise soll auch Glück über die bringen, die sie essen. Als Zutat in »rot geschmorten« Gerichten, die langsam in einer Sauce auf Sojabasis gegart werden, tritt die aromatische Schale häufig gemeinsam mit getrocknetem Sternanis auf und verbindet sich zu einem köstlichen Duft und Geschmack. Wenn Sie das nächste Mal eine Mandarine schälen, schaben Sie die bittere weiße Innenhaut heraus und legen Sie die Schale in die Sonne oder in den warmen Ofen. Auf einigen chinesischen Märkten werden die frischen Schalen auch verkauft oder kostenlos zum Trocknen mitgegeben. Die getrocknete Schale sollte in einem kleinen, luftdicht verschlossenen Glas oder im Tiefkühlfach aufbewahrt werden, damit sie nicht schimmelt. Für Pfannengerührtes sollte man sie zuvor in Wasser einweichen.

300 g Steakfleisch vom Rind (Rump- oder Sirloinsteak), pariert

2 TL frisch geriebener Ingwer

1 TL extrafeiner Zucker, plus Zucker zum Abschmecken

2 EL dunkle Sojasauce

3 EL Pflanzenöl

½ gelbe Zwiebel, in schmale Spalten geschnitten und die Schichten getrennt

1 scharfe rote Chilischote, Samen entfernt und in Streifen geschnitten

6 Stücke (2 × 2 cm) getrocknete Tangerinenschale, 20 Minuten in heißem Wasser eingeweicht und abgetropft

½ TL Sichuanpfefferkörner

2½ TL Hoisin-Sauce

1–2 TL scharfe Bohnensauce oder Knoblauch-Chili-Sauce

Salz

◆ Das Rindfleisch quer zur Faser zunächst in hauchdünne Scheiben, dann in etwa 4 cm lange Stücke schneiden. In einer Schüssel mit dem Ingwer, 1 Teelöffel Zucker und 1 Esslöffel Sojasauce gut vermengen und etwa 20 Minuten marinieren lassen.

◆ In einem Wok 2 Esslöffel des Öls auf großer Stufe erhitzen, bis es zu flimmern und zu rauchen beginnt. Die Zwiebel hineingeben und etwa 40 Sekunden pfannenrühren, bis sie etwas weich zu werden beginnt. An den Pfannenrand schieben oder mit einem Schaumlöffel auf einen Teller heben.

◆ Bei immer noch großer Hitze das Fleisch in den Wok geben und 1½ Minuten pfannenrühren. Dabei das Fleisch ständig in Bewegung halten und immer wieder wenden. Mit einem Schaumlöffel auf einen Teller (gegebenenfalls zu der Zwiebel) heben und beiseite stellen.

◆ Den restlichen Esslöffel Öl in den Wok gießen und die Hitze auf mittlere Stufe reduzieren. Die Chili, die Tangerinenschale und den Sichuanpfeffer hinzufügen und 1½ Minuten pfannenrühren, bis Chili und Tangerinenschale leicht angeröstet sind und der Pfeffer aromatisch duftet. Auf einen weiteren Teller heben und beiseite stellen.

◆ Die Hitze wieder heraufstellen und das Fleisch mit der Zwiebel zurück in den Wok füllen. Den restlichen Esslöffel Sojasauce, die Hoisin-Sauce und nach Geschmack die scharfe Bohnensauce oder Knoblauch-Chili-Sauce zugeben, die Hitze etwas reduzieren und weitere 40 Sekunden pfannenrühren, bis das Fleisch und die Zwiebel gar und gleichmäßig mit der Sauce glasiert sind. Die Hitze wieder auf große Stufe stellen, Chili, Tangerinenschale und den Sichuanpfeffer untermischen und alles nochmals 20 Sekunden verrühren. Mit Salz und Zucker abschmecken.

◆ Auf einer Platte anrichten und sofort servieren.

Für 3–4 Personen

Gemüse von den Gärtnereien Sichuans erreichen über den Jangtse die Städte im Osten.

Westen

Hui Guo Rou

Zweimal gegartes Schweinefleisch

Als ich in Hongkong für eine Zeitung arbeitete, bestellten die Redakteure und Mitarbeiter unserer Abteilung ihr Mittagessen regelmäßig bei einem kleinen Imbissrestaurant in der Nähe. Der Koch zauberte in seiner winzigen Küche erstaunlich leckere Sachen. Stolz prahlte er, dass ihm seine Mutter in einem kleinen Dorf im ländlichen Sichuan das Kochen beigebracht hätte. Ich fand nie heraus, was ihn nach Hongkong verschlug und wie er es geschafft hatte, sich dort am North Point nahe unserer Redaktion mit seinem eigenen kleinen Laden selbstständig zu machen. Ganz sicher ist seine persönliche Erfolgsstory eine Geschichte von Mut und glücklicher Fügung. Wir bestellten dieses Gericht mehrmals pro Woche. »Hui guo rou« bedeutet so viel wie »zurück in den Topf«, anders gesagt: zweimal oder doppelt gegart.

Das zweifache Garen stammt aus einer Zeit, als es noch keine Kühlschränke gab. Gekocht hielt sich Fleisch einfach länger, und so wurden große Stücke gegart und bei Bedarf aufgeschnitten und weiterverarbeitet. Hauchdünne Scheiben mit einer pikanten Knoblauchsauce zählen zu den beliebtesten Vorspeisen in China (siehe Seite 56).

Vorgekochtes Schweinefleisch in dünnen Scheiben gart im Wok schneller und wird meist auch zarter als unmariniertes frisches Schweinefleisch. Pfannengerührtes aus Sichuan fällt erheblich kräftiger und würziger aus als die Artverwandten aus Guangdong. Mit Knoblauch, Ingwer und scharfen Würzsaucen wird dabei nicht geizt. Auch Paprikaschoten und scharfe Chilis, die in der Region reichlich gedeihen, sind in vielen lokalen Spezialitäten vertreten.

FÜR DAS SCHWEINEFLEISCH

750 g Schweinebauch oder Lende mit einer dicken Fettschicht, in einem Stück

2 TL Salz

2 cm frische Ingwerwurzel, geschält und in dicke Scheiben geschnitten

1 Frühlingszwiebel, geputzt

2½ EL Pflanzenöl

½ rote Paprikaschote (etwa 75 g), Samen entfernt und in 2½ cm große Rauten geschnitten

½ grüne Paprikaschote (etwa 75 g), Samen entfernt und in 2½ cm große Rauten geschnitten

1 Prise Salz, plus Salz zum Abschmecken

1½ TL gehackter Knoblauch

1½–3 TL scharfe Bohnensauce

2 EL Hoisin-Sauce

40 g Bambussprossen, in Scheiben geschnitten

1 Frühlingszwiebel (mit den hellgrünen Teilen), in 2½ cm lange Stücke geschnitten

1 kleine, scharfe rote Chilischote, Samen entfernt und in Streifen geschnitten

45 g Bohnensprossen

1 EL helle Sojasauce

2 TL Reiswein

Frisch gemahlener weißer Pfeffer

◆ Für das Schweinefleisch einen Topf zu drei Vierteln mit Wasser füllen und zum Kochen bringen. Das Fleisch einlegen, 10 Sekunden blanchieren, in einen Durchschlag abgießen und unter langsam fließendes kaltes Wasser stellen, bis es vollständig abgekühlt ist.

◆ Das Fleisch wieder in den Topf legen und mit kaltem Wasser bedecken. Das Salz, den Ingwer und die Frühlingszwiebel zugeben und bei großer Hitze zum Kochen bringen. Die Hitze auf mittlere Stufe herunterstellen und das Fleisch unbedeckt etwa 25 Minuten leise köcheln lassen, bis es eine rosagraue Farbe angenommen hat. Regelmäßig abschäumen.

◆ Das Fleisch in der Flüssigkeit 15 Minuten abkühlen lassen. Auf eine Platte heben und 20 Minuten an der Luft abtrocknen lassen. Mit einem scharfen Messer oder Küchenbeil in dünne Scheiben und diese in 5 × 2½ cm große Stücke schneiden. (Die Brühe durch ein Sieb passieren und für eine spätere Verwendung einfrieren.)

◆ In einem Wok die Hälfte des Öls auf großer Stufe erhitzen. Die Paprikarauten mit der Prise Salz darin etwa 40 Sekunden pfannenrühren, bis sie eben weich sind. Auf einem Teller beiseite stellen.

◆ Das restliche Öl in den Wok gießen und auf großer Stufe erhitzen. Das Schweinefleisch 20 Sekunden darin pfannenrühren. Knoblauch, Bohnen- und Hoisin-Sauce hinzufügen und 20 Sekunden weiterrühren, bis das Fleisch von allen Seiten gleichmäßig mit der Sauce überzogen ist. Die Paprikastücke, Bambussprossen, Frühlingszwiebel und Chili 20 Sekunden mitrühren. Zuletzt die Bohnensprossen, Sojasauce und den Reiswein gleichmäßig unterrühren. Mit Salz und weißem Pfeffer abschmecken.

◆ Auf einer vorgewärmten Platte anrichten und sofort servieren.

Für 4 Personen

Gegrilltes Spanferkel

Ru zhu (gegrilltes Spanferkel) gilt als die Peking-Ente des Südens. Es hat dieselbe glänzende rotbraune und ungemein knusprige Haut über zart rosafarbenem, butterweichem Fleisch. Diesen Attributen verdankt es seinen Status als Star auf Festbanketten in Guangdong, Hongkong und in den umliegenden südlichen Landesteilen. Außerdem gilt das Spanferkel als eines der ultimativen Symbole für Glück und ist daher Stammgast bei fast allen festlichen Anlässen.

Ein Jungschwein, das im Alter von zwei Monaten geschlachtet wird, bringt etwa sechs Kilogramm auf die Waage – die ideale Größe für einen Festschmaus. Allerdings teilen in China dieses Schicksal Schweine jeder Größe. Die Kunst des Grillens wird seit Generationen vom Vater zum Sohne weitergereicht. An Ketten über einem Holzfeuer aufgehängt, schmurgeln die Ferkel in der Gluthitze großer Ziegelöfen oder werden ganz langsam am Spieß über einem Haufen glühender Kohle gedreht, während ihre Haut über dem saftigen Fleisch appetitlich knistert und Blasen wirft.

Auch die Chinesen im äußersten Westen essen gelegentlich Schweinefleisch. Im entlegenen Lanzhou in der Provinz Gansu, einer einst strategisch wichtigen Stadt an der alten Seidenstraße, bieten Gaststätten saftig gerilltes Spanferkel als Spezialität an. Das beliebteste Fleisch der Gegend ist und bleibt allerdings Hammelfleisch.

HAUPTGERICHTE 121

Norden

Hongshao Ya Qingsun Xianggu

Geschmorte Ente mit Bambussprossen und Pilzen

»Wenn du Bambussprossen isst, denke an die Menschen, die sie gepflanzt haben«, sagt ein chinesisches Sprichwort über dieses einzigartige chinesische Lebensmittel. Gegessen werden nur die ganz jungen Bambussprossen, die man bereits erntet, kaum dass sie dem Erdreich entwachsen sind. Die frischen Sprossen sind von mehreren Hüllblättern umgeben, die entfernt werden müssen, bevor der zarte goldgelbe und hornförmige Sprosskern sichtbar wird. Durch Kochen wird das Fruchtfleisch weich und ein Teil seines harzigen Geschmacks ausgeschwemmt. Bambussprossen zeichnen sich durch ein ausgeprägtes, aber delikates Aroma aus, das sie an das Gericht abgeben. Gleichzeitig nehmen sie den Geschmack anderer Zutaten an. Das macht sie besonders attraktiv in Schmorgerichten mit Soja und kräftigen Gewürzen und zum idealen Begleiter von Ente und Wild. Bambussprossen werden gesalzen angeboten, als Dosenware und frisch, mit Wasser in Plastikbeuteln verpackt. Es gibt sie in Scheiben oder in Streifen geschnitten, in Würfelform oder als ganze Sprossen. Gesalzene, getrocknete Sprossen sollten abgespült und blanchiert werden.

½ große Ente (etwa 875 g), in 5 cm große Stücke gehackt

60 g Maisstärke

250 ml Pflanzen- oder Erdnussöl

200 g Bambussprossen, in 2½ cm große Stücke geschnitten

2 Frühlingszwiebeln (nur das Weiße), in 12 mm lange Stücke geschnitten, plus die grünen Spitzen von 1 Frühlingszwiebel, in feine Röllchen geschnitten

12 große getrocknete schwarze Shiitake, 25 Minuten in heißem Wasser eingeweicht

6 cm frische Ingwerwurzel, in Stücke geschnitten

125 ml dunkle Sojasauce

60 ml Austernsauce

1 EL Reiswein

3–4 TL extrafeiner Zucker

50 g Glasnudeln, 15 Minuten in heißem Wasser eingeweicht, abgetropft und in 10 cm lange Stücke geschnitten

Salz und frisch gemahlener schwarzer Pfeffer

1 EL frisch gehacktes Koriandergrün (nach Belieben)

◆ Die Entenstücke unter fließendem kaltem Wasser waschen und trockentupfen. Die Maisstärke in einem flachen Gefäß ausbreiten und die Entenstücke darin wenden, bis sie von allen Seiten leicht bedeckt sind. Überschüssige Stärke abklopfen.

◆ Das Öl in einem Wok oder einer Bratpfanne auf großer Stufe erhitzen, bis es raucht. Die Hälfte der Entenstücke einlegen und unter Wenden etwa 5 Minuten anbraten, bis sie rundherum leicht gebräunt sind. Mit einer Küchenzange oder einem Schaumlöffel in einen feuerfesten chinesischen Tontopf (Claypot) oder einen Schmortopf mit schwerem Boden legen. Die restlichen Entenstücke auf die gleiche Weise anbraten und zu dem anderen Fleisch in den Ton- oder Schmortopf geben.

◆ Die Bambussprossen und das Weiße der Frühlingszwiebeln in dem Wok etwa 30 Sekunden pfannenrühren, bis das Gemüse mit dem Öl überglänzt ist. Zu dem Fleisch geben.

◆ Die Shiitake abgießen; 180 ml der Einweichflüssigkeit zurückbehalten. Etwaige harte Stiele entfernen und die ganzen Hüte zu dem Entenfleisch geben. Den Ingwer, die Sojasauce, die Austernsauce, den Reiswein, 2 Esslöffel des Zuckers und das zurückbehaltene Pilzwasser hinzufügen. Bei mittlerer Hitze zum Kochen bringen, den Ton- oder Schmortopf fest verschließen und etwa 1 Stunde leise köcheln lassen, bis das Entenfleisch fast weich ist. Zwischendurch das Fleisch gelegentlich wenden.

◆ Die Glasnudeln kurz mitgaren, damit sie weich werden und den Geschmack der Sauce aufnehmen. Mit Salz, Pfeffer und 1–2 Teelöffeln Zucker abschmecken. Die Frühlingszwiebelröllchen und nach Belieben das Koriandergrün kurz untermischen. In einer Schüssel anrichten oder im Topf servieren.

Für 4–6 Personen

Die Leidenschaft der Chinesen für alles Exotische überrascht selbst den kühnsten Gourmet.

Westen

Sichuan Douban Yu

Würziger Fisch nach Art von Sichuan

Die weit im Landesinneren liegende Provinz Sichuan musste sich über Mangel an Frischfisch, Krusten- und Weichtieren in ihrer Küche noch nie beklagen. Ihre zahlreichen Seen, Flüsse und Teiche bieten Lebensraum für eine beeindruckende Artenvielfalt, von Süßwasserfischen bis zu Fröschen, Schildkröten und köstlich süßlichen Krebstieren. Die ausgeprägte Vorliebe der Sichuanesen für vollwürzige Aromen und kräftiges, scharfes Würzen hat einige der köstlichsten Fischgerichte hervorgebracht und entspringt nicht etwa der Notwendigkeit, eine mindere Qualität der Produkte zu kaschieren.

In den chinesischen Gewässern sind mehrere Karpfenarten zu Hause. Silberkarpfen ist ein gedrungener, zartfleischiger Fisch. Der Graskarpfen hat einen lang gestreckten, runden und bis zum Schwanz gleichmäßig dicken Körper. Steinkarpfen besitzen süßlich schmeckendes Fleisch, einen kleinen Kopf und einen gedrungenen, dicken Körper. Der Marmorkarpfen oder »Breitkopf« ist der größte unter den chinesischen Karpfen. Sein Kopf kann die Hälfte des Körpergewichts ausmachen. Diese fleischigen Köpfe spielen die Hauptrolle in reichhaltigen Fischeintöpfen und Suppen, die in den familiären »Ein-Topf-Gerichten« anzutreffen sind. Aale und Catfish sind sehr fleischreich und voller Aroma, was reichlich für das mühevolle Abziehen ihrer zähen Haut entlohnt. Schildkrötenfleisch ist sehr zart und erinnert in der Konsistenz eher an Leber als an Fisch. Frösche gelten als heilkräftig und werden daher besonders zur Genesung empfohlen. Man schmort oder dämpft die Tiere im Ganzen, zusammen mit nährstoffreichen Kräutern; die dicken, fleischigen Schenkel werden meist wie Huhn pfannengerührt oder auf andere Weise zubereitet.

Nicht jedes Gericht in der Küche Sichuans ist höllisch scharf. Ingwer gedeiht in den feuchten subtropischen Kulturen der Provinz genauso üppig wie Knoblauch, Chilis und Gemüsepaprika. Zusammen mit dem Sichuanpfeffer und den würzigen Essigsorten addiert sich die Palette der regionalen Aromen zu einer Küche, die nichts für Zager und Angsthasen ist, aber garantiert süchtig macht.

300 g weißfleischiges Fischfilet

1 EL Reiswein

2 EL helle Sojasauce

1–4 TL scharfe Bohnensauce

1 TL extrafeiner Zucker

250 ml Pflanzenöl

1 Stange Bleichsellerie, schräg in feine Scheiben geschnitten

5 dünne Ingwerscheiben, in feine Streifen geschnitten

2 große Knoblauchzehen, in sehr feine Scheiben geschnitten

½–1 scharfe rote Chilischote, Samen entfernt und in feine Streifen geschnitten

45 g Bambussprossen, in dünne Scheiben geschnitten

2 TL Maisstärke, aufgelöst in 125 ml Fischfond (siehe Seite 250) oder Wasser

Salz

1 Frühlingszwiebel (mit den hellgrünen Teilen), gehackt

◆ Das Fischfilet, am Schwanzende beginnend, mit einem Küchenbeil oder scharfen Messer schräg im Winkel von 45 Grad in 12 mm dicke Scheiben schneiden. Jede Scheibe in 2–3 Stücke zerteilen und in eine Schüssel legen. Mit 1½ Teelöffeln des Reisweins und 1 Esslöffel der Sojasauce beträufeln und 10 Minuten marinieren lassen.

◆ In einer kleinen Schüssel den restlichen Reiswein, die restliche Sojasauce mit der scharfen Bohnensauce und dem Zucker verrühren und beiseite stellen.

◆ Die Marinade vom Fisch in die Schüssel mit der Sojamischung gießen und die Fischstücke mit Küchenpapier trockentupfen. Das Öl in einem Wok oder einer großen Bratpfanne auf großer Stufe erhitzen, bis es zu flimmern beginnt, aber noch nicht raucht. Die Hälfte der Fischstücke vorsichtig in das heiße Öl gleiten lassen und 1½–2 Minuten braten, bis sie leicht gegart sind. Mit einem Schaumlöffel herausheben und auf Küchenpapier abtropfen lassen. Den restlichen Fisch auf die gleiche Weise braten. Das Öl durch ein feines Sieb in ein hitzebeständiges Gefäß abseihen.

◆ Den Wok oder die Bratpfanne mit Küchenpapier auswischen und auf großer Stufe erhitzen. 2 Esslöffel des passierten Öls hineingießen und bis zum Rauchpunkt erhitzen. Den Sellerie, Ingwer, Knoblauch und Chili in dem heißen Öl etwa 40 Sekunden pfannenrühren, bis das Gemüse weich zu werden beginnt. Auf immer noch großer Stufe die Bambussprossen und die Sojasaucenmischung hinzufügen und etwa 30 Sekunden langsam weiterrühren. Die aufgelöste Stärke zugießen und weitere 40 Sekunden rühren, bis die Sauce leicht eingedickt ist. Mit Salz abschmecken.

◆ Die Hitze auf niedrige Stufe zurückschalten, die Fischstücke und die Frühlingszwiebel unter die Sauce mischen. Den Fisch noch etwa 1 Minute ohne Rühren vorsichtig erwärmen. Mit der Sauce auf einer Platte oder in einer Schüssel anrichten und sofort servieren.

Für 4–6 Personen

Westen

Hongshao Niurou

Geschmorte Rinderbrust

»Hongshao«, die Methode des »Rotschmorens« in Sojasauce, lässt Fleisch butterweich werden.

Etwa 1 kg Rinderbrust, Fett entfernt

5 cm frische Ingwerwurzel, in dicke Scheiben geschnitten

2 EL Pflanzenöl

6 Knoblauchzehen, in dicke Scheiben geschnitten

2 Frühlingszwiebeln (mit den hellgrünen Teilen), in breite Röllchen geschnitten

3 ganze Sternanis

1 TL Sichuanpfefferkörner

2 Stücke getrocknete Tangerinenschale (je 2 cm groß)

180 ml dunkle Sojasauce

125 ml Reiswein

60 ml Hoisin-Sauce

1–2 TL extrafeiner Zucker

Salz und frisch gemahlener schwarzer Pfeffer

45 g Bambussprossen, in Scheiben geschnitten, oder 220 g geschälter und gewürfelter Daikon-Rettich (nach Belieben)

◆ Die Rinderbrust und den Ingwer in einen feuerfesten chinesischen Tontopf (Claypot) oder einen Schmortopf legen und mit Wasser bedecken. Auf niedriger Stufe langsam zum Kochen bringen und 20 Minuten köcheln lassen. Das Fleisch auf eine Platte heben und etwas abkühlen lassen; dann in 4 cm große Würfel schneiden. Die Garflüssigkeit durch ein feines Sieb abseihen. 1¼ Liter Flüssigkeit abnehmen und beiseite stellen. Den Ton- oder Schmortopf ausspülen und die Fleischwürfel wieder einfüllen.

◆ Das Öl in einem Wok auf mittlerer Stufe erhitzen. Den Knoblauch, die Frühlingszwiebeln, den Sternanis und den Sichuanpfeffer zugeben und etwa 40 Sekunden pfannenrühren, bis die Zutaten aromatisch duften. Die Tangerinenschale, 250 Milliliter der zurückbehaltenen Brühe, die Sojasauce und den Reiswein hinzufügen und zum Kochen bringen. Die Mischung mit der restlichen Brühe über das Fleisch gießen. Zum Kochen bringen, die Hitze auf niedri-

ge Stufe reduzieren und zugedeckt 1½ Stunden leise köcheln lassen, bis das Fleisch fast gar ist.

◆ Die Hoisin-Sauce sowie Zucker, Salz und Pfeffer nach Geschmack unterrühren und dann, falls verwendet, die Bambussprossen oder den Daikon-Rettich untermischen. Unbedeckt bei kleiner Hitze etwa 30 Minuten weiterköcheln lassen, bis das Fleisch ganz weich und die Sauce etwas eingekocht ist.

◆ Direkt in dem Topf servieren oder in einem tiefen Geschirr anrichten.

Für 6–8 Personen

Norden

Muxu Rou

Schweinefleisch mit Ei und Pilzen

Das chinesische Schriftzeichen »xu« kann Cassia bedeuten – chinesischer Zimt. Und die Eier in diesem Gericht ähneln tatsächlich den gelben Blüten der Zimtkassie.

FÜR DAS SCHWEINEFLEISCH
250 g mageres Schweinefleisch, in sehr dünne, 4 cm × 12 mm große Scheiben geschnitten
2 TL helle Sojasauce
1 TL Reiswein
1 TL Maisstärke

FÜR DIE SAUCE
60 ml Hühnerfond (siehe Seite 250)
1½ TL Sesamöl
1 TL Reiswein
¾ TL Maisstärke

4 getrocknete schwarze Shiitake, 25 Minuten in heißem Wasser eingeweicht und abgetropft
1 getrocknetes Wolkenohr (10 cm groß), 25 Minuten in heißem Wasser eingeweicht und abgetropft
3 EL Pflanzenöl
3 Eier, mit ½ TL heller Sojasauce verschlagen
45 g Reisstrohpilze aus der Dose, in Scheiben geschnitten
60 g Bambussprossen, in Scheiben geschnitten
2 Frühlingszwiebeln (nur das Weiße), schräg in Scheiben geschnitten
1 EL Ingwer, in feine Streifen geschnitten
1 EL helle Sojasauce
Salz und frisch gemahlener weißer Pfeffer

◆ Das Schweinefleisch in einer Schüssel mit der Sojasauce, dem Reiswein und der Stärke vermengen und 20 Minuten marinieren lassen. Gelegentlich durchmischen.

◆ Für die Sauce den Fond, das Sesamöl, den Reiswein und die Stärke in einer Schüssel verrühren und beiseite stellen.

◆ Die harten Stiele der Shiitake und holzigen Stellen des Wolkenohrs, sofern vorhanden, entfernen. Die Pilze in feine Streifen schneiden.

◆ In einem Wok 1½ Esslöffel des Pflanzenöls auf mittlerer Stufe erhitzen. Die Eiermischung hineingießen, nur leicht stocken lassen und mit einem Pfannenwender in Stücke zerteilen. Das Ei unter vorsichtigem Wenden weitergaren, bis es gestockt, aber noch weich und saftig ist (insgesamt nicht länger als 2 Minuten). Auf einen Teller heben und den Wok ausspülen.

◆ Die restlichen 1½ Esslöffel Pflanzenöl im Wok auf großer Stufe erhitzen. Das Schweinefleisch darin 30 Sekunden pfannenrühren. Die Shiitake- und Wolkenohrstreifen, die Reisstrohpilze, Bambussprossen, Frühlingszwiebeln und den Ingwer zugeben und 1 Minute weiterrühren, bis sämtliche Zutaten heiß sind. Die Sojasauce zugießen und weitere 20 Sekunden rühren. Zuletzt die vorbereitete Sauce hineingießen und noch 1 Minute langsam weiterrühren, bis sie leicht eingedickt ist.

◆ Das Ei zurück in den Wok geben und kurz erhitzen. Mit Salz und Pfeffer abschmecken. Auf einer Platte anrichten und sofort servieren.

Für 4 Personen

Westen

Chengdu Ji

»Scharfes« Huhn mit Erdnüssen

Harmonie und Ausgewogenheit sind in der chinesischen Küche sehr wichtige Prinzipien. So müssen beispielsweise sämtliche Zutaten in einem Gericht von gleicher Größe und Form sein. Erdnüsse kommen in der Küche Sichuans häufig zum Einsatz und diktieren bei diesem Rezept durch ihre natürliche Gestalt den Zuschnitt der Hauptzutaten – Huhn, Paprika und Bambussprossen –, die alle in kleine Würfel geschnitten werden. Wird bei einem Gericht das Fleisch in Streifen geschnitten, so muss auch das begleitende Gemüse diese Form haben, wie zum Beispiel Bohnensprossen, Möhren-Julienne oder Paprikastreifen.

»La« bezeichnet im Chinesischen alles Scharfe und erstreckt sich neben feurigen roten Chilis, schwarzem Pfeffer und Sichuanpfeffer auch auf pikante Bohnen- und Chilipasten. »Douban lajiang« ist ein scharfe Bohnensauce, die sich bei den meisten Köchen und Tischgenossen Sichuans wegen ihres feurig-salzigen Geschmacks großer Beliebtheit erfreut. In »Chengdu ji«, einem der populärsten Gerichte dieser Gastronomiemetropole im Westen Chinas, steuern rote Chilis, Sichuanpfeffer und scharfe Bohnensauce ihre einzigartige Würze bei und sorgen gleich dreifach für das nötige Feuer.

Das Hühnerfleisch wird bei diesem Rezept in demselben Öl gegart, in dem zuvor die Erdnüsse geröstet wurden, was dem Gericht zusätzlich eine typisch sichuanesische Note verleiht. Erdnüsse wachsen in Hülle und Fülle im Roten Becken Sichuans, wo sie auch zu hochwertigem Öl verarbeitet und in alle Welt exportiert werden. Gekocht oder geröstet sind Erdnüsse ein beliebter Snack oder sie werden als Beilage zu Fleischspeisen serviert. Auch unter einer saftigen Scheibe Spanferkel oder einem knusprigen Stück Huhn sind die gesalzenen und gekochten Nüsse ein willkommener Fund.

---

375 g ausgelöste Hühnerkeulen ohne Haut, in 12 mm große Würfel geschnitten

2 TL Maisstärke

1 TL Reiswein

2 EL helle Sojasauce

250 ml Erdnuss- oder anderes Pflanzenöl

45 g rohe Erdnusskerne

75 g Bambussprossen, in 1 cm große Würfel geschnitten

45 g grüne Paprikawürfel

2 Frühlingszwiebeln (mit den hellgrünen Teilen), in dicke Scheiben geschnitten

1 große, scharfe rote Chilischote, Samen entfernt und in Scheibchen geschnitten

2 TL fein gehackter Ingwer

2 TL fein gehackter Knoblauch

1 TL scharfe Bohnensauce oder Knoblauch-Chili-Sauce

½ TL extrafeiner Zucker

2 TL Maisstärke, aufgelöst in 60 ml Hühnerfond (siehe Seite 250)

¼ TL gemahlener Sichuanpfeffer (nach Belieben)

◆ In einer Schüssel das Hühnerfleisch mit der Stärke, dem Reiswein und 1 Esslöffel der Sojasauce gründlich vermengen und 15 Minuten marinieren lassen.

◆ Das Öl in einem Wok auf großer Stufe erhitzen. Sobald es heiß ist, die Erdnüsse einstreuen und in 1 Minute goldgelb rösten. Mit einem Schaumlöffel herausheben und auf Küchenpapier abtropfen lassen.

◆ Das Öl in dem Wok erneut auf großer Stufe erhitzen. Sobald es raucht, das Hühnerfleisch einlegen und etwa 1½ Minuten pfannenrühren, bis es fast gar ist. Dabei die Fleischstücke fortwährend in Bewegung halten und wenden, damit sie rasch und gleichmäßig garen und von allen Seiten eine goldgelbe Farbe annehmen. Mit einem Schaumlöffel auf einen Teller heben.

◆ Das Öl bis auf 2 Esslöffel weggießen und erneut erhitzen, bis es raucht. Die Bambussprossen, Paprikawürfel, Frühlingszwiebeln, Chili, den Ingwer und den Knoblauch zugeben und etwa 40 Sekunden pfannenrühren, bis das Gemüse weich zu werden beginnt. Die scharfe Bohnensauce oder Knoblauch-Chili-Sauce, den verbliebenen Esslöffel Sojasauce und den Zucker hinzufügen und 10 Sekunden weiterrühren, um sämtliche Zutaten und Aromen gut zu vermischen. Das Hühnerfleisch zurück in den Wok geben und weitere 30 Sekunden pfannenrühren.

◆ Die aufgelöste Stärke in den Wok gießen und etwa 30 Sekunden behutsam rühren, bis die Sauce leicht eingedickt ist und sämtliche Zutaten überglänzt. Die gerösteten Erdnüsse unterrühren und auf einer Platte oder in einer Schüssel anrichten. Nach Belieben mit dem Pfeffer bestreuen und sofort servieren.

Für 4–6 Personen

Man braucht kein ganzes Huhn zu verschlingen, um seinen Geschmack zu kennen.

Süden

Chao Pangxie Heidou

Krabben mit schwarzen Bohnen

Krabben schmecken in China am besten im ersten, fünften und neunten Monat des Mondkalenders. Einige Arten erreichen im Oktober, wenn die Orangenbäume und Chrysanthemen blühen, ihr Optimum an Geschmack und Fleischausbeute. Flusskrebse sind im Juni voll mit orangefarbenem Rogen. Schwimm- und Strandkrabben mit ihren runden Körpern und langen Beinen werden mit Netzen aus dem Meer gefischt, während die Süßwasserarten vor allem die schlickreichen Mündungsgebiete der Flüsse bevölkern. Krabben mit schwarzen Bohnen gelten über Chinas Grenzen hinaus als Spezialität.

Als Delikatesse gilt in China die kleine Wollhandkrabbe. Die schmackhaftesten Vertreter werden aus den Seen rund um Shanghai gefischt. Daher sind sie auch als Shanghaikrabbe bekannt. Während der Saison pilgern Enthusiasten aus dem ganzen Land ostwärts, um sich den Gaumenkitzel ja nicht entgehen zu lassen, und in Hongkong erwarten Kenner voller Ungeduld und mit wässrigem Mund die erste Flugzeugladung der leckeren Krebstiere. Als Kontrapunkt zur delikaten Süße des Rogens und Scherenfleisches serviert man zu einem Krabbenschmaus in China winzige Tassen mit Ingwertee.

1 große, lebende Salzwasserkrabbe (etwa 750 g)

1 EL Reiswein

1 EL Maisstärke

4 cm frische Ingwerwurzel, geschält

FÜR DIE SAUCE
*125 ml Wasser oder Hühnerfond
(siehe Seite 250)*

1½ EL helle Sojasauce

2 TL Maisstärke

¾ TL extrafeiner Zucker

500 ml Pflanzen- oder Erdnussöl

1 grüne Paprikaschote, Samen entfernt und in 2 cm große Quadrate geschnitten

1 Prise Salz, aufgelöst in 1 EL Wasser

1½ EL gesalzene schwarze Bohnen, abgespült, abgetropft und gehackt

1 Frühlingszwiebel (mit den hellgrünen Teilen), schräg in Scheiben geschnitten

1½ TL fein gehackter Knoblauch

◆ Einen großen Topf zu drei Vierteln mit Wasser füllen und dieses zum Kochen bringen. Die Krabbe für 20–30 Sekunden in das kochende Wasser geben. Herausheben und sofort unter fließendes kaltes Wasser halten, um den Garprozess zu stoppen. Gut abtropfen lassen.

◆ Die Krabbe mit dem Rücken nach unten auf ein Brett legen und mit einem Küchenbeil oder einem schweren Messer in 4 Teile spalten. Den Rückenpanzer abziehen und die ungenießbaren Teile – den dunkelgrauen Magensack, die Leber und die schwammigen Kiemen – entfernen. Die Krabbenstücke unter fließendem kaltem Wasser waschen und gut abtropfen lassen. Die Scheren vom Körper abdrehen und mit einem Fleischklopfer aufbrechen.

◆ In einer großen, flachen Schale den Reiswein mit der Maisstärke verrühren. Den Ingwer auf ein sauberes Küchentuch reiben, einschlagen und den Saft in die Reiswein-Stärke-Mischung pressen. Das ausgepresste Fruchtfleisch zurückbehalten. Die Krabbenstücke in die Mischung einlegen und 5 Minuten marinieren lassen.

◆ Für die Sauce in einer kleinen Schüssel das Wasser oder den Fond mit der Sojasauce, der Maisstärke und dem Zucker verrühren und beiseite stellen.

◆ Das Öl in einem Wok auf großer Stufe auf etwa 180 °C erhitzen oder bis es zu flimmern und leicht zu rauchen beginnt. Die Krabbenstücke einlegen und etwa 1½ Minuten pfannenrühren, bis der Panzer leuchtend rot und die Schnittflächen leicht gebräunt sind. Mit einer Küchenzange auf einen Teller heben. Das Öl in ein hitzebeständiges Gefäß abgießen.

◆ 1 Esslöffel des Öls zurück in den Wok geben und auf großer Stufe erhitzen. Die Paprikastücke darin etwa 30 Sekunden pfannenrühren, bis sie weich zu werden beginnen. Das aufgelöste Salz zugießen und 1 Minute weiterrühren, bis die Paprikastücke fast ganz weich sind. Auf einem Teller beiseite stellen.

◆ Einen weiteren Esslöffel Öl in den Wok geben und auf großer Stufe bis zum Rauchpunkt erhitzen. Die Krabbenstücke einlegen und etwa 40 Sekunden pfannenrühren, bis sie durch und durch heiß und mit dem Öl überzogen sind. Die Paprikastücke sowie die schwarzen Bohnen, die Frühlingszwiebel, das Ingwerfruchtfleisch und den Knoblauch zugeben und weitere 40 Sekunden pfannenrühren, bis sämtliche Zutaten und Aromen vermengt sind.

◆ Die vorbereitete Sauce zugießen und bei großer Hitze etwa 30 Sekunden rühren, bis sie eindickt und die Krabben- und Paprikastücke gleichmäßig überzieht. Anrichten und sofort servieren.

Für 2–6 Personen

Kaiserliche Speisen

Die Kaiserin Dowager Cixi aus der Qing-Dynastie war bekannt für ihren verwöhnten Gaumen. Um ihrer Gunst sicher zu sein, mussten die hofeigenen Köche ihr mit immer neuen Kreationen schmeicheln. Selbst wenn die Monarchin allein speiste, wurde verschwenderisch aufgetischt. Vieles rührte sie nicht einmal an, und wenn ihr etwas mundete, verhüllte sie ihr Lob in eine beiläufige Frage nach dem Namen des neuen Gerichts. Lamm hatte am Hofe keinen besonders guten Stand. Ein Lammfilet mit einem süßlichen Gelee hätte dem waghalsigen Koch vermutlich den Kopf gekostet, hätte er die Kaiserin nicht gebeten, einen Namen für das Gericht vorzuschlagen. Ihre Antwort – »Es schmeckt wie Honig« – taufte die Kreation, die noch heute in Peking serviert wird.

Dowager Cixi liebte süße und pikante Snacks – häppchengroßes Maisbrot, mit Sesam gewürzte Dampfbrötchen, mit Lotos gefüllte Teigtaschen. Auf einer Reise nach Guangzhou kürte sie *xia jiao* (Teigbällchen mit Garnelenfüllung) zur »Speise des Himmels«. Cixis unstillbarer Durst nach süßlichen Aromen konnte nur durch zahllose Variationen des süßsauren Themas gelindert werden, darunter ist auch ein auf Nudeln serviertes Fischgericht, das in Chinas einstiger Hauptstadt Kaifeng in der Provinz Henan für sie kreiert wurde. Der imperiale Koch Fang Shi war so etwas wie ein Alchimist der Küche, der zum Entzücken seiner Kaiserin die einfachsten Speisen in Gold verwandelte, indem er sie schlicht mit Eigelb tünchte.

Osten

Guifei Ji

Kaiserliche Hähnchenflügel

In den glorreichen 20ern des 19. Jahrhunderts war Shanghai eine vor Reichtum, Pracht und kulturellem Leben überschäumende Stadt. Köche strömten aus allen Teilen des Landes herbei, und Restaurants verwöhnten eine internationale Klientel mit den originellsten Speisen. Als Tribut an die legendäre Schönheit der gefeierten kaiserlichen Konkubine Yang Kueifei aus der Tang-Dynastie (618–907) schuf ein sichuanesischer Koch in Shanghai dieses Gericht, indem er die denkbar zartesten Hähnchenflügel in einer lieblichen rubinroten Sauce aus importiertem Portwein badete. Es wurde auf einen Schlag zum Renner in der High Society Shanghais und durfte auf keiner Speisekarte der Nobelrestaurants fehlen.

Zeugnisse des opulenten Lifestyles jener Tage und architektonische Fragmente der multinationalen Kolonien sind hier und da noch heute zwischen den dicht gedrängten modernen Konstruktionen in Chinas bevölkerungsreichster Stadt zu sehen. Jazzklänge tönen aus der legendären Long Bar des Peace-Hotels durch die belebten Straßen und konkurrieren mit dem lärmenden Gebimmel der Fahrradklingeln und dem dumpfen Hämmern der Pfahlrammen. Ganz in der Nähe liegt der Bund, der sich vom einstigen Spazierweg am Flussufer zu einer schicken, marmorgekleideten Promeniermeile gemausert hat, wo aufdringliche Studenten Touristen ansprechen, um eine Kostprobe ihrer Englischkenntnisse zu geben, bevor die Nacht anbricht und die Promenade allein den Liebespaaren gehört.

Die meisten Chinesen haben eine Vorliebe für eine kontrastreiche Konsistenz der Speisen, die Verbindung von zart und knackig, weich und knusprig. Manche Gerichte werden mehr wegen ihrer Konsistenz als wegen ihres Geschmacks geschätzt, zum Beispiel Rindersehnen, Kutteln, Schwalbennester und Quallenfleisch. Hühnerfüße und Entenschwimmhäute sind eine beliebte Kost, wie man in den Dim-sum-Restaurants feststellen kann. Ich gehöre auch zu ihren Fans. Genauso liebe ich die Spitzen von Hähnchenflügeln, die nicht viel Fleisch, aber ein schmackhaftes Erlebnis bieten.

5 große Chicken-Wings (Hähnchenflügel; 500–625 g)

45 g Bambussprossen, in Scheiben geschnitten

2 große getrocknete schwarze Shiitake, 25 Minuten in heißem Wasser eingeweicht und abgetropft

125 ml plus 2 EL Pflanzenöl

1¾ TL extrafeiner Zucker

1 dünne Scheibe frischer Ingwer, geschält und in feine Streifen geschnitten

1 EL Reiswein

1 EL helle Sojasauce

375 ml Hühnerfond (siehe Seite 250)

Knapp ½ TL Salz, plus Salz zum Abschmecken

60 ml Portwein

1 Frühlingszwiebel (mit den hellgrünen Teilen), in 4 cm lange Stücke, dann in feine Streifen geschnitten

2 TL Maisstärke, aufgelöst in 1 EL Wasser

Frische Korianderzweige

◆ Die Chicken-Wings mit einem schweren Messer an den Gelenken durchtrennen. Waschen und gut abtropfen lassen. Die Bambussprossen in feine Streifen schneiden. Die Pilze von den harten Stielen befreien und die Hüte in feine Streifen schneiden.

◆ In einem Wok die 125 Milliliter Öl auf großer Stufe erhitzen, bis es raucht. 1 Teelöffel des Zuckers einstreuen und mit einer Wokschaufel oder mit Holzstäbchen etwa 10 Sekunden verrühren; dabei schlägt der Zucker Blasen und wird braun. Die Hähnchenflügel einlegen und etwa 1½ Minuten pfannenrühren, bis sie leicht gebräunt sind. Mit einem Schaumlöffel auf ein Gitter heben und über einem Teller abtropfen lassen. Das Öl aus der Wokpfanne weggießen.

◆ Den Wok ausspülen, trockenreiben und auf großer Stufe wieder erhitzen. Das restliche Öl hineingeben und bis zum Rauchpunkt erhitzen. Die Bambussprossen und die Pilze darin 20 Sekunden pfannenrühren, bis sie mit Öl überglänzt sind. Die Chicken-Wings zurück in den Wok geben und den Ingwer, den Reiswein und die Sojasauce einrühren. Kurz erhitzen, den Fond zugießen und salzen. Die Mischung zum Kochen bringen, die Hitze auf niedrige Stufe reduzieren und etwa 15 Minuten leise köcheln lassen, bis die Chicken-Wings gerade eben gar sind.

◆ Den Portwein und den verbliebenen ¾ Teelöffel Zucker untermengen und die Mischung wieder zum Kochen bringen. Die Hitze auf mittlere Stufe stellen und die Frühlingszwiebel sowie die aufgelöste Stärke einrühren. Unter ständigem Rühren weitere 20 Sekunden köcheln lassen, bis die Sauce leicht eingedickt und klar ist. Mit Salz abschmecken.

◆ Die Chicken-Wings mit einer Küchenzange herausheben und anrichten. Die Sauce gleichmäßig darüber schöpfen und mit Koriander garnieren.

Für 4 Personen

HAUPTGERICHTE

Westen

Zha Ganlajiao Anchun

Knusprig gebratene Wachteln mit Chili und Knoblauch

Für dieses Rezept wenden die Chinesen eine spezielle Technik an, die »peng« genannt wird. Dabei wird die Hauptzutat zunächst in Öl gar gebraten. Dann wird das Öl abgegossen und die anderen Zutaten in derselben Pfanne pfannengerührt. In dem vorliegenden Rezept beschränken sich diese auf Würzzutaten, bei anderen Varianten wird in der zweiten Garphase eine ungebundene Sauce zugegeben, die sämtliche Zutaten mit einem samtenen Glanz überzieht.

Wenn im Norden der erste kalte Wind des beginnenden Winters bläst, versammeln sich die wilden heimischen Wachteln, um in die wärmeren Gefilde Guangdongs zu ziehen. Sie sind kleiner und weniger zart als ihre fetten, für den Kochtopf gezüchteten Artgenossen. Dennoch sind Wachteljäger mit ihrem Fang auf jedem Geflügelmarkt gern gesehen. Restaurants und Dim-sum-Teehäuser in Guangzhou haben einen großen Vorrat an Rezepten für Wachteln und ihre winzigen Eier. Ganz besonders lecker ist eine klare Brühe, in der die klitzekleinen pochierten Eier treiben, oder auch Garnelentoasts oder zarte Fleischbällchen in einer seidentuchdünnen Teighülle mit jeweils einem hart gekochten Wachtelei.

3 große Wachteln

1 TL Chiliöl

2 TL dunkle Sojasauce

Pflanzen- oder Erdnussöl zum Braten

1 EL Sesamöl (nach Belieben)

2 TL fein gehackter frischer Ingwer

2 TL fein gehackter Knoblauch

2 TL fein gehackte, scharfe rote Chilischote

2 TL helle Sojasauce

1 Rezeptmenge Pfeffersalz (siehe Seite 33)

1 EL fein geschnittene grüne Frühlingszwiebelröllchen

◆ Die küchenfertig vorbereiteten Wachteln entlang dem Brustbein halbieren. Die Hälse und Flügelspitzen abschneiden und wegwerfen. Die Vögel unter fließendem kaltem Wasser waschen und mit Küchenpapier trockentupfen. In einer kleinen Schüssel das Chiliöl und die Sojasauce verrühren; die Wachteln gleichmäßig mit der Mischung einstreichen und 10 Minuten einwirken lassen.

◆ Das Pflanzenöl gut 1 cm hoch in eine große Bratpfanne oder einen Wok gießen und auf großer Stufe erhitzen, bis es zu flimmern und zu rauchen beginnt. Nach Belieben das Sesamöl zugeben. Die Wachteln nochmals mit Küchenpapier trockentupfen, vorsichtig in das Öl legen und 1 Minute anbraten. Die Hitze auf mittlere Stufe reduzieren und 7–8 Minuten weiterbraten, bis die Wachteln goldbraun und durchgegart sind. Zur Garprobe einen dünnen Spieß in die Brust oder Keule einstechen. Tritt klarer Saft aus, sind sie gar. Die Wachteln mit einem Schaumlöffel herausheben und auf einem Teller beiseite stellen.

◆ Das Öl bis auf 1 Esslöffel abgießen und die Pfanne auf mittlerer Stufe wieder erhitzen. Ingwer, Knoblauch und Chili zugeben und etwa 30 Sekunden pfannenrühren, bis die Zutaten leicht gebräunt sind und sehr aromatisch duften. Die Wachtelhälften wieder in die Pfanne einlegen und die Sojasauce zugeben. Die Pfanne auf großer Stufe etwa 10–20 Sekunden beständig rütteln, sodass die Wachteln ständig in Bewegung sind und von allen Seiten gleichmäßig mit den Gewürzen überzogen werden. 1 Teelöffel des Pfeffersalzes und die Frühlingszwiebelröllchen einstreuen und weitere 20–30 Sekunden rütteln.

◆ Die Wachteln auf einer Platte anrichten und mit dem restlichen Pfeffersalz sofort servieren.

Für 3–6 Personen

In einigen besonders ausgefallenen Gerichten der chinesischen Küche symbolisieren hart gekochte Wachteleier Perlen.

HAUPTGERICHTE 135

Norden

Fengmi Niulijirou Hetaoren

Honigglasiertes Rindfleisch mit Walnüssen

Chinesische Köche haben eine große Schwäche für Fleischgerichte mit einer deutlichen Spur Süße. Im Süden wird karamellisierter Zucker zur Grundlage süßsaurer Saucen für Seafood, Huhn und Schweinefleisch. Weißer Kandiszucker, in Sojasauce geschmolzen, wird zur Garflüssigkeit für zahllose »rot geschmorte« Gerichte. In der Küche Sichuans sorgen verschiedene Sorten Pfeffer, Chilis und Essig für ein angemessenes Gegengewicht und verbinden sich mit der Süße zu einem köstlich-würzigen Aroma. Einige der besten Honigsorten liefert der äußerste Westen des Landes. In den Zeiten des Handels über die legendäre Seidenstraße gelangte er nach Osten und Norden an die kaiserlichen Höfe, deren Köche ihn vor allem in Saucen für Frittiertes verarbeiteten. Die Herausforderung bestand darin, dass die Speisen unter ihrer süßen Glasur knusprig blieben. Mit Honig glasiertes Rinderfilet ist das kulinarische Aushängeschild von Xining, der Hauptstadt der entlegenen Provinz Qinghai.

Diese Version von honigglasiertem Rindfleisch ist vermutlich der Nachfahre eines berühmten Gerichts aus dem Jahr 1772. Kaiser Qianlong vertrieb sich damals seine Zeit mit der Jagd. Seine Beute legte er vertrauensvoll in die Hände seines Kochs und beauftragte diesen, daraus etwas zuzubereiten, das einem imperialen Weidmann würdig ist. Jener schnitt das zarteste Fleisch in hauchdünne Scheiben, tauchte diese in Ei und briet sie kurz. Anschließend überzog er sie mit einer Sauce aus Zucker, Essig, Soja und Reiswein. »Süßer als Honig« konstatierte der beglückte Kaiser.

300 g Rinderfilet, kurz angefroren

3 EL Tapioka- oder Maisstärke

1 EL Wasser

1 kleines Ei

1 EL helle Sojasauce

2 TL Fünf-Gewürze-Pulver

Pflanzen- oder Erdnussöl zum Frittieren

90 g Walnusshälften

90 g Honig

1 EL Reiswein

1 EL helle Sojasauce

1 EL Ingwersaft (siehe Seite 246)

¾ TL schwarzer Essig (dunkler Reisessig)

½ TL Salz

1½ TL Sesamsamen (nach Belieben)

◆ Das leicht angefrorene Fleisch mit einem sehr scharfen Messer in hauchdünne Scheiben schneiden. Die Scheiben übereinander schichten und in streichholzbreite Streifen schneiden.

◆ In einer Schüssel 2½ Esslöffel der Stärke, das Wasser, das Ei, die Sojasauce und das Fünf-Gewürze-Pulver verrühren. Die Fleischstreifen in die Mischung einlegen, mit Holzstäbchen voneinander trennen und sorgfältig vermengen.

◆ Das Öl 4 cm hoch in einen Wok gießen und auf 180 °C erhitzen (die Temperatur ist erreicht, wenn ein Brotwürfel darin innerhalb von Sekunden goldbraun wird). Das marinierte Fleisch vorsichtig in das heiße Öl gleiten lassen und rasch mit langen Holz- oder Metallstäben verrühren, damit die Streifen nicht zusammenkleben. Etwa 2 Minuten pfannenrühren, bis das Fleisch leicht gebräunt ist. Mit einem Schaumlöffel herausheben, kurz über dem Wok abtropfen lassen und auf einen Teller legen.

◆ Die Walnüsse in das heiße Öl geben und etwa 1 Minute rösten. Mit einem Schaumlöffel zu dem Fleisch auf den Teller legen.

◆ Das Öl in ein hitzebeständiges Gefäß abgießen. Den Wok ausspülen und mit Küchenpapier gründlich abtrocknen. In einer kleinen Schüssel den Honig, Reiswein, die Sojasauce, den Ingwersaft, Essig und das Salz verrühren.

◆ Den Wok auf großer Stufe wieder erhitzen und 2 Esslöffel des Bratöls hineingießen. Sobald es heiß ist, die Honig-Reiswein-Mischung zugießen und 15–20 Sekunden köcheln lassen, bis eine sirupartige Glasur entstanden ist. Das Fleisch und die Walnüsse einrühren, die Hitze auf mittlere Stufe reduzieren und 3–5 Minuten pfannenrühren, bis sämtliche Zutaten mit der Glasur überzogen sind und ihre Oberfläche so abgetrocknet ist, dass sie nicht aneinander kleben.

◆ Das Fleisch und die Walnüsse dekorativ auf einer Platte aufschichten, nach Belieben mit den Sesamsamen bestreuen und sofort servieren.

Für 4–6 Personen

Eine Paste aus gemahlenen Walnüssen und weißem Blei diente im alten China als »Heilmittel« gegen eine Glatze.

GEMÜSE, EIERSPEISEN UND TOFU

Frischer Tofu, eine Auswahl an Gemüse und ein Korb mit Eiern gehören in jede chinesische Küche.

Die chinesische Küche ist an Vielfalt und Reichtum unübertroffen. Sie ist genauso einfallsreich wie gesund, und die meisten ihrer Zutaten und Gerichte sind zudem preiswert und einfach zuzubereiten. Das gilt ganz besonders für Gemüse und andere Gerichte der vegetarischen Küche, die durch Kreativität und Frische glänzt. Chinesisches Kohlgemüse ist reich an gesundheitsfördernden Nähr- und Inhaltsstoffen, Zwiebeln, Knoblauch, Ingwer und Chili haben zig wohltuende, stärkende Eigenschaften, und dazu favorisiert die chinesische Küche mit dem Dämpfen und Pfannenrühren zwei Garmethoden, die Vitamine, Mineralstoffe und den natürlichen Eigengeschmack der Speisen bewahren.

Eine der ganz großen Errungenschaften der chinesischen Küche ist der Tofu (Sojabohnenquark). Soja ist in China in all seinen Formen der Superstar in der Vorratskammer, seine gesundheitsfördernden Eigenschaften sind legendär. Keine andere Hülsenfrucht hat es zu einer so vielfältigen Palette an wertvollen Produkten gebracht, darunter die bekömmliche Sojamilch, würzig-pikante Pasten, erdig-salzige Würzsaucen, Tofuhaut als Hülle für Füllungen oder klein geschnitten als Zutat in Nudelgerichten und viele andere eiweißreiche Tofuprodukte, von dem butterweichen Seidentofu bis zu den gepressten Blöcken mit der angenehm festen Konsistenz eines Steaks.

Vorherige Doppelseite: Kohlgemüse ist in Chinas Norden besonders im Winter ein Hauptnahrungsmittel. Häufig sieht man den winterlichen Kohlvorrat an Hauseingängen und in den Fluren aufgereiht. **Linke Seite:** Handgemachte Tofublätter und Nudeln liegen zum Verkauf aus. **Ganz oben:** Holzkohle zum Befeuern des heimischen Herdes auf dem Karren eines Kohlehändlers. Auch heute noch ist die traditionelle Holzkohle als Brennstoff zum Heizen und Kochen weit verbreitet. Gas ist vor allem in den Städten auf dem Vormarsch. **Oben:** Mittagszeit auf einem Markt in Yunnan. In dieser Provinz im Süden lebt ein Drittel der ethnischen Minderheiten Chinas. Am Markttag kommen die Frauen aus ihren Bergdörfern herab, um einzukaufen und ihre selbst gemachten Waren anzubieten.

GEMÜSE, EIERSPEISEN UND TOFU 141

Sojaprodukte bieten in der vegetarischen Küche schier grenzenlose Möglichkeiten. Mit Tofu als Meilenstein haben Chinas Vegetarierköche – die meisten sind praktizierende Buddhisten – eine einzigartige Küche hervorgebracht, die es bei einem Besuch in China wirklich zu entdecken lohnt. Die Speisekarten der beiden berühmten vegetarischen Restaurants Wen Shu Yuan in Chengdu und Zhen Su Zhai in Peking liefern eindrucksvolle Zeugnisse für die Kreativität ihrer Köche und für die faszinierende Vielfalt dieser chinesischen Küchendisziplin: »Ente« der acht Kostbarkeiten, »Yellowfin Croaker« in pikanter Sauce, »Huhn« oder »Schweinefleisch«, pfannengerührt mit Paprika und Erdnüssen, oder knusprig gebratener »Aal«. Die vegetarischen Fleisch- und Fischattrappen werden aus getrockneten Pilzen, pürierter Taro und anderem Wurzelgemüse nachgebildet oder auch aus gepresstem Tofu und befeuchteter Tofuhaut, die in die Form der Speise gebracht werden, die sie imitieren sollen.

Sehr schöne Erinnerungen habe ich an ein kleines vegetarisches Restaurant in Wanchai, Hongkong. Jahrelang ging ich fast jede Woche dorthin, um zu essen oder etwas mit nach Hause zu nehmen. Zu meinen Favoriten zählten die »gefälschten« Hühnerkeulen, mit einer süßsalzigen Sauce glasiert, kleine Teigbällchen, deren Hülle so fein war, dass die Füllung aus gehackten Pilzen und mariniertem Tofu durchschimmerte, und eine Gemüsesuppe mit gewürfeltem Tofu, die so aromatisch duftete, dass sie einem regelrecht entgegensprang.

Auch Chinas zahlreiche Pilzarten sind eine echte kulinarische Bereicherung. Viele wild wachsende Arten werden in den Bergen im Norden und Westen Sichuans gesammelt, einige Sorten werden auch gezüchtet. Die Abteilung für Trockenprodukte auf dem Markt Qing Ping in Guangzhou ist eine wahre Fundgrube für alle möglichen Sorten: bauschige weiße Wolkenohren, gekräuselte schwarze Wolkenohren und schwarze Shiitake in einem Dutzend verschiedener Größen, Qualitäten und Preisen. In der Frischwarenabteilung stapeln sich Enokitake mit Hüten, die kleiner sind als ein Fingernagel, pralle, knopfförmige Reisstrohpilze, fleischige Abalonepilze und Austernpilze, ihre perlmuttfarbenen Verwandten. Speisepilze verleihen vielen vegetarischen Gerichten Würze und Konsistenz.

Linke Seite: Während der Kulturrevolution galten Teehäuser als konspirative Treffpunkte für Dissidenten. Viele mussten daher schließen. Dieses Teehaus in Chengdu hat seine Türen für Jung und Alt aber längst wieder geöffnet. **Unten:** Stein- und Tonkessel sind die tragbaren Küchen der Garköche. **Mitte:** Eine Frau schält geduldig Knoblauch für den Markt. **Ganz unten:** Auberginen stammen ursprünglich aus Indien, doch inzwischen haben sich auch in China einige landeseigene Sorten durchgesetzt. Auberginen wurden in China erstmals im 5. Jahrhundert v. Chr. schriftlich erwähnt.

GEMÜSE, EIERSPEISEN UND TOFU 143

Ganz oben: Die buddhistische Göttin der Gnade prangt an diesem farbenprächtigen Schrein im Dazhao-Holztempel in Hohhot, der Hauptstadt der inneren Mongolei. Der 1580 erbaute Tempel war ein Zentrum für die wohlhabenden Bürger der Stadt. **Oben:** Frisch gelegt und einzeln etikettiert liegen Eier fertig zum Verkauf auf einem Markt in Peking. **Rechte Seite:** Eine Gemüsebäuerin erntet in ihrem Terrassengarten frisches Gemüse zum Verkauf auf dem Markt, eine typische Szene für das ländliche China. Das meiste Gemüse wird immer noch in kleinen, von Hand bestellten Parzellen angebaut.

Frisches Gemüse spielt in der Küche der Landesmitte und der südlichen Provinzen eine zentrale Rolle, weniger aber im Norden, wo lange, strenge Winter den Anbau auf die widerstandsfähigsten, robusten Sorten beschränken. Gurken, Kohl und kälteunempfindliche Gemüsesorten wie Kohlrabi und Rüben dominieren im Norden, während der Süden eine weitaus buntere Palette zu bieten hat. Sichuan gilt als die »Gemüseschüssel« der Nation, dicht gefolgt vom ärgsten Rivalen Guangdong.

Ich lebte eine Zeit lang in einem kleinen Häuschen auf der Insel Cheung Chau in der Nähe von Hongkong. Vor 25 Jahren war das Eiland einer der Hauptgemüsegärten der Hongkonger Märkte und Gastronomie, heute gleicht die Insel eher einer urbanen Wucherung der Metropole. Man konnte mit einer öffentlichen Fähre übersetzen, eine Fahrt mit einem der Gemüsekähne war meist schneller und interessanter, wenn auch etwas unbequem. Auf dem Weg mit Kurs auf die Märkte von Wanchai und Central Hongkong kauerte ich auf einem dreibeinigen Hocker zwischen Bergen von Chinesischem Brokkoli *(gai lan)* und Pak-Choi und plauderte mit den Bauern über Gemüseanbau. Auf der Insel domi-

nierte der biologische Anbau mit Mist als einzigem Dünger. Bei guter Bewirtschaftung konnten die Bauern alle zwei bis drei Monate ernten.

Die Erträge bestanden hauptsächlich aus den typischen dunkelgrünen Blattkohlsorten, für die China und seine Küche bekannt sind. Sie wurden bereits sehr klein geerntet – Pak-Choi oft nur fingerlang, sodass man ihn im Ganzen kochen konnte, *gai lan* und Choisum etwas größer, sodass der Geschmack Zeit hatte, sich zu entwickeln. »Je größer, desto besser« gilt für die Mehrzahl der chinesischen Gemüsesorten sicherlich nicht, abgesehen von ein paar Ausnahmen. Wintermelonen werden mit zunehmender Größe immer schmackhafter; Spargelsalat (verdickte, fleischige Sprossachsen, die ein spargelartiges Gemüse liefern) und chinesischer Rettich sollten mindestens 45 Zentimeter lang sein, und bei Chinakohl und herkömmlichem Weißkohl, die vor allem auf dem nördlichen Ernährungsplan sehr wichtig sind, bedeutet Größe ohnehin nie einen Verlust an Qualität.

Die landestypischen Gemüsesorten bestechen durch ihren exotischen Geschmack und ihre Formenvielfalt. Das harzige Holzaroma der Bambussprossen ist einfach unvergleichlich. Wasserkastanien haben ein süßliches Aroma, ihre knackige Konsistenz erinnert an die einheimische Yamsbohne, die fast identisch ist mit der Jicama aus Südamerika. Mung- und Sojabohnensprossen haben es mittlerweile zu weltweitem Ruhm gebracht. Ginkgo und Lotoswurzeln und -samen sind in der vegetarischen Küche nützliche Zutaten, und auch Spargelsalat sowie das wässrige Froschblatt, eine Schwimmblattpflanze aus dem Westsee, sind für Chinesen vertraute Arten. Das pürierte Fleisch von Süßkartoffeln und die stärkereiche Kudzu-Knolle, die in den Bergregionen Chinas und Japans beheimatet ist, werden in einem ähnlichen Verfahren, wie man es für Tofu anwendet, zu einem halbfesten Gelee verarbeitet, das Köche bei vielen Speisen wie Seidentofu einsetzen.

Seit Menschengedenken halten chinesische Bauern und Hausfrauen neben dem Gemüseanbau auch immer ein paar Hühner und Enten. Eier gehören seit Ewigkeiten zur chinesischen Esskultur, auch wenn das »tausendjährige Ei« in Wirklichkeit nur ein paar Monate reift. Köche schätzen den kräftigen Geschmack von Enteneiern, die Vielseitigkeit von Hühnereiern und die Eleganz der kleinen Wachtel- und Taubeneier, die sie genauso zweckmäßig wie kreativ verarbeiten. Im Süden verzieren sie Suppen und klare Gemüsesaucen mit verschlagenem Ei, das sie in einem dünnen Strahl in die heiße Flüssigkeit träufeln, sodass es feine goldene und weiße Fäden zieht. Hart gekochte oder pochierte Wachteleier garnieren und verfeinern Dim sums, Toasts und Suppen. Hühnereier werden in schwarzem Tee pochiert oder nach uralten Methoden konserviert, die das Eiweiß graugrün und das Eigelb fest und würzig werden lassen und als Appetizer oder in eine morgendliche Reissuppe

146 GEMÜSE, EIERSPEISEN UND TOFU

gewürfelt serviert werden. Eier, über ein Wokgericht geschlagen und kurz pfannengerührt, erzielen einen Effekt, den man »Cassiablüte« nennt nach den gelben Blüten der Zimtkassie. *Muxu rou* (Schweinefleisch mit Ei und Pilzen) aus Sichuan mit seiner seidigen Textur ist der berühmteste Vertreter dieses Kunstgriffs.

Wenn ich den Standard eines Restaurants beurteilen möchte, bestelle ich häufig ein schlichtes Omelett. An der Oberseite sollte es goldgelb und weich und im Innern zart und saftig sein. Ist es mein Lieblingsomelett, versucht es zusätzlich mit kleinen Stücken Krabben- oder Garnelenfleisch und vielleicht mit fein geschnittenem grünem Spargel zu überzeugen. Das sämige Dressing dazu duftet nach Austern und ist von samtenem Glanz und einer feinen Würze, die das zarte Aroma der Eier perfekt ergänzt. Aus der Pfanne eines gestandenen Kochs aus Guangdong kann ein Omelett eine Offenbarung sein.

Linke Seite: Der Li schlängelt sich durch die Karstkegel nahe dem Ort Yangshuo in Guangxi. In die Felsen sind Höhlen gehauen, in denen die Einheimischen im Zweiten Weltkrieg Zuflucht vor den japanischen Invasoren suchten. Die spektakuläre Landschaft hat Künstler und Poeten über Jahrhunderte inspiriert und lockt auch heute täglich Tausende Besucher in diese Provinz im Süden. **Rechts:** Riesige Mengen Bohnensprossen sind vonnöten, um den Bedarf auf Pekings Markt Big Bell zu befriedigen. **Unten:** Wenn es heiß wird, bieten Teehäuser ein schattiges Plätzchen zum Teetrinken und zum Plaudern.

GEMÜSE, EIERSPEISEN UND TOFU 147

Süden

Sushijin

Pfannengerührtes Frühlingsgemüse

Knackiger Biss, leuchtende Farben und klare, kräftige Aromen sind die Eigenschaften, die ein gutes Wokgericht auszeichnen. Das Pfannenrühren ist eine sehr schnelle, schonende Garmethode, ideal für frisches Frühlingsgemüse. Man benötigt einen hochwertigen beschichteten Wok und große Hitze, vorzugsweise von einer Gasflamme. Der Wok wird vor Zugabe des Öls erhitzt, und das Öl muss wirklich rauchend heiß sein, bevor man die Zutaten hineingibt. Während des Pfannenrührens muss das Gargut beständig in Bewegung gehalten und gewendet werden. Liegt es übereinander, beginnt es zu schmoren und zu kochen, ein unerwünschter Effekt.

Die meisten in der chinesischen Küche verwendeten Gemüsesorten sind erstklassige Kandidaten für den Wok, besonders Bambus- und Bohnensprossen, Wasserkastanien und der Spargelsalat. Alle chinesischen Kohlsorten und natürlich auch ihre nahen Verwandten Brokkoli und Blumenkohl eignen sich ebenfalls bestens zum Pfannenrühren, müssen jedoch wie Möhren und Jicama unter Umständen vorher blanchiert oder kurz gedämpft werden.

4 getrocknete schwarze Shiitake, 25 Minuten in heißem Wasser eingeweicht

5 cm Möhre

2 EL Pflanzenöl

60 g kleine Brokkoliröschen

60 g kleine Blumenkohlröschen

1½ EL Wasser

4 Spargelstangen, holzige Enden entfernt, schräg in 12 mm dicke Scheiben geschnitten

1 Stange Bleichsellerie, schräg in Scheiben geschnitten

1 kleine Zucchini, geputzt und in Scheiben geschnitten

90 g Baby-Pak-Choi oder ein anderer kleiner chinesischer Blattkohl, Blätter getrennt

6–8 kleine Zuckerschoten

75 g Bambussprossen, in Scheiben geschnitten

1 EL helle Sojasauce

80 ml Hühnerfond (siehe Seite 250) oder Einweichwasser der Pilze

½ TL extrafeiner Zucker

1½ TL Maisstärke, aufgelöst in 2 EL Wasser

Salz und frisch gemahlener weißer Pfeffer

◆ Die Shiitake abgießen, das Einweichwasser zurückbehalten. Etwaige harte Stiele abschneiden und wegwerfen. Die Pilze mit dem Einweichwasser in einem kleinen Topf bei großer Hitze zum Kochen bringen. Die Hitze auf mittlere Stufe reduzieren und die Pilze 5–6 Minuten köcheln lassen, bis sie weich sind. Vor der Weiterverarbeitung etwas abkühlen lassen. Die Pilze abgießen, die Garflüssigkeit nach Belieben zur späteren Verwendung zurückbehalten und vor Gebrauch durch ein feines Sieb passieren. Die Pilze vierteln und beiseite stellen.

◆ Die Möhre schälen und mit einem Riefenschneider oder einem anderen geeigneten Werkzeug rundherum der Länge nach fünf- bis sechsmal einkerben. Quer in blumenförmige Scheiben schneiden und beiseite stellen.

◆ In einem Wok 1 Esslöffel des Öls auf großer Stufe erhitzen. Die Möhrenscheiben sowie die Brokkoli- und Blumenkohlröschen darin 20 Sekunden pfannenrühren. Das Wasser zugießen und zugedeckt bei großer Hitze etwa 1 Minute garen, bis das Wasser fast vollständig verdampft ist.

◆ Den Spargel, Sellerie, die Zucchini, den Pak-Choi oder anderen Kohl zugeben und zugedeckt weitere 30 Sekunden garen, bis die Kohlblätter zusammengefallen sind. Falls nötig, noch etwas Wasser zugeben, damit nichts anbrennt.

◆ Den Deckel abheben und den restlichen Esslöffel Öl, die Zuckerschoten, Bambussprossen sowie die Pilze zugeben und etwa 20 Sekunden pfannenrühren, bis die Zuckerschoten leuchtend grün sind. Die Sojasauce, den Fond oder das Pilzwasser, den Zucker und die aufgelöste Stärke zugeben und unter Rühren bei lebhafter Hitze weitere 20–30 Sekunden kochen, bis die Sauce eindickt und klar wird. Mit Salz und Pfeffer abschmecken.

◆ Auf einer vorgewärmten Platte anrichten und sofort servieren.

Für 4–6 Personen

Junge Triebe und frisches Frühlingsgemüse beflügeln die Köche des Südens.

Norden

Luohan Cai

Buddhistischer Gemüsetopf

Der Buddhismus hat die vegetarische Küche mit vielen kreativen Gerichten bereichert, die in ganz China zur täglichen Kost der Gottesfürchtigen in den Tempeln gehören. Dieses Gericht mit Wolkenohren und vielen anderen landestypischen Zutaten wird am chinesischen Neujahrsfest serviert, um die Buddhisten an ihr Gelübde zu erinnern, das Leben in all seinen Formen zu achten.

250 ml Wasser oder Gemüsebrühe (siehe Seite 251)

80 ml helle Sojasauce

2–3 TL helle Bohnenpaste oder 1½ EL helle Bohnensauce

1 TL extrafeiner Zucker

45 g Glasnudeln, 10 Minuten in kaltem Wasser eingeweicht, abgetropft und nach Belieben in 10 cm lange Stücke geschnitten, oder 1 getrocknete Tofustange, 2 Minuten in heißem Wasser eingeweicht, abgetropft und in 4 cm lange Stücke geschnitten

150 g geschälte Wintermelone oder Daikon-Rettich, in 4 cm große Würfel geschnitten

1 kleine Möhre, geschält und in Scheiben geschnitten

250 g Chinakohl, grob gehackt

75 g Bambussprossen, in Scheiben geschnitten

60 g Enokitake-, Knopf- oder Reisstrohpilze aus der Dose

60 g Abalonepilze aus der Dose, 5 cm getrocknetes Wolkenohr, 10 Minuten in kaltem Wasser eingeweicht, holzige Stellen entfernt und gehackt, oder 30 g frische Austernpilze, geputzt

220 g gebratener Tofu, in 4 cm große Würfel geschnitten, 10 Minuten in heißem Wasser eingeweicht und abgetropft

2 Frühlingszwiebeln (mit den hellgrünen Teilen), grob gehackt

Salz und frisch gemahlener weißer Pfeffer

◆ In einer Schüssel das Wasser oder die Brühe mit der Sojasauce, der Bohnenpaste oder Bohnensauce und dem Zucker verrühren.

◆ Die Glasnudeln oder die zerteilte Tofustange in einen chinesischen Tontopf (Claypot) oder einen Schmortopf einlegen und auf dem Boden ausbreiten. Die Wintermelone oder den Daikon, die Möhre und den Chinakohl darauf verteilen. Die Bambussprossen, Enokitake- oder andere Pilze, die Abalonepilze, das Wolkenohr oder die Austernpilze darauf legen und mit dem gebratenen Tofu abschließen. Die Saucenmischung darüber gießen.

◆ Den Topfinhalt auf mittlerer Stufe zum Kochen bringen. Den Topf mit einem Deckel verschließen, die Hitze auf niedrige Stufe reduzieren und etwa 20 Minuten langsam garen, bis sämtliches Gemüse weich ist. Dabei das Gemüse gelegentlich wenden.

◆ Die Frühlingszwiebeln unterheben, mit Salz und Pfeffer abschmecken und im Topf servieren.

Für 4–8 Personen

Norden

Shengbai Bocai

Pfannengerührter Spinat mit Knoblauch

Das chinesische Gemüseangebot umfasst mehrere Sorten Blattgemüse, die unserem Spinat ähnlich sind. »Qingcai« ist zarter Winterraps. »Een choi« ist Sommerspinat, der angeblich als gutes Heilmittel gegen Hitzewallungen eingesetzt wird. »Ong choi« ist Wasserspinat, der hohle Stiele und spitz zulaufende Blätter hat; im Norden wächst auch eine Sorte mit roten Blattspitzen, die »Rot im Schnee« genannt wird.

1½ EL Pflanzenöl

1 TL Sesamöl

3 große Knoblauchzehen, gehackt

375 g junger, zarter Spinat, Stiele entfernt

1 EL Austernsauce

1 EL helle Sojasauce

½ TL extrafeiner Zucker

◆ In einem Wok das Pflanzen- und das Sesamöl auf mittlerer Stufe erhitzen. Den Knoblauch darin 10 Sekunden rühren, bis er duftet. Den Spinat hinzufügen und etwa 1 Minute beständig mitrühren, bis sämtliche Blätter zusammengefallen sind. Die Austernsauce und den Zucker dazugeben und weitere 30 Sekunden pfannenrühren, damit sich die Aromen verbinden.

◆ Den Spinat auf einer vorgewärmten Platte anrichten und sofort servieren.

Für 4 Personen

Norden

Xianggu Roubing
Gefüllte schwarze Shiitake

Der Name dieses Gerichts bedeutet so viel wie »eine lange, glückliche Ehe«, darum ist es auch häufig Bestandteil eines Hochzeitsessens. Für eine vegetarische Variante des Rezepts kann man für die Füllung statt Garnelen und Schweinefleisch auch eine würzig-pikante Mischung aus püriertem Tofu oder Auberginenfleisch verwenden. »Vegetarische Austernsauce« wird in gut sortierten Asia-Läden angeboten.

12 getrocknete schwarze Shiitake (je 4 cm Durchmesser und etwa 45 g), 25 Minuten in 375 ml heißem Wasser eingeweicht

FÜR DIE FÜLLUNG

1 EL getrocknete Garnelen, 25 Minuten in 125 ml heißem Wasser eingeweicht

220 g Schweinelende, gehackt oder durchgedreht

1 großes Eiweiß

2 TL helle Sojasauce

1 TL Reiswein

½ TL frisch geriebener Ingwer

1 TL Maisstärke

½ TL extrafeiner Zucker

¼ TL Salz

125 ml Pflanzenöl

1½ EL Austernsauce

½ TL extrafeiner Zucker

1½ TL Maisstärke, aufgelöst in 1 EL Wasser

◆ Die Pilze abgießen, das Einweichwasser zurückbehalten. Die Pilze gut ausdrücken und die harten Stiele mit einem kleinen, scharfen Messer so dicht wie möglich an den Hüten abtrennen und wegwerfen. Die Hüte beiseite stellen.

◆ Für die Füllung die Garnelen abgießen, das Einweichwasser zurückbehalten. Die Garnelen in der Küchenmaschine zermahlen. Zwei Drittel des Schweinefleischs, das Eiweiß, die Sojasauce, den Reiswein, Ingwer, die Maisstärke, den Zucker und das Salz in die Küchenmaschine füllen und alles zu einer glatten Farce verarbeiten. Das restliche Fleisch hinzufügen und kurz einarbeiten, aber nicht mehr vollständig durchmixen.

◆ Aus der Farce mit den Händen 12 kleine Bällchen formen und je 1 Bällchen auf die Unterseite der Shiitake-Hüte setzen. Leicht andrücken und die Ränder begradigen.

◆ Das Öl in einem Wok auf mittlerer Stufe erhitzen. Sobald es heiß ist, die Pilze mit der Füllung nach unten vorsichtig einlegen und etwa 1 Minute braten, bis die Füllung goldbraun ist. Mit einem Schaumlöffel auf einen Teller heben. Das Öl weggießen.

◆ Das zurückbehaltene Einweichwasser der Pilze und Garnelen in den Wok einfüllen und die Austernsauce sowie den Zucker zugeben. Bei großer Hitze unter ständigem Rühren zum Kochen bringen. Die Pilze mit der Füllung nach oben wieder in den Wok setzen und bei mäßiger Hitze unbedeckt etwa 25 Minuten köcheln lassen, bis sie gar sind.

◆ Die Pilze mit dem Schaumlöffel auf eine Servierplatte heben. Die Sauce durch ein feines Sieb in einen kleinen Topf abseihen und auf großer Stufe zum Kochen bringen. Die Hitze etwas herunterstellen und die Sauce in etwa 7 Minuten auf 125 ml einkochen lassen. Die aufgelöste Stärke einrühren und eine weitere Minute rühren, bis die Sauce leicht eingedickt ist.

◆ Die Sauce über die angerichteten Pilze schöpfen und sofort servieren.

Für 4–6 Personen

Vegetarische Küche

Die Speisen auf dem vegetarischen Ernährungsplan der buddhistischen Tempelküche gleichen Kunstwerken. Die Anhänger dieser Küche, die nach buddhistischen Prinzipien entwickelt wurde, schätzen vor allem das kunstfertige Geschick und den subtilen Humor, mit dem Vegetarierköche die klassischen Fleischgerichte der chinesischen Küche imitieren. Die Kunst, die Farben und Formen, Aromen und Konsistenzen von Rind- und Schweinefleisch, Fisch und Geflügel nachzuahmen, ist kulinarische Artistik ersten Ranges. Führende chinesische Vegetarierköche, die zu Recht für ihr Können gerühmt werden, beherrschen das Handwerk der kulinarischen »Fälschungen« so perfekt, dass man ihrem Betrug nur durch die fehlenden Knochen auf die Schliche kommt.

Dass sich die vegetarische Küche in China zur Kunstform entwickelt hat, ist hauptsächlich zwei Lebensmittelgruppen zu verdanken. Ohne die vielfältigen Sojaprodukte hätte sich die fleischlose Küche vermutlich weit weniger kreativ entwickelt. Das Sortiment der Nebenprodukte der nährstoff- und proteinreichen Sojabohne ist beachtlich und erstaunlich vielseitig. Frische, getrocknete und geräucherte Tofuprodukte variieren in der Konsistenz von seidig weich und locker über gummiartig und kernig bis zu knackig und krümelig. Die Palette der Aromen reicht von geschmacksneutral über salzig und rauchig bis zum würzigen Duft und kräftigen Geschmack eines vollreifen Käses. Die feste, hauchdünne Tofuhaut liefert nicht nur nahrhafte Hüllen für leckere gebratene oder geschmorte Snacks, sondern verwandelt sich auch, geschickt gefaltet und Schicht für Schicht übereinander drapiert, in kunstvolle Fleischimitate.

Eine reichliche Auswahl an wilden und kultivierten Speisepilzen liefert einen ebenso bedeutenden »Werkstoff« der vegetarischen Küche. Die fleischigen schwarzen Shiitake nehmen sehr gut Gewürze und Aromen auf; Wolkenohren sorgen für einen knackigen Biss, Reisstroh- und Austernpilze liefern delikate Finesse, und Abalonepilze simulieren die zähe Festigkeit ihrer maritimen Namensvettern.

An den meisten touristischen Orten stehen dem Chinabesucher eine Auswahl vegetarischer Restaurants zur Verfügung. Am besten aber schmeckt die vegetarische Küche in den Speisesälen der buddhistischen Tempel, von denen viele zum Mittag- und Abendessen auch für die Öffentlichkeit geöffnet sind.

Norden

Ganshao Dongsun Meifenyu Toufa

»Meerjungfraulocken«

Alles an diesem Gericht ist ein Hochgenuss, von dem romantischen Namen – knackiges grünes Gemüse als Sinnbild für den Algenschopf einer Meerjungfrau – bis zu der wunderbaren Harmonie von Geschmack und Konsistenz. Seit ich denken kann, ist es eines meiner Lieblingsgerichte. Schon als junges Mädchen war ich bezaubert von der hauchzarten Leichtigkeit des Gemüses und den süßen gerösteten Walnüssen, die manchmal die würzig-pikanten »ganbei« ersetzen.

Knusprig gebratener Chinesischer Brokkoli (»gai lan«) ist eine schmackhafte Beilage zu gebratenem Huhn, gegrillten Schweinekoteletts, Entenbraten und Spanferkel. Als dekoratives i-Tüpfelchen kröne ich damit auch dicke Suppen und Eintopfgerichte.

»Ganbei« sind Tiefsee-Jakobsmuscheln, fernab der chinesischen Küste geerntet. Sie werden in runde Scheiben geschnitten und zu steinharten bernsteinfarbenen Kreisen getrocknet, deren Aroma so delikat ist, dass die Chinesen dafür mit Freuden Preise in astronomischer Höhe zahlen. Etwas kostengünstiger sind sie als kleine Chips.

1 gehäufter EL (15 g) getrocknete Jakobsmuscheln, 25 Minuten in 125 ml warmem Wasser eingeweicht (nach Belieben)

185 g Bambussprossen, längs geviertelt

1 EL helle Sojasauce

1 EL Mais- oder Tapiokastärke

3½ TL extrafeiner Zucker

Pflanzenöl zum Frittieren

280 g in Streifen geschnittener Chinesischer Brokkoli (Blätter aus 2 Bünden, etwa 750 g)

1½ TL Salz

◆ Die Jakobsmuscheln mit der Flüssigkeit in eine hitzebeständige Schüssel füllen und in einen Dämpfkorb setzen. In dem Dämpftopf Wasser zum Kochen bringen. Den Dämpfkorb einsetzen und das Muschelfleisch zugedeckt etwa 20 Minuten dämpfen, bis es so weich ist, dass es sich zerpflücken lässt. Die Muscheln herausheben und auf Raumtemperatur abkühlen lassen, dann das Fleisch zerpflücken. Gut abtropfen und auf Küchenpapier abtrocknen lassen.

◆ In einer flachen Schüssel die Bambussprossen mit der Sojasauce, Stärke und 1 Teelöffel des Zuckers vermengen und 10 Minuten marinieren. Die Bambussprossen abtropfen lassen und zum Abtrocknen auf Küchenpapier legen.

◆ In einem Wok 4½ cm hoch Öl einfüllen und auf 190 °C erhitzen (zur Probe einen Brotwürfel eintauchen, er sollte in wenigen Sekunden goldbraun werden). Die in Streifen geschnittenen Brokkoliblätter hineingeben und 1½–2 Minuten frittieren, bis sie leuchtend grün sind und im Öl rascheln. Vorsicht vor spritzendem Öl! Die Blätter mit einer Frittierkelle herausheben, kurz über dem Wok abtropfen lassen und in einen mit Küchenpapier ausgelegten Durchschlag geben.

◆ Das abgetrocknete Jakobsmuschelfleisch vorsichtig in das heiße Öl gleiten lassen und etwa 30 Sekunden frittieren, bis es knusprig ist. Mit der Frittierkelle zum Abtropfen auf Küchenpapier legen.

◆ Die Hitze auf mittlere Stufe herunterstellen, die Bambussprossen in das Öl geben und unter gelegentlichem Rühren etwa 2 Minuten frittieren, bis sie etwas Farbe angenommen haben und die Oberfläche stellenweise geröstet ist. Mit der Frittierkelle zum Abtropfen auf Küchenpapier heben.

◆ Zum Fertigstellen die frittierten Kohlblätter mit ¾ TL des Salzes und 1¼ Teelöffel des restlichen Zuckers bestreuen und kurz durchheben. Das Gemüse auf einer Servierplatte aufschichten. Die Bambussprossen mit dem restlichen Salz und Zucker würzen und dekorativ auf den Blättern arrangieren. Das knusprige Jakobsmuschelfleisch darüber verteilen und sofort servieren.

Für 6 Personen

Die Chinesen halten Blatt- und Kohlgemüse in großen Ehren, schon wegen des leuchtenden Grüns, das sie an die begehrte Jade erinnert.

GEMÜSE, EIERSPEISEN UND TOFU

Westen

Gong Bao Doufu

Paprikaschoten mit Tofu

Gerichte, die bei großer Hitze in scharfem Öl mit Chilis pfannengerührt werden, nennt man in Sichuan häufig »gong bao«.

2½ EL Pflanzenöl

90 g gewürfelte rote Paprikaschote

75 g gewürfelte grüne Paprikaschote

75 g gewürfelte gelbe Paprikaschote

75 g gehackte grüne Bohnen oder gewürfelte Brokkolistiele

Salz

150 g frischer, fester Tofu, in 1 cm große Würfel geschnitten

75 g Knopf- oder Reisstrohpilze aus der Dose, halbiert

40 g gewürfelte Bambussprossen oder Wasserkastanien

1 TL frisch geriebener Ingwer

2 EL helle Sojasauce

1½ EL Hoisin-Sauce

2 TL Maisstärke, aufgelöst in 125 ml kaltem Wasser

4 Frühlingszwiebeln (nur das Weiße), gehackt

1–2 TL Chiliöl oder 1 scharfe rote Chilischote, Samen entfernt und gehackt (nach Belieben)

Gemahlener Sichuanpfeffer oder weißer Pfeffer

◆ Das Öl in einem Wok auf großer Stufe erhitzen. Die Paprikawürfel und Bohnen oder Brokkolistiele hineingeben, etwas salzen und 1 Minute pfannenrühren, bis das Gemüse weich zu werden beginnt. Tofu, Pilze und Bambussprossen oder Wasserkastanien zugeben und kurz mitrühren. Mit dem Ingwer, der Soja- und Hoisin-Sauce würzen. Die Stärke zugießen und langsam 1½ Minuten weiterrühren, bis die Mischung leicht eingedickt ist.

◆ Die Frühlingszwiebeln und das Chiliöl oder die gehackte Chili untermengen und kurz erhitzen. Dabei den Tofu vorsichtig in der Mischung wenden. Mit Salz abschmecken.

◆ Auf einer vorgewärmten Platte anrichten, mit Pfeffer bestreuen und sofort servieren.

Für 4–6 Personen

Süden

Hao Zhi Jie Lan Cai

Blattkohl mit Austernsauce

Chinesisches Blattkohlgemüse mit seinen dunklen grünen Blättern ist wegen des hohen Gehalts an wertvollen Nährstoffen nicht nur sehr gesund, sondern auch ungemein lecker. Selbst in einem Dim-sum-Restaurant, wo die rollenden Servierwagen mit verführerischen Bergen von Teigbällchen, Dampfbrötchen und knusprig gebackenen Snacks locken, lasse ich immer etwas Platz für chinesischen Kohl. In einigen meiner Stammlokale wird das Gemüse direkt am Tisch auf den mobilen Gefährten gekocht und mit einer würzigen, duftenden Austernsauce serviert – eine perfekte geschmackliche Symbiose.

Chinesisches Kohlgemüse der Gattung »Brassica« bietet einzigartige Sorten. Ihr Geschmack und ihre angenehm bittere Note sind in der Regel ausgeprägter als bei herkömmlichen Kohlsorten, abgesehen vielleicht von dem besonders in Italien verbreiteten Stielmus.

1 Bund chinesischer Blattkohl, z.B. Chinesischer Brokkoli oder Pak-Choi (300 g)

500 ml Hühnerfond (siehe Seite 250) oder Wasser

1 TL Salz

1 EL Pflanzenöl

3½ EL Austernsauce

◆ Wenn Sie Chinesischen Brokkoli verwenden, die harten Stiele abtrennen und große, harte Blätter wegwerfen. Die Stiele quer halbieren. Verwenden Sie Pak-Choi, der weniger als 15 cm lang ist, die Wurzelansätze abschneiden und die Köpfe längs halbieren. Bei größeren Köpfen den Strunk entfernen, die Blätter voneinander trennen und die Stiele in 10 cm lange Stücke schneiden. Stiele und Blätter getrennt beiseite stellen.

◆ Den Fond oder das Wasser in einem Wok oder einem Topf zum Kochen bringen. Das Salz und das Öl einrühren. Den Kohl unbedeckt in der kochenden Flüssigkeit garen: Chinesischen Brokkoli etwa 2½ Minuten, sodass er noch Biss hat; halbierten kleinen Pak-Choi 1½ Minuten. Bei großem Pak-Choi zunächst die Stiele 2 Minuten kochen, dann die Blätter zugeben und weitere 20 Sekunden garen. Das Gemüse mit einer Küchenzange herausheben und auf einer Servierplatte anrichten. 1½ Esslöffel der Garflüssigkeit zurückbehalten, den Rest weggießen.

◆ Den Wok auf mittlerer Stufe erhitzen. Die zurückbehaltene Garflüssigkeit des Kohls und die Austernsauce hineingeben und bis knapp unter den Siedepunkt erhitzen. Die Sauce über das Gemüse träufeln und sofort servieren.

Für 4 Personen

Osten

Xierou Danguan

Krabbenomelett

Die Köche Fujians sind für die Leichtigkeit und Raffinesse ihrer Gerichte bekannt. Seafood ist in der Küche der Küstenprovinzen reichlich vertreten. Dieses Krabbenomelett ist eine einzige Freude für die Sinne.

FÜR DAS OMELETT

6 Eier

2 EL Wasser

1 TL Reiswein

1 TL helle Sojasauce

½ TL Salz

FÜR DIE SAUCE

60 ml Hühnerfond (siehe Seite 250) oder Wasser

1½ EL Austernsauce

½ TL Maisstärke

¼ TL extrafeiner Zucker

2 EL Pflanzenöl

½ TL Sesamöl (nach Belieben)

2 Frühlingszwiebeln (mit den hellgrünen Teilen), in feine Röllchen geschnitten, plus 1 EL in Röllchen geschnittene grüne Teile zum Garnieren

150 g Krabbenfleisch, zerpflückt

20 g frisch gehacktes Koriandergrün

◆ Für das Omelett die Eier in einer Schüssel grob verschlagen; dann rasch das Wasser, den Reiswein, die Sojasauce und das Salz unterschlagen, bis eine homogene Eimischung entstanden ist.

◆ Für die Sauce den Fond oder das Wasser in einer Schüssel mit der Austernsauce, der Maisstärke und dem Zucker verrühren. Beiseite stellen.

◆ Eine Omelettpfanne mit 22 cm Durchmesser auf mittlerer Stufe erhitzen. 1 Esslöffel des Pflanzenöls und nach Belieben das Sesamöl darin erhitzen, bis das Öl leicht flimmert. Die Frühlingszwiebeln hineingeben und etwa 30 Sekunden braten, bis sie teilweise zusammengefallen sind. Mit einem Schaumlöffel auf einen Teller heben.

◆ Die Pfanne auf großer Stufe erneut erhitzen. Sobald sie ganz heiß ist, die Eiermischung hineingießen und etwa 10 Sekunden garen, ohne zu rühren. Die gebratenen Frühlingszwiebeln, das Krabbenfleisch und das Koriandergrün gleichmäßig auf dem Ei verteilen. Bei immer noch großer Hitze 30 Sekunden weitergaren, bis die Eiermasse an der Unterseite gestockt ist, dann die Hitze auf mittlere Stufe reduzieren. Weitere 5 Minuten garen, bis das Omelett an der Unterseite fest und goldbraun und oben gestockt, aber noch weich ist.

◆ Das Omelett mit einem breiten Spatel wenden. Die Hitze etwas erhöhen und weitere 40 Sekunden backen, bis auch die andere Seite goldbraun ist. Die Pfanne vom Herd nehmen und das Omelett mit dem Spatel in Vierecke zerteilen. Die Omelettstücke auf einer vorgewärmten Platte anrichten.

◆ In einem kleinen Topf den restlichen Esslöffel Pflanzenöl erhitzen. Die Saucenmischung zugießen und aufkochen. Unter Rühren etwa 30 Sekunden kochen lassen, bis die Sauce leicht eingedickt ist.

◆ Die Sauce über die Omelettstücke gießen und mit den grünen Frühlingszwiebelröllchen garnieren. Sofort servieren.

Für 2–4 Personen

GEMÜSE, EIERSPEISEN UND TOFU

Süden

Zhi Jie Lancai Dan Xian Jiang

Brokkoli mit Eierfadensauce

Ausgewogenheit durch Kontrast ist eine viel gerühmte Stärke der chinesischen Küche. Dieses einfache Gemüsegericht mit zarten Eiweißbändern über knackigem jadegrünem Brokkoli ist ein perfektes Beispiel für diesen Grundsatz. »Eierfäden« findet man häufig in der südchinesischen Küche als preiswerte Ergänzung und Extradosis Protein für kostspielige Zutaten wie Haifischflossen und Krabbenfleisch.

2 EL Pflanzenöl
220 g Brokkoliröschen
1 TL frisch geriebener Ingwer
250 ml Wasser
1 TL Salz

FÜR DIE EIERFADENSAUCE
125 ml Hühnerfond (siehe Seite 250) oder Garflüssigkeit des Brokkolis
1 EL helle Sojasauce
1½ TL Maisstärke
2 TL Pflanzenöl
2 Eiweiß, gut verschlagen
Salz und frisch gemahlener weißer Pfeffer (nach Belieben)

◆ Das Öl in einem Wok auf großer Stufe erhitzen. Die Brokkoliröschen und den Ingwer darin 20 Sekunden pfannenrühren. Das Wasser zugießen, salzen und zugedeckt etwa 2 Minuten köcheln lassen, bis der Brokkoli gar, aber noch knackig ist. Mit einem Schaumlöffel auf eine vorgewärmte Platte heben und warm stellen. Von der Garflüssigkeit nach Belieben 125 Milliliter für die Sauce zurückbehalten.

◆ Für die Sauce in einer kleinen Schüssel den Fond oder das Brokkoliwasser, die Sojasauce und die Stärke verrühren. Das Öl in dem Wok kurz auf großer Stufe erhitzen. Die vorbereitete Mischung zugießen und etwa 1 Minute unter Rühren eindicken lassen. Von der Kochstelle ziehen. Die Eiweiße durch ein feines Sieb in die Sauce seihen, sie sollten feine Fäden ziehen. Mindestens 30 Sekunden nicht umrühren, damit das Ei in feinen Bändern stocken kann. Anschließend behutsam verrühren und nach Belieben mit Salz und weißem Pfeffer abrunden. Die heiße Eierfadensauce über den Brokkoli schöpfen und sofort servieren.

Für 4–6 Personen

Mit flinken Fingern

Die Chinesen hatten noch nie das Bedürfnis nach Messer und Gabel. Stattdessen wurden zwei schlanke Stäbchen – chinesisch *kuaizi*, »kleine, schnelle Jungs« – zum unverzichtbaren Tisch- und Küchenwerkzeug. Es gibt sie aus verschiedenem Material und mit vielfältigem Dekor, von den eleganten Stäbchen aus massivem Silber oder Jade für die ganz großen Anlässe über die robusten Elfenbeinpaare aus Guangxi bis zu den einfachen Plastik- oder Bambusstäbchen und den kunstvoll lackierten Exemplaren aus der Provinz Fujian. Archäologen förderten im Süden Chinas Stäbchen aus der Qin-Dynastie (221–207 v. Chr.) zutage, die zu jener Zeit noch viel länger waren als das heute weit verbreitete Standardmaß von 25 Zentimetern.

Kinder üben sich im Stäbchenessen, sobald sie die verlängerten Finger halten können. Dabei lernen sie sehr schnell, dass Flinkheit und Geschick ihnen die besten Stücke von dem Gemeinschaftsteller sichern. Die Etikette schreibt vor, dass man mit Stäbchen nicht in der Luft herumfuchtelt oder sie als Zeigestock missbraucht. Nach dem Essen legt man sie neben dem Reisschälchen ordentlich auf den Tisch. Ein altes chinesisches Sprichwort sagt: »Wenn du mit deinen Stäbchen an der Schüssel klapperst, bleibst du ewig arm und deine Nachkommen auch.«

GEMÜSE, EIERSPEISEN UND TOFU

Süden

Chao Niunai Xiaren Mifen

Pfannengerührte Milch mit Garnelen auf knusprigen Reisnudeln

Als ich das erste Mal zu einem Essen mit pfannengerührter Milch eingeladen wurde, glaubte ich, mich verhört zu haben. Milch wird in der chinesischen Küche fast nie verwendet, außer in muslimischen Gegenden, und dort auch nur in beschränktem Umfang. Püriertes Garnelenfleisch, luftig aufgeschlagenes Eiweiß und Maisstärke sorgen bei diesem Rezept für Substanz und Stabilität in der Milch, die beim Pfannenrühren einen samtenen, cremigen Schmelz entwickelt. Fein gewürfelter Schinken und Nüsse sind die körnigen Glanzpunkte. Einfach unwiderstehlich!

Milch hat vermutlich über die portugiesische Kolonie Macao an der Grenze zu Guangdong, wo es reichlich Vieh- und Milchwirtschaft gab, den Weg in die chinesische Küche gefunden. Bei den Tibetern, Muslimen und anderen Volksgruppen im Südwesten Yunnans und in den westlichen Landesteilen ist Milch, ob von Kühen, Ziegen, Yaks oder Büffeln, traditionell Bestandteil des Ernährungsplans. Ihr Käse ist meist salzig und bröckelig wie Feta oder aber milde und halbfest wie Haloumi. Yakmilch und die Butter daraus sind im äußersten Westen ein wichtiges Nahrungsmittel. Milch und Milchprodukte gehören zumindest in den größeren Städten mehr und mehr zum Warenangebot. So wird frische Milch neuerdings für Gerichte wie Kohl in Milchsauce mit Speck (siehe Seite 169) verwendet. Traditionell wird die cremige Konsistenz durch das Schlagen von Fond, Fett und Maisstärke erzielt.

FÜR DIE GARNELEN
150 g gewürfeltes Garnelenfleisch
1 TL Maisstärke
¼ TL Natron
¼ TL Salz
1 EL Wasser

40 g feine Reisnudeln (Rice-Vermicelli)
Pflanzenöl zum Frittieren
6 Eiweiß
1 EL Tapioka- oder Maisstärke
300 ml Milch
½ TL Salz
1 EL fein gewürfelter Schinken (nach Belieben)
2 TL Pinienkerne oder Cashewnüsse, geröstet und gehackt
Frische Korianderzweige oder fein geschnittene grüne Frühlingszwiebelröllchen

◆ Das Garnelenfleisch in einer kleinen Schüssel mit der Stärke, dem Natron, Salz und Wasser vermischen und 10 Minuten ruhen lassen.

◆ Die Reisnudeln grob zerbrechen oder auseinander zupfen. In einen Wok 4 cm hoch Öl einfüllen und auf 190 °C erhitzen (wenn eine eingetauchte Nudel sich sofort aufbläht und an die Oberfläche treibt, ist die Temperatur erreicht). Die Hälfte der Reisnudeln in das Öl geben und etwa 30 Sekunden frittieren, wenden und weitere 30 Sekunden frittieren – sie sollen weiß und knusprig sein. Die Nudeln mit einer Frittierkelle herausheben, über dem Wok kurz abtropfen lassen und auf einen mit Küchenpapier ausgelegten Teller legen. Die restlichen »Vermicelli« auf die gleiche Weise frittieren. Beiseite stellen. Das Öl in eine hitzebeständige Schüssel gießen und den Wok auswischen.

◆ In einer Schüssel die Eiweiße schaumig schlagen und die Tapioka- oder Maisstärke, die Milch und das Salz unterziehen. 1 Esslöffel des Frittieröls zurück in den Wok geben und auf großer Stufe erhitzen. Sobald sich das Öl sanft kräuselt, das Garnelenfleisch einlegen und 40–50 Sekunden pfannenrühren, bis es weiß und fest ist. Mit einem Schaumlöffel auf einen Teller heben.

◆ Den Wok ausspülen und abtrocknen. 3 Esslöffel des Frittieröls hineingeben und auf mittlerer Stufe erhitzen. Nach und nach die Milch-Eier-Mischung zugießen und etwa 1½ Minuten garen, bis sie leicht gestockt ist; dabei nur in einer Richtung langsam und gleichmäßig rühren. Das Garnelenfleisch und den Schinken, falls verwendet, hinzufügen und gleichmäßig vermengen.

◆ Die frittierten Reisnudeln grob zerbrechen und auf einer Platte ausbreiten. Das »Milchrührei« darauf verteilen und mit den Pinienkernen oder Cashewnüssen bestreuen. Mit den Korianderzweigen oder Frühlingszwiebelröllchen garnieren und servieren.

Für 2–4 Personen

Die chinesische Speisenfolge wechselt zwischen kräftig und mild gewürzten Gerichten und setzt salzige vor süße Speisen.

Auf dem Markt

Ein Besuch auf einem chinesischen Markt, mit seinem pulsierenden Gedränge, den verführerischen Gerüchen und der lärmenden Kakophonie, ist ein unvergessliches Erlebnis. Vieles über das Leben in Hongkong lernte ich durch meinen täglichen Beutezug über den Central Market oder die Märkte in Wanchai, wo ich fasziniert zuschaute, wie in Windeseile Fleisch entbeint, Geflügel gerupft und ausgenommen und quicklebendige Krabben durch kunstgerecht verknotete Schnüre in Zaum gehalten wurden. Tag für Tag kauerte eine alte Frau auf einem Schemel in einer Ecke hinter dem Zwiebelstand und schälte Knoblauch. Einmal erlebte ich, wie ein Händler einen Passanten mit wüsten Beschimpfungen überhäufte, als jener über seinen Käfig mit lebenden Fröschen stolperte und sich die Ware schleunigst »aus dem Staub machte«.

Bereits am frühen Morgen brummen Chinas Märkte vor Leben und Aktivität. Lastwagen, voll gepackt mit Gemüse, rollen an sowie massenhaft in Kisten, Kartons und Käfigen verstaute Waren – lebende Schlangen, Katzen, Hunde, Frösche, Schweine, Wachteln, Hühner und Enten. Überall herrscht aufgeregte Geschäftigkeit und fröhliches Geschnatter, während die Stände aufgebaut und die Ware ausgelegt wird – riesige Berge Kräuter und Früchte türmen sich, untadeliges Gemüse reiht sich zu ebenso makellosen Stapeln. Schließlich strömen die Käufer und Gastronomen herbei, und wenn die Händler dann mit rauer Stimme ihre Waren anpreisen, schwillt der Geräuschpegel noch um einiges an.

Fast jedes Dorf in China hat seinen eigenen Markt. Selbst wenn man nichts einzukaufen hat, ist ein Besuch der beste Weg, die regionalen Spezialitäten kennen zu lernen, den verschiedenen Dialekten und Akzenten zu lauschen und das Verhalten der Menschen, ihre Angewohnheiten und ihre Kleidung zu beobachten. Drei der größten Märkte in China schlagen mich ganz besonders in den Bann: Qing Ping in Guangzhou wegen seiner getrockneten Produkte; Chengdus Free Market wegen des Gemüses und seiner Süßwasserfische, die man nirgends im Land frischer bekommt; und der Central Market in Chongqing wegen seiner Berge von Bohnengelees und Tofu, die Seite an Seite mit bizarr geformten Pilzen, scharlachroten Paprikaschoten und dicken Knoblauchknollen in den Regalen warten.

Westen

Sichuan Yu Xiang Qui Zi
Auberginen nach Art von Sichuan

Die Sichuanesen beteuern, dass dieses beliebte Gericht am besten mit ungeschälten Auberginen – wegen der hübschen violetten Farbe – und händeweise Knoblauch gelingt. Erstaunlicherweise ist der Geschmack zwar kräftig, aber nicht aufdringlich. In Sichuan wachsen mehrere Knoblaucharten, die von den regionalen Köchen alle gleichermaßen eingesetzt werden. Der gewöhnliche chinesische Knoblauch bildet dichte rosa Knollen mit kleinen Zehen. Doch auch die scharfen, schlanken Halme des Schnittknoblauchs erfreuen sich immer größerer Beliebtheit sowie eine milde Varietät, die große, runde Knollen ausbildet.

4 schlanke (asiatische) Auberginen oder 1–2 runde Auberginen (etwa 500 g)

1 EL Salz

125 g grobes Schweinehackfleisch

1 EL scharfe Bohnensauce

250 ml Pflanzenöl

30 g gehackter Knoblauch

2 EL frisch geriebener Ingwer

2 EL helle Sojasauce

1 EL Hoisin-Sauce

1 TL schwarzer Essig (dunkler Reisessig)

¾ TL extrafeiner Zucker

2 TL Maisstärke, aufgelöst in 80 ml Hühnerfond (siehe Seite 250) oder Wasser

50 g gehackte Frühlingszwiebeln (mit den hellgrünen Teilen)

2 TL Sesamöl

½ TL Sichuanpfefferkörner, zerstoßen (nach Belieben)

1–2 EL frisch gehacktes Koriandergrün

◆ Wenn Sie lange, schlanke Auberginen verwenden, die Kelche abschneiden und das Fruchtfleisch in 5 cm lange, 2 cm breite und 6 mm dicke Streifen schneiden. Bei einer runden Sorte die geputzten Auberginen in 1 cm dicke Scheiben schneiden und diese halbieren. Die Auberginenstücke in ein Sieb oder einen Durchschlag (aus Metall) legen und mit dem Salz bestreuen. 30 Minuten einwirken lassen, damit ein Teil des bitteren Safts entzogen wird. Die Auberginen gründlich abspülen, abtropfen lassen und mit Küchenpapier trockentupfen.

◆ Das Schweinehackfleisch in einer Schüssel mit der scharfen Bohnensauce gründlich vermengen.

◆ In einem Wok das Pflanzenöl auf großer Stufe erhitzen, bis es an der Oberfläche flimmert. Die Auberginenstücke hineingeben und 1 Minute frittieren. Die Hitze etwas reduzieren und die Auberginen weitere 5–6 Minuten frittieren, bis sie goldbraun, aber noch in Form sind. Das Sieb oder den Durchschlag auf eine hitzebeständige Schüssel setzen und die Auberginen mit dem Öl hineingießen. Mindestens 30 Minuten bis zu 4 Stunden abtropfen lassen.

◆ Den Wok auf großer Stufe erhitzen und 1 Esslöffel des Frittieröls hineingeben. Das Hackfleisch, den Knoblauch und den Ingwer hinzufügen und 1½–2 Minuten pfannenrühren, bis das Fleisch leicht gebräunt ist. Die abgetropften Auberginen sowie die Sojasauce, Hoisin-Sauce, den schwarzen Essig und den Zucker zugeben und unter vorsichtigem Rühren 30 Sekunden weitergaren. Dabei dürfen die Auberginen ruhig etwas zerfallen. Die Stärkemischung zugießen und etwa 40 Sekunden langsam weiterrühren, bis die Sauce leicht eingedickt ist.

◆ Die Frühlingszwiebeln und das Sesamöl einrühren. Mit Salz abschmecken und auf einer vorgewärmten Platte anrichten. Mit dem Sichuanpfeffer und dem Koriandergrün garnieren und sofort servieren.

Für 4–6 Personen

Westen

Mapo Doufu

Tofu der »pockennarbigen Mutter«

Das pockennarbige Gesicht ist im Namen dieses berühmtesten Gerichts aus Sichuan unsterblich geworden. Es gehörte der Frau von Ch'en Fuchih, einem Koch, der in den späten Jahren des 19. Jahrhunderts in Chengdu ein kleines Restaurant betrieb.

5 cm getrocknetes Wolkenohr, 25 Minuten in heißem Wasser eingeweicht und abgetropft (nach Belieben)

2 EL Pflanzenöl

250 g Rinder- oder Schweinehackfleisch

1 EL frisch geriebener Ingwer

1 TL gehackter Knoblauch

2–4 TL scharfe Bohnensauce

2–4 TL dicke schwarze Bohnensauce oder zusätzliche scharfe Bohnensauce

1 EL Reiswein

250 ml Hühner- oder Schweinefond (siehe Seite 250, 251)

1½ EL Maisstärke, aufgelöst in 60 ml Wasser

500 g frischer Seidentofu, in 12 mm große Würfel geschnitten

45 g gehackte Frühlingszwiebeln (mit der Hälfte der grünen Teile)

Salz und gemahlener Sichuanpfeffer

◆ Holzige Stellen des Wolkenohrs, falls verwendet, entfernen. Den Pilz sehr fein hacken.

◆ Das Öl in einem Wok auf großer Stufe erhitzen. Das Wolkenohr und das Fleisch darin 1½–2 Minuten pfannenrühren, bis es leicht gebräunt ist. Den Ingwer, Knoblauch, die scharfe und schwarze Bohnensauce (oder zusätzliche scharfe Sauce) und den Reiswein zugeben und 20 Sekunden pfannenrühren. Den Fond zugießen, zum Kochen bringen und unter ständigem Rühren 3–4 Minuten köcheln lassen, damit sich die Aromen verbinden. Die Stärke zugießen und etwa 1 Minute langsam weiterrühren, bis die Sauce leicht eindickt. Vorsichtig den Tofu und die Frühlingszwiebeln unterheben und sanft erwärmen. Mit Salz abschmecken.

◆ In einer vorgewärmten Schüssel anrichten und großzügig mit Sichuanpfeffer bestreuen. Das Gericht sofort servieren.

Für 4–6 Personen

GEMÜSE, EIERSPEISEN UND TOFU

Norden

Chao Ludouya Ji

Bohnensprossen mit Hühnerbrust

Pedantische Köche scheuen keine Mühe, die Bohnensprossen in elegante »Silbersprossen« zu verwandeln. Dazu braucht man nur den Samen und das schlanke Wurzelende abzuknipsen, sodass lediglich der knackige, transparente Spross zurückbleibt. Das sieht nicht nur hübscher aus, sondern verleiht dem Gericht auch ein feineres Aroma.

250 g Bohnensprossen

90 g Hühnerbrust ohne Haut, in feine Streifen geschnitten

4 TL helle Sojasauce, plus Sojasauce zum Abschmecken

2 EL Pflanzen- oder Erdnussöl

1 Frühlingszwiebel (mit den hellgrünen Teilen), zunächst in 4 cm lange Stücke, dann in feine Streifen geschnitten

½ TL frisch geriebener Ingwer

1½ TL Maisstärke, aufgelöst in 80 ml Hühnerfond (siehe Seite 250) oder Wasser

◆ Die Bohnensprossen in einem Durchschlag in die Spüle stellen. Wasser in einem Kessel zum Kochen bringen und die Sprossen mit dem siedenden Wasser gleichmäßig überbrühen. Gut abtropfen lassen und zum Abschrecken für 1 Minute in einer Schüssel mit kaltem Wasser bedecken. Abtropfen lassen und beiseite stellen.

◆ In einer Schüssel die Hühnerfleischstreifen, 2 Teelöffel der Sojasauce und 2 Teelöffel des Öls vermengen und 10 Minuten marinieren lassen.

◆ Das verbliebene Öl in einem Wok auf großer Stufe erhitzen, bis es zu rauchen beginnt. Die Fleischstreifen hineingeben und etwa 40 Sekunden mit langen Holz- oder Metallstäben pfannenrühren (damit die Streifen nicht aneinander kleben), bis das Fleisch weiß und fast gar ist. Die Bohnensprossen, Frühlingszwiebel, den Ingwer und die verbliebenen 2 Teelöffel Sojasauce zufügen und bei immer noch großer Hitze weitere 30 Sekunden pfannenrühren, bis die Bohnensprossen weich und die Fleischstreifen fest sind.

◆ Die aufgelöste Stärke einrühren und 30–40 Sekunden unter langsamem Rühren köcheln lassen, bis die Sauce leicht eingedickt und klar ist. Mit Sojasauce abschmecken, in einer Schüssel anrichten und sofort servieren.

Für 4–6 Personen

Westen

Ji Youcai Xin

Chinakohl in Milchsauce mit Speck

Die Provinz Yunnan an Chinas Südwestgrenze ist berühmt für ihre spektakuläre Landschaft, die ethnische Vielfalt ihrer Bevölkerung und ihren Schinken, der angeblich mit den besten Sorten der Welt mithalten kann. Milch wird nur selten in der Küche verwendet, doch dieses Gericht ist eine einzige Sinfonie der Aromen und Texturen.

1 kleiner Chinakohl (375 g)

2 EL Pflanzenöl

50 g Speck, sehr fein gewürfelt

250 ml Hühnerfond (siehe Seite 250)

½ TL Hühnerfondpulver

FÜR DIE MILCHSAUCE

60 ml Milch

1 Eigelb (nach Belieben)

1½ TL Maisstärke

Salz und frisch gemahlener weißer Pfeffer

◆ Den Wurzelansatz des Kohls abschneiden und den Kohlkopf der Länge nach in 3½ cm breite Streifen schneiden. Beiseite stellen.

◆ Das Öl in einem Wok auf mittlerer Stufe erhitzen. Den Speck darin in etwa 1½ Minuten knusprig ausbraten. Mit einem Schaumlöffel herausheben und auf einen Teller legen. Beiseite stellen.

◆ Den Hühnerfond in das im Wok verbliebene Fett gießen und den Pulverfond einrühren. Gründlich verrühren, die Kohlstreifen zugeben und zugedeckt 1½–2½ Minuten auf großer Stufe kochen lassen, bis der Kohl weich, aber noch knackig ist. Mit einer Küchenzange auf eine Platte heben, die Garflüssigkeit im Wok belassen.

◆ Für die Sauce in einer Schüssel die Milch, das Eigelb, falls verwendet, die Stärke, Salz und Pfeffer verrühren. Die Mischung in den Wok gießen und bei mittlerer Hitze etwa 30 Sekunden langsam rühren, bis die Sauce leicht eingedickt ist. Wenn Sie Eigelb verwenden, die Sauce nicht aufkochen, da das Ei sonst gerinnt. Überschüssige Flüssigkeit von den Kohlstreifen, die sich auf der Platte gesammelt hat, unter die Sauce rühren und mit Salz und Pfeffer abschmecken. Die Sauce über den Kohl schöpfen, den Speck gleichmäßig darüber verteilen und sofort servieren.

Für 4–6 Personen

Gemüse-Schnitzkunst

Schon früh in der Ausbildung lernt ein chinesischer Koch die hohe Kunst der Garniturschnitzerei. Die ersten Gehversuche sind noch nicht besonders anspruchsvoll – einfache Blattformen aus Gurkenschale, Pinsel und Lockenschöpfe aus den Wurzelenden von Frühlingszwiebeln, aus Möhren geformte kleine Blüten oder Rosen aus der ineinander gewickelten Schale einer Fleischtomate. Bemerkt der Lehrer aber Anflüge eines künstlerischen Talents für diese anspruchsvollste aller kulinarischen Disziplinen, so ist der junge Koch Kandidat für eine Ausbildung des Obst- und Gemüseschnitzens. Diese kann – für uns unvorstellbar – bis zu zehn Jahre dauern, sichert dem erfolgreichen Absolventen aber eine lebenslange Anstellung in hochdekorierten Hotels oder Restaurants.

»Dem Auge schmeicheln, um den Gaumen anzuregen«, sagt ein altes chinesisches Sprichwort. Für Köche und Gäste ist der optische Reiz einer Speise der zweitwichtigste Faktor nach dem Geschmack. Selbst ein einfaches Wokgericht gelangt nicht auf den Tisch, ohne zuvor mit einem Zweig Koriandergrün, filigranen Mustern und Formen aus Gurke oder Möhre, mit einer Rettichblume oder einer aufgehenden Tomatenrose, auf Petersilie gesetzt, oder mit aufgestreuten Frühlingszwiebelröllchen optisch geadelt zu werden.

Westen

Rang Zhurou Doufu
Gefüllte Tofuwürfel

Tofu gilt keineswegs als zu armselig oder dürftig, um nicht auch bei einem Festessen aufzutreten. Gefüllter Tofu, umgeben von pochiertem chinesischem Kohl, trägt immerhin den verdienstvollen Namen »der bereicherte Millionär«. Der eher geschmacksneutrale Sojabohnenquark hat neben seinem hohen Gehalt an pflanzlichem Eiweiß viele Eigenschaften, die die Chinesen sehr schätzen. Der feinste Tofu hat eine wunderbar seidige Konsistenz und nimmt andere Aromen, ob süß oder salzig, scharf oder sauer, hervorragend auf.

Das Schweinefleisch für die Füllung lässt sich bei diesem Rezept auch durch Huhn, Garnelen oder Fisch ersetzen. Für eine vegetarische Variante eignet sich eine Mischung aus 185 Gramm gekochter, pürierter Taroknolle und zwei bis drei getrockneten schwarzen Shiitake, die man einweicht und anschließend fein hackt. Bei anderen Versionen von gefülltem Tofu wird verschiedenes Gemüse oder Fleisch in hauchdünne Tofuhaut eingeschlagen und zu daumengroßen Röllchen geformt, die man in Bambuskörben dämpft oder in einer kräftigen Hühnerbrühe gart.

125 g grob gehacktes mageres Schweine-, Rindfleisch oder Huhn

1½ EL gehackte Wasserkastanien oder Jicama

2 TL gehackte Frühlingszwiebeln (nur das Weiße)

1 TL helle Sojasauce

½ TL Salz

¼ TL gemahlener weißer Pfeffer (nach Belieben)

500 g frischer Seidentofu

2 EL Tapioka- oder Maisstärke

Pflanzenöl zum Frittieren

FÜR DIE SAUCE

1 EL Pflanzen- oder Erdnussöl

2 TL gesalzene schwarze Bohnen, abgespült und abgetropft

1 TL gehackter Knoblauch

1–2 TL fein gehackte scharfe rote Chilischote, Samen zuvor entfernt

1½ EL helle Sojasauce

1 TL extrafeiner Zucker

2 TL Tapioka- oder Maisstärke, aufgelöst in 180 ml Hühnerfond (siehe Seite 250) oder Wasser

1 EL feine Frühlingszwiebelröllchen oder frisch gehacktes Koriandergrün

◆ Das Fleisch im Mixer zu einer glatten Paste verarbeiten. Die Wasserkastanien oder Jicama und die Frühlingszwiebeln zugeben und nochmals kurz mixen, um die Zutaten zu vermengen. Die Sojasauce, das Salz und den Pfeffer, falls verwendet, hinzufügen und alles zu einer nahezu homogenen Farce mixen.

◆ Den Seidentofu in 12 gleich große Würfel mit etwa 3½ cm Kantenlänge schneiden. Mit einem Teelöffel aus der Mitte jedes Würfels so viel Tofu herausheben, dass eine runde Mulde entsteht, nicht tiefer als ein Drittel der Würfelhöhe. Die Mulden leicht mit etwas Stärke ausstreuen.

◆ In jede Mulde etwas von der Füllung setzen, sanft andrücken und mit Stärke bestreuen. Wenn es die Zeit erlaubt, zugedeckt für 1 Stunde in den Kühlschrank stellen, damit die Füllung etwas fester wird und sich beim Garen nicht so leicht löst.

◆ Das Öl gut 1 cm hoch in eine große, flache Pfanne einfüllen und auf mittlerer Stufe erhitzen. Sobald es heiß ist, die Tofuwürfel mit der Füllung nach unten einlegen und in etwa 5 Minuten goldbraun braten. Wenden und weitere 2½ Minuten braten, bis auch die andere Seite goldbraun ist.

◆ Inzwischen die Sauce zubereiten: In einem Wok oder einem kleinen Topf das Öl auf mittlerer Stufe erhitzen. Sobald es heiß ist, die schwarzen Bohnen, den Knoblauch und die Chilischote hineingeben und etwa 40 Sekunden braten, bis die Zutaten aromatisch duften. Die Sojasauce und den Zucker hinzufügen und ganz kurz mitgaren, dann zügig die aufgelöste Stärke zugießen und etwa 40 Sekunden langsam rühren, bis die Sauce leicht eingedickt ist. Beiseite stellen.

◆ Die gebratenen Tofuwürfel mit der Füllung nach oben nebeneinander auf einer vorgewärmten Platte anrichten. Die Sauce, falls nötig, nochmals erhitzen und über den Tofu träufeln. Mit den Frühlingszwiebelröllchen oder dem Koriandergrün garnieren und sofort servieren.

Für 4–6 Personen

Um die Mittagszeit kündigt ein Konzert von Fahrradklingeln die Ankunft mobiler Straßenstände an.

GEMÜSE, EIERSPEISEN UND TOFU

Norden

Mogu Youcai

Blattkohl mit Pilzen

Als ich das erste Mal den Duft von schwarzen Shiitake in einer klaren Brühe schnupperte, stand für mich sofort fest: An der chinesischen Küche führt kein Weg vorbei.

FÜR DIE PILZE

12 getrocknete schwarze Shiitake, 25 Minuten in heißem Wasser eingeweicht

250 ml Wasser

1 EL helle Sojasauce

½ TL extrafeiner Zucker

1 TL Maisstärke, aufgelöst in 1 EL Wasser oder Hühnerfond (siehe Seite 250)

1 EL Austernsauce

FÜR DEN BLATTKOHL

300 g kleiner, zarter chinesischer Blattkohl, z.B. Baby-Pak-Choi oder Pak-Choi Shanghai

3 EL Pflanzen- oder Erdnussöl

1 TL Salz

◆ Die Pilze abtropfen lassen, etwaige harte Stiele entfernen. Die Hüte mit dem Wasser, der Sojasauce und dem Zucker in einem Topf vermischen. Bei mittlerer Hitze zum Kochen bringen, unbedeckt 20 Minuten köcheln lassen, bis die Pilze ganz weich sind und ein Großteil der Flüssigkeit verdampft ist.

◆ Die aufgelöste Stärke und die Austernsauce zugeben und etwa 1 Minute unter langsamem Rühren kochen lassen, bis die Sauce leicht eingedickt ist. Von der Kochstelle nehmen und warm stellen.

◆ Für den Blattkohl in einen Wok 5 cm hoch Wasser einfüllen und auf großer Stufe zum Kochen bringen. Die Kohlblätter einlegen und etwa 2½ Minuten garen. Gut abtropfen lassen und für 1 Minute in einer Schüssel mit kaltem Wasser bedecken; so bleibt der Kohl knackig und behält seine leuchtende Farbe. Anschließend abtropfen lassen.

◆ Den Wok auswischen, das Öl und das Salz hineingeben und auf großer Stufe erhitzen. Die Kohlblätter darin etwa 30 Sekunden rühren und wenden, bis sie gleichmäßig mit dem Öl überglänzt sind.

◆ Den Kohl mit einer Küchenzange herausheben und rund um den Rand einer Servierplatte arrangieren. Die Pilze mit ihrer Sauce in der Mitte anrichten und sofort servieren.

Für 4–6 Personen

Süden

Feicui La Doufu

Pikantes Rührei mit Tofu

Ich überrasche Gäste zum Frühstück gerne mit diesem Rührei, zu dem Toast gut passt. Noch besser schmeckt es allerdings mit Teigfladen, gefüllt mit Frühlingszwiebeln (siehe Seite 203). In China wird dieses Gericht nicht zum Frühstück serviert. Dort beginnt der Tag mit einer Schale Hirse- oder Reissuppe und einer Doughnut-Stange.

4 ganze Eier, plus 3 Eiweiß

1 EL Maisstärke

1½ EL Pflanzenöl

75 g fein gehackte gelbe Zwiebel

75 g fein gehackte rote Paprikaschote, Samen vorher entfernt

40 g fein gehackter Bleichsellerie oder Zucchini

½ TL Salz, plus Salz zum Abschmecken

2 TL fein gehackte grüne Chilischote, Samen vorher entfernt (nach Belieben)

2 TL gehackter Knoblauch

2 TL helle Sojasauce

½ TL scharfe Bohnensauce

300 g frischer Seidentofu, fein gewürfelt

2 EL frisch gehacktes Koriandergrün

Frisch gemahlener weißer Pfeffer (nach Belieben)

◆ In einer Schüssel die ganzen Eier, die Eiweiße und die Stärke verschlagen und beiseite stellen.

◆ Das Öl in einem Wok auf mittlerer Stufe erhitzen. Zwiebel, Paprika, Sellerie oder Zucchini und ½ Teelöffel Salz darin 1½–2 Minuten pfannenrühren, sodass das Gemüse noch Biss hat. Chili, Knoblauch, die Sojasauce und die scharfe Bohnensauce zugeben und kurz weiterrühren. Die Eiermischung zugießen und 15 Sekunden garen, ohne zu rühren. Bei leicht reduzierter Hitze etwa 1 Minute langsam rühren, bis die Eier zu stocken beginnen. Den Tofu und das Koriandergrün zugeben, mit Salz und nach Belieben mit Pfeffer würzen. Weitere 1½–2 Minuten behutsam pfannenrühren, bis das Ei gestockt, aber noch weich und der Tofu durch und durch warm ist.

◆ Auf einer vorgewärmten Platte anrichten und sofort servieren.

Für 4 Personen

172 GEMÜSE, EIERSPEISEN UND TOFU

NUDELN, REIS UND BROT

Unzählige Nudelsorten, luftig leichte Dampfbrötchen und Klebreis bilden die Grundlage vieler chinesischer Gerichte.

Nudeln geben immer wieder Anlass zu hitzigen Debatten, aus denen vermutlich nie ein Sieger hervorgehen wird. Stammt Pasta nun ursprünglich aus China oder ist sie eine italienische Errungenschaft? Berufene Gastrosophen erklären wortreich, dass Marco Polo die Nudel im Gepäck hatte, als er im 13. Jahrhundert nach seinen ausgedehnten Reisen in China wieder den Boden seiner Heimat betrat. Die Opposition hält dem unbeirrbar entgegen, dass Pasta im Süden Italiens bereits lange zuvor bekannt war. Egal! Die Italiener lieben ihre Pasta und die Chinesen ihre Nudeln; kein noch so stichhaltiges Argument wird das jemals ändern.

Ich gestehe freimütig, dass ich süchtig nach Nudeln bin. Ich kann nicht lange ohne sie leben. Immerhin beruhigend zu wissen, dass ich mit meiner Obsession nicht allein dastehe. Nudeln sind auf dem alltäglichen Speisezettel der meisten Chinesen ein Hauptposten, ob als vollwertige Mahlzeit, in Suppen oder »Claypots« oder als kleiner Snack zwischendurch – wann immer der Hunger zuschlägt.

Die Essgewohnheiten der Bewohner eines Landes hängen von den geographischen und klimatischen Gegebenheiten ab. Auf den ausgedehnten landwirtschaftlichen Nutzflächen im Norden und im westlichen Zentralchina dominieren Weizen und andere trocken kultivierte Getreidearten. Im Südosten und in den Provinzen des Landesinneren, von Guangdong bis zu dem ertragreichen Kulturland des Roten Beckens in Sichuan, gedeiht Reis auf großen bewässerten Feldern und überzieht Hügel und Schluchten mit seinem typischen Terrassenmuster.

Auch im Norden wird Reis in geringem Umfang für den regionalen Bedarf angebaut, doch anders als im Süden wird er nicht automatisch zu jeder Mahlzeit serviert. Stattdessen gibt es als Beilage häufig luftig lockere Dampfbrötchen oder knusprig gebackenes Fladenbrot und dünne Crêpes, die man mit würzigem Fleisch oder gebratener Ente füllt und aus der Hand isst. Das traditionelle Dampfbrot mit seinem weißen Teig von feiner, daunenzarter Struktur hat einen ganz besonderen Reiz. Die Bäcker wenden über Jahrtausende perfektionierte Techniken an, um die so geschätzte luftig lockere Beschaffenheit und gleichmäßige Körnung des Teiges zu erzielen.

Vorherige Doppelseite: Flache Weizennudeln, aufgestapelt zum Verkauf in Yunnan. **Oben:** Die berühmten Reisterrassen auf dem Drachenwirbel in der Nähe von Longsheng in Guangxi ziehen sich bis in 800 Meter Höhe hinauf. Die Terrassen wurden vor mehr als 700 Jahren angelegt. **Links:** Ein Koch bereitet pikante Teigrollen mit Frühlingszwiebeln für die mittägliche Stoßzeit vor. **Rechte Seite:** Auf dem Li hat das Kormoranfischen eine jahrhundertealte Tradition.

Die Formenvielfalt reicht von einfachen Bällchen über gewickelte Hörnchen bis zu Fadenbrötchen, bei denen dünne Teigbänder wie Wolle zu einem Knäuel gerollt werden. In einige Brotsorten werden würziger Yunnan-Schinken oder Würste eingebacken, eine Art Sandwich aus dem Ofen, das man gern zu Suppe isst. Manche auf der Backplatte (»griddle«) oder auch im Ofen gebackene Brote ähneln dem indischen Fladenbrot, eine clevere Entlehnung aus der muslimischen Backstube.

Die findigen Chinesen kennen beachtlich viele Verwendungszwecke für ihre Getreideerzeugnisse. Reis ist die Feldfrucht Nummer eins; sein Mehl ist in der Nudelindustrie, in der Brotbäckerei und für Süßspeisen unersetzlich. Auch Weizenmehl spielt in der Teigwarenherstellung eine wichtige Rolle. Hirse kommt neben Reis und Sorghum (Mohrenhirse) vor allem in der Weinkelterei zum Einsatz und wird im ländlichen Norden auch zu einem nahrhaften Brei verkocht, dem Gegenstück zur Frühstücksreissuppe, *zhou juk,* im Süden. Gerste und Weizen sind in der Bierbrauerei von Bedeutung und bei der Herstellung von Sojasauce und Würzpasten.

Nudeln sind eine lange Geschichte, wenn Sie das Wortspiel gestatten. In der chinesischen Symbolsprache stehen sie für ein langes Leben, vermutlich werden daher zum Neujahrsfest und zu anderen feierlichen Anlässen extralange Exemplare serviert.

Jede Region hat ihre eigenen Spezialitäten und Vorlieben. Im Norden werden Weizennudeln bevor-

Linke Seite: Ein Berg frischer Weizennudeln thront in einer Restaurantküche. **Ganz oben:** Muslimische Straßenhändler in Hohhot in der Inneren Mongolei verkaufen appetitliche, in Bambusblätter eingewickelte Snacks. **Oben:** Der Kunming-See in den Gärten des Sommerpalastes nahe Peking ist ein beliebtes Ziel für jedes Freizeitvergnügen. Drachen wurden vor mehr als 2 000 Jahren in China erfunden, der Schmetterling ist eine der meistverkauften Ausführungen. Geht der fliegende Drachen verloren, bringt es Unglück oder eine Krankheit.

NUDELN, REIS UND BROT 179

Unten: Qingdao am Gelben Meer ist von Tiefseebuchten umgeben, ein ideales Revier für die örtlichen Fischer. **Ganz unten:** Der Finanzdistrikt in Shanghai zieht sich am Huangpu entlang. Die Briten besetzten die Stadt im Jahre 1841. Während ihrer Zeit als Vertragshafen entstanden viele Gebäude im europäischen Stil. Der Glockenturm des British Customs House überragt noch heute das Viertel. **Rechte Seite:** In einem Restaurant in Chengdu wird als Beilage »Silberfaden«-Schneckenbrot und gewöhnliches Brot gedämpft.

zugt, im Süden isst man lieber Reisnudeln. Eiernudeln kennen dagegen keine territorialen Grenzen. Nudeln kommen weich oder knusprig auf den Teller, schwimmen in einer Suppe oder schlummern unter einer würzigen Sauce. Manchmal spielen sie die erste Geige bei einer Mahlzeit, dann wieder sind sie nur sättigende Statisten bei Fleisch- und Gemüsegerichten. Um viele populäre Nudelgerichte ranken sich Legenden und Geschichten über ihre Herkunft, etwa die berühmten »Über die Brücke«-Nudeln aus Yunnan, die klangvollen »Ameisen krabbeln auf einen Baum« oder die pikanten *dandan mian* – »Hausierer«-Nudeln aus Sichuan.

Nudeln gibt es in allen Formen – dick und dünn, rund und flach, einzeln und gebündelt, frisch und getrocknet, »natur« und mit Spinat oder getrockneten Garnelen aromatisiert. Die weißen Weizennudeln werden schlicht aus Wasser und Mehl hergestellt, während man Eiernudeln wie italienische Pasta aus Hartweizenmehl und ganzen Eiern macht, die dem Teig eine gelbliche Färbung und zusätzlichen Geschmack verleihen. Getrocknete Reisnudeln werden aus einem Reismehl-Wasser-Teig hergestellt, den man in die gewünschte Form presst oder ausrollt und zuschneidet. Frische Reisnudeln gibt es in verschiedenen Stärken und auch als Teigblätter für verschiedene Füllungen. Sie sind sehr empfindlich, garen schnell und verderben leicht; daher sollte man sie noch am selben Tag verbrauchen.

Sehr ansprechend, aber weit weniger bekannt sind Teigwaren aus Bohnenmehl, Buchweizen oder Wurzelgemüse, die besonders in Sichuan verbreitet sind. Sie werden aus zermahlenen Mungbohnen und anderen mit Stärke angereicherten Teigen hergestellt, zum Beispiel aus Süßkartoffeln, Yamsbohnen oder den stärkereichen Kudzubohnen. Verpackt erinnern sie an milchiges Plastik. Gekocht haben sie einen angenehm festen und doch zarten Biss und passen hervorragend zu den kräftigen, vitalen Saucen Sichuans.

Im Süden Chinas ist eine Mahlzeit ohne eine Schüssel Reis keine Mahlzeit. *Women zhongwu yiban chi mifan he shucai* (wir sollen kein einziges Reiskorn vergeuden) ist eine grundsätzliche Lebensweisheit, die auch auf dem Esstisch Gültigkeit hat. Es gilt als Beleidigung des Gastgebers, Reis in der Schüssel zurückzulassen. Meist wird Reis »natur« – das heißt nach der Absorptionsmethode gedämpft – mit Stäbchen aus kleinen Schalen gegessen. Die anderen Speisen schöpft man in kleinen Portionen darüber, sodass man mit jedem Bissen auch etwas Reis essen kann. Bei einem Festessen verstößt es jedoch gegen die Regel, Reis zum Hauptgang zu servieren. Stattdessen wird er etwas später zusammen mit Nudeln aufgetragen, um »die Lücken zu füllen« und sicherzustellen, dass die Gäste auch wirklich satt werden.

Reis kann ein Essen im Hintergrund begleiten oder selbst zur Hauptattraktion aufrücken. Gebratener Reis mit dicken Fleischstücken, Zwiebeln und Bohnensprossen; Hühnertopf mit Reis und Taro oder *lap-cheong*-Würsten; gedämpfter weißer Reis, gekrönt mit einem gegrillten Schweinekotelett und einem Spiegelei oder mit Scheiben von rotem Schweinebraten und ein paar Tropfen Austernsauce – für Millionen Chinesen sind dies beliebte und jeden Tag wiederkehrende Snack-Mahlzeiten.

Snacks sind ein wesentliches Stück chinesischer Lebensart. Egal, wo man geht und steht, überall lockt eine reiche Auswahl an leckeren Häppchen, darunter viele aus Nudeln, Reis oder Brot. Ob auf Märkten oder in den übervölkerten Fußgängerzonen, allerorts säumen Imbissstände den Weg, wo rundliche, mit Fleisch gefüllte *baozi*-Dampfbrötchen oder süße *cha shao bao* mit Schweinefleisch in hoch aufgestapelten Bambuskörben gedämpft werden. Doughnut-Stangen und gefüllte Teigtaschen knuspern und brutzeln in siedendem Öl, Nudeln werden in riesigen schwarzen Wokpfannen energisch über fauchenden Flammen geschwenkt, und in einem großen Topf köchelt Frühstücksreissuppe still vor sich hin. Auf einem wackeligen Klappschemel hockend, sitzt man Schulter an Schulter mit hungrigen Arbeitern, Einkäufern und Touristen und genießt sein Essen, ganz ohne feierliches Zeremoniell, schlicht und fröhlich und auf die denkbar billigste und befriedigendste Art.

Linke Seite: Eine 120 Meter lange Holzbrücke führt über eine tiefe Schlucht nahe den heißen Quellen von Longsheng in Guangxi. **Oben:** Der vielseitige Bambus findet zahlreiche Verwendungszwecke. Hier dient er einer Frau zum Reisgaren über einem offenen Feuer.

NUDELN, REIS UND BROT

Süden

Gong Bao Ji Mifun

Pikante Hühnerstreifen mit Gemüse »auf einer Wolke«

Wenn feine Reisnudeln (Rice-Vermicelli) auf heißes Öl treffen, blähen sie sich sofort zu einem knusprigen weißen Knäuel auf, das so luftig leicht ist wie eine Kumuluswolke. Als Bett für andere Zutaten oder mit einer sämigen Sauce überzogen, sorgen sie für einen ansprechenden Kontrast der Konsistenzen. Feine Reisnudeln werden in flachen Bündeln, zu je vier oder fünf Stück verpackt, und manchmal auch als halb breite Reisnudeln (rice sticks) angeboten. Sie sind vielseitig einsetzbar, als Einlage in einer Suppe oder als Ersatz für Reis auf einem Snackteller mit gebratener Ente oder gegrilltem Schweinefleisch. Gebraten sorgen sie für Knusprigkeit und optischen Appeal. Und pfannengerührt mit eingelegtem Gemüse und Currygewürzen verwandeln sich Rice-Vermicelli in ein beliebtes Nudelgericht, das ursprünglich aus Singapur stammt und in Hongkong heute ein echter Schlager ist.

200 g Hühnerbrust, zunächst in sehr feine Scheiben, dann in 4 cm × 12 mm große Streifen geschnitten

1 TL Reiswein

1 TL Maisstärke

50 g feine Reisnudeln (Rice-Vermicelli)

Pflanzenöl zum Frittieren

375 ml Wasser

45 g grüne Bohnen oder Stangenbohnen, in Stücke geschnitten

60 g Möhren, in Scheiben geschnitten

60 g Wachskürbis, Luffa oder Gurke, gewürfelt

50 g kleine Brokkoli- oder Blumenkohlröschen

60 g rote Paprikaschote, in Streifen geschnitten

60 g Bleichsellerie, in Scheiben geschnitten

60 g Bambussprossen, in Scheiben geschnitten

20 g Schnittknoblauch, in Röllchen geschnitten

2 EL helle Sojasauce

2 TL dicke schwarze Bohnensauce oder Knoblauch-Chili-Sauce

1–2 EL süße Chilisauce (nach Belieben)

180 ml Hühnerfond (siehe Seite 250)

2 TL Maisstärke, aufgelöst in 1 EL Wasser

◆ In einer Schüssel die Hühnerbruststreifen mit dem Reiswein und der Stärke gründlich vermengen und beiseite stellen.

◆ Die feinen Reisnudeln etwas auseinander zupfen. Das Öl 4 cm hoch in einen Wok gießen und auf 190 °C erhitzen (die Temperatur ist erreicht, wenn eine eingetauchte Nudel sich sofort aufbläht und an die Oberfläche treibt). Die Hälfte der Reisnudeln in das Öl geben und von beiden Seiten in etwa 3 Sekunden weiß und knusprig frittieren. Die Nudeln mit einer Frittierkelle herausheben, über dem Wok kurz abtropfen lassen und auf einem mit Küchenpapier ausgelegten Teller beiseite stellen. Die restlichen Vermicelli auf die gleiche Weise frittieren.

◆ Das Öl in eine hitzebeständige Schüssel abgießen. Vorsichtig das Wasser in den Wok einfüllen und auf großer Stufe zum Kochen bringen. Die Bohnen und Möhren darin 1 Minute kochen lassen. Wachskürbis, Luffa oder Gurke und die Brokkoli- oder Blumenkohlröschen hinzufügen und eine weitere Minute garen. Das blanchierte Gemüse mit einem Schaumlöffel auf eine Platte heben. Das Wasser weggießen und den Wok trockenreiben.

◆ 2 Esslöffel des heißen Öls zurück in den Wok geben und auf großer Stufe erhitzen. Sobald das Öl heiß ist, die Hühnerbruststreifen darin etwa 40 Sekunden pfannenrühren, bis das Fleisch weiß ist. Mit einem Schaumlöffel auf einen Teller heben.

◆ Das blanchierte Gemüse, die Paprikastreifen, den Sellerie, die Bambussprossen und den Schnittknoblauch in den Wok geben und 30–40 Sekunden pfannenrühren, bis das Gemüse weich, aber noch knackig ist. Mit der Sojasauce, der schwarzen Bohnen- oder Knoblauch-Chili-Sauce würzen und weitere 10 Sekunden pfannenrühren. Nach Belieben etwas süße Chilisauce untermengen, den Fond zugießen und weitere 20 Sekunden rühren, damit sich die Aromen verbinden. Die aufgelöste Stärke zugeben und etwa 1 Minute behutsam weiterrühren, bis die Sauce leicht eingedickt ist.

◆ Das Fleisch im Wok kurz erwärmen. Die Reisnudeln auf einer Platte anrichten, die Hühnerbruststreifen und das Gemüse darüber schöpfen und sofort servieren.

Für 2–4 Personen

Speisen, die das Auge erfreuen, schmeicheln auch dem Magen.

NUDELN, REIS UND BROT

süden

Cha Shao Bao

Dampfbrötchen mit Schweinefleisch

Obwohl meine Tochter Isobel heute nur noch selten ihre Geburtsstadt Hongkong besucht, hat sie ihre Vorliebe für »yum cha« (die Teestunde) bewahrt. Sie hat gleich mehrere Lieblingssnacks, die sie jedes Mal bestellt, doch auf Platz eins ihrer Liste steht wohl »cha shao bao«. Der luftig lockere Teig und seine süßlich-salzige Füllung aus gebratenem Schweinefleisch bringen ihr sofort glückliche Momente ihrer Kindheit in Erinnerung: ein morgendlicher Ausflug im Winter mit der Zahnradtram hinauf auf den noch nebelverhangenen Peak, auf dem Schoß einen Karton frischer Dampfbrötchen mit Schweinefleisch, der ihre Knie wärmte. Oder ein Nachmittag in einem der großen Dim-sum-Restaurants in Hongkong, als sie mich inmitten Hunderter schwarzhaariger Chinesen fragte, warum ihr Haar eigentlich blond sei und nicht so schwarz wie das aller Menschen, die in Hongkong geboren wurden. »Yu jiao«, die die Kantonesen »wu gok« nennen, eine Hülle aus gebratener Taro um eine Füllung aus Garnelen, schwarzen Shiitake und Schweinefleisch, stehen ebenfalls weit oben auf ihrer Hitliste, genauso wie »xia shui jiao«, Schweinefleisch, getrocknete Garnelen und eingesalzene Rüben in einem Reisteigmantel.

Brot gehört im Norden genauso zu jeder chinesischen Mahlzeit wie Reis im Süden. Die ausgedehnten Kornfelder in den nördlichen Provinzen liefern den nötigen Weizen für die Nudeln und die vielen gebackenen, gebratenen oder gedämpften Brotsorten, die zu Hause, in den Restaurants oder am Straßenstand an der Ecke von früh bis spät serviert werden. Brot wird als Snack zwischendurch und als Beilage zu den Mahlzeiten gegessen. Da die meisten chinesischen Küchen traditionell keinen Ofen hatten, wurde das Brot entweder gedämpft oder auf gusseisernen Backplatten gegart. Hirschhornsalz, ein sehr wirksames Backtriebmittel, sorgt für die so geschätzte locker-luftige Struktur der chinesischen Dampfbrötchen. Es wird von den meisten Bäckern verwendet.

FÜR DEN VORTEIG
150 g Mehl
60 g extrafeiner Zucker
1½ TL Trockenhefe
180 ml lauwarmes Wasser

FÜR DIE FÜLLUNG
300 g rot gebratenes Schweinefleisch (siehe Seite 115), gewürfelt
1½ EL Hoisin-Sauce
1 EL Maisstärke, aufgelöst in 3 EL Wasser

FÜR DEN TEIG
230 g Mehl
2 TL Backpulver
1½ EL ausgelassener Speck oder Pflanzenöl (nach Belieben)
80 ml lauwarmes Wasser

◆ Für den Vorteig in einer Schüssel das Mehl, den Zucker und die Hefe vermengen. In die Mitte eine Mulde drücken. Das lauwarme Wasser in die Mulde gießen und mit einer Gabel gründlich verrühren. Mit Frischhaltefolie bedecken und an einem warmen Ort etwa 3 Stunden gehen lassen, bis der Vorteig Schaumbläschen wirft und sein Volumen sich verdoppelt hat.

◆ Für die Füllung in einem kleinen Topf das Schweinefleisch mit der Hoisin-Sauce und der Stärke bei mäßiger Hitze unter Rühren etwa 1 Minute langsam erwärmen, bis das Fleisch mit der Sauce überglänzt ist. Von der Kochstelle nehmen und abkühlen lassen.

◆ Für den Teig das Mehl und das Backpulver in eine Schüssel sieben und in die Mitte eine Mulde drücken. Den ausgelassenen Speck oder das Pflanzenöl, falls verwendet, den Vorteig und das lauwarme Wasser in die Mulde geben und sämtliche Zutaten mit den Händen zu einem glatten Teig verarbeiten. Auf einer leicht bemehlten Arbeitsfläche mit den Handballen zu einer 50 cm langen Rolle formen und in 20 Stücke von je 2½ cm Breite schneiden.

◆ Zum Formen der Brötchen ein Teigstück vorsichtig zu einer Kugel rollen und mit der Hand oder einem Wellholz zu einem 7½ cm großen Kreis flach drücken, dessen Ränder etwas dünner sind als die Mitte. 2½ Teelöffel Füllung in die Mitte setzen, die Teigränder darüber schlagen, zum Versiegeln ineinander verdrehen und fest zusammendrücken. Die restlichen Zutaten auf die gleiche Weise verarbeiten.

◆ Aus Backpapier 20 Quadrate mit 4 cm Kantenlänge ausschneiden und jeweils 1 Dampfbrötchen darauf setzen. Die Dampfbrötchen in 2 Bambusdämpfkörbe oder 2 metallene Dämpfeinsätze legen und 10 Minuten gehen lassen. Zwischen den Brötchen jeweils 2 cm Abstand lassen, weil sie beim Dämpfen aufgehen. Falls Sie keine 2 Bambuskörbe oder einen doppelstöckigen Dämpftopf haben, die Brötchen in 2 Durchgängen dämpfen.

◆ In dem Dämpftopf Wasser zum Kochen bringen. Die Dämpfkörbe einsetzen und die Brötchen zugedeckt etwa 8 Minuten dämpfen, bis sie schön aufgegangen und an der Oberfläche trocken sind. Sofort servieren.

Ergibt 20 Stück

Osten

Shanghai Mian

Shanghai-Nudeln

Die Temperaturen können im Norden Chinas in eisige Tiefen stürzen, doch im Sommer, wenn ein heißer, trockener Wind über die Hochebenen des Westens fegt, steigen sie zu brütender Hitze an. Dank seiner Lage als Hafenstadt an den dunklen Wassern des Huangpu, einem Nebenfluss des Jangtse, herrscht in Shanghai ein weniger extremes Klima. Dennoch ist die Küche dieser pulsierenden Metropole von körperreichen, wärmenden und Kraft spendenden Gerichten geprägt, die auf der Grundlage fülliger brauner Saucen zubereitet und oft kräftig mit weißem Pfeffer gewürzt werden.

Nudeln sind in Shanghai geradezu eine Lebensart; dabei gilt der Vorzug den dicken, weichen und von Hand gemachten Weizennudeln. Für einige Nudelprodukte werden auch ganze Eier oder Eigelbe nach einer uralten Formel verarbeitet, die – glaubt man Marco Polo, der im 13. Jahrhundert aus Italien anreiste – der Rezeptur der traditionellen italienischen Pasta erstaunlich ähnlich war. Ein einfacher Teig aus fein ausgemahlenem weißem Mehl und Wasser bildet die Grundlage für die zarten Nudeln, die die meisten Einwohner Shanghais bevorzugen.

60 ml dunkle Sojasauce

2 EL Austernsauce

1 EL extrafeiner Zucker

2 TL frisch geriebener Ingwer

220 g Schweinelende, in dünne Scheiben geschnitten

500 g frische dicke, runde Eiernudeln

375 ml Wasser

3 EL Pflanzen- oder Erdnussöl

4 Knoblauchzehen, in dünne Scheiben geschnitten

1 Frühlingszwiebel (mit den hellgrünen Teilen), zunächst in 5 cm lange Stücke, dann längs in feine Streifen geschnitten

¼ kleiner Chinakohl, hellgrüne und weiße Blätter separat in Streifen geschnitten (insgesamt 235 g)

2 TL Maisstärke, aufgelöst in 125 ml Hühnerfond (siehe Seite 250)

1 EL Sesamöl

Frisch gemahlener weißer Pfeffer

188 NUDELN, REIS UND BROT

◆ In einer großen Schüssel die Sojasauce, Austernsauce, den Zucker und den Ingwer verrühren, bis sich der Zucker vollständig gelöst hat. Das Schweinefleisch einlegen, gleichmäßig in der Mischung wenden und 10 Minuten marinieren lassen. Das Fleisch in einem Sieb abtropfen lassen, die Marinade in einer Schüssel auffangen. Fleisch und Marinade getrennt beiseite stellen.

◆ Einen großen Topf zur Hälfte mit Wasser füllen und zum Kochen bringen. Die Nudeln einlegen und erneut aufkochen. 250 Milliliter des Wassers zugießen und erneut zum Kochen bringen. Das restliche Wasser zugießen, aufkochen und die Nudeln 2–3 Minuten garen, sodass sie noch etwas Biss haben. In einen Durchschlag abgießen, mit heißem Wasser abspülen und gut abtropfen lassen.

◆ Das Öl in einem Wok auf großer Stufe erhitzen, bis es raucht. Das Fleisch darin etwa 40 Sekunden pfannenrühren, bis es etwas Farbe angenommen hat. Mit einem Schaumlöffel auf einen Teller heben.

◆ Bei immer noch großer Hitze die Hälfte des Knoblauchs, die Frühlingszwiebel und die weißen Chinakohlstreifen in den Wok füllen und etwa 30 Sekunden pfannenrühren, bis der Knoblauch und der Kohl weich zu werden beginnen. Das halb gegarte Schweinefleisch, die zurückbehaltene Marinade und die grünen Kohlstreifen hinzufügen und weitere 20 Sekunden pfannenrühren, bis der Kohl etwas zusammengefallen ist.

◆ Die Nudeln und die aufgelöste Stärke untermischen und auf großer Stufe etwa 40 Sekunden weiterrühren, bis die Nudeln gleichmäßig mit der Sauce überzogen sind. In einer großen Schüssel anrichten.

◆ Das Sesamöl in einem kleinen Topf auf mittlerer Stufe erhitzen, bis es raucht. Den restlichen Knoblauch hineingeben und 15 Sekunden rösten, bis er aromatisch duftet. Den Knoblauch und das Öl gleichmäßig über die Nudeln verteilen, großzügig mit weißem Pfeffer würzen und sofort servieren.

Für 4–8 Personen

Die Köche Shanghais verbinden klassische Gerichte aus Wuxi, Suzhou und Hangzhou zu einer eigenen authentischen Küche.

Frische Nudeln

Was wäre eine kulinarische Reise nach China für den echten Enthusiasten ohne eine Demonstration der Nudelherstellung? Einige führende Restaurants bieten dieses sehenswerte Schauspiel sogar als Touristenattraktion. Doch genauso kann man ganz unerwartet in jeder x-beliebigen Straße durch ein kleines Restaurantfenster einem Nudelmacher in ungestellter Szene bei seiner akrobatischen Arbeit zusehen: Eine rasante Abfolge beeindruckender Taschenspielertricks – Ziehen, Strecken und Werfen – verwandelt den unförmigen Teigkloß in ein Geflecht bleistiftdünner oder fadenfeiner Nudeln. Handgezogene Nudeln werden aus einem ganz einfachen Teig aus Weizenmehl und Wasser gefertigt. Dabei ist die Konsistenz besonders wichtig. Der Teig muss so weich sein, dass er sich ziehen lässt, er darf aber nicht reißen oder verklumpen.

Im Norden Chinas vertrauen viele Köche lieber auf ihre eigene Kunst, statt gekaufte Ware zu verarbeiten. Mit einem Nudelholz, dünn wie ein Besenstiel, wellen sie dünne Teigblätter aus, bevor sie ihr Allzweckbeil in gleichmäßige schmale Streifen zerteilt, die sofort in einen Kochtopf mit siedendem Wasser wandern.

NUDELN, REIS UND BROT

Osten

Taohua Fan Yu Xia

Frittierter Reis mit Meeresfrüchten in Tomaten-Knoblauch-Sauce

Ob wahr oder nicht – mir gefällt die göttliche Gerechtigkeit dieser Geschichte. Der Koch eines wohlhabenden Kaufmanns wurde mitten in der Nacht aus seinem Bett gezerrt, um für seinen Herrn, der betrunken, streitlustig und hungrig nach Hause kam, ein Essen zuzubereiten. Wütend rührte der Koch eine höllisch scharfe Chilisauce mit in der Küche gefundenen Resten zusammen und warf alten Reis vom Boden eines schmutzigen Topfs in heißes Öl. Das Zischen der Sauce über dem heißen Reis und ihre Würze gefielen dem Kaufmann so gut, dass er das Gericht zum Meisterwerk erklärte und den Koch reichlich belohnte.

375 g weißer Mittelkornreis

875 ml Wasser

75 g frische Erbsen

45 g Möhren, gewürfelt

2 EL Pflanzenöl, plus Öl zum Frittieren

2 TL Sesamöl

75 g gelbe Zwiebeln, gehackt

75 g Bleichsellerie, gewürfelt

40 g rote Paprikaschote, gewürfelt

40 g Bambussprossen, gewürfelt

1½ EL in feine Streifen geschnittener frischer Ingwer

1 kleine, scharfe rote oder grüne Chilischote, Samen entfernt und in Streifen geschnitten

1 TL zerdrückter Knoblauch

500 g gemischte Meeresfrüchte (Tintenfisch, Garnelen, Fischfilet und Jakobsmuscheln), küchenfertig vorbereitet und gewürfelt

80 ml Tomatenketchup

2 EL helle Sojasauce

1 EL Rotwein- oder Cidreessig

2 TL Knoblauch-Chili-Sauce

2 TL extrafeiner Zucker

1 EL Maisstärke, aufgelöst in 250 ml Hühner- oder Fischfond (siehe Seite 250)

Salz und frisch gemahlener weißer Pfeffer

2 EL grüne Frühlingszwiebelröllchen

◆ Den Reis einige Stunden im Voraus oder besser noch am Vortag vorbereiten: Den Reis und 625 Milliliter des Wassers in einem großen Topf mit schwerem Boden vermengen und zugedeckt rasch zum Kochen bringen. Die Hitze auf die niedrigste Stufe herunterstellen und den Reis zugedeckt etwa 12 Minuten quellen lassen, ohne den Deckel abzuheben. Den Topf vom Herd nehmen und den Reis fest verschlossen weitere 10 Minuten ziehen lassen.

◆ Den Ofen auf 100 °C vorheizen. Ein Backblech mit Öl bestreichen und den Reis gleichmäßig darauf ausbreiten. Das Blech in den Ofen schieben und den Reis einige Stunden oder über Nacht trocknen lassen.

◆ Das restliche Wasser im Wok auf großer Stufe zum Kochen bringen. Die Erbsen und Möhren hineingeben und in etwa 2½ Minuten bissfest garen. In ein Sieb abgießen, abtropfen lassen und auf einem großen Teller beiseite stellen.

◆ In dem Wok die 2 Esslöffel Pflanzenöl und das Sesamöl auf großer Stufe erhitzen. Sobald es heiß ist, die Zwiebeln, den Sellerie, die Paprikaschote, die Bambussprossen, den Ingwer, die Chilischote und den Knoblauch zugeben und etwa 1 Minute pfannenrühren. Mit einem Schaumlöffel herausheben und zu dem anderen Gemüse auf den Teller legen.

◆ Den Wok auf großer Stufe wieder erhitzen. Sobald das Öl heiß ist, die gemischten Meeresfrüchte einlegen und 1–1½ Minuten pfannenrühren, bis sie gerade fest geworden sind. Sämtliches Gemüse zurück in den Wok geben, den Ketchup, die Sojasauce, den Essig, die Knoblauch-Chili-Sauce und den Zucker hinzufügen und 30 Sekunden pfannenrühren. Die aufgelöste Stärke zugießen und 1½ Minuten langsam rühren, bis die Sauce leicht eingedickt ist. Mit Salz und Pfeffer abschmecken. Vom Herd nehmen und warm stellen.

◆ Das Öl zum Frittieren 5 cm hoch in einen anderen Wok oder einen hohen Topf mit schwerem Boden gießen und auf 190 °C erhitzen (die Temperatur ist erreicht, wenn ein getrockneter Reiskrümel darin sofort zu zischen beginnt). Den Reis in 10 cm große Quadrate brechen. Die Reisstücke in das heiße Öl gleiten lassen und in etwa 1½ Minuten goldgelb und knusprig ausbacken. Mit einem Schaumlöffel herausheben und über dem Topf kurz abtropfen lassen.

◆ Den frittierten Reis in einer große Schüssel anrichten. Die heißen Meeresfrüchte mit ihrer Sauce und dem Gemüse in eine weitere Schüssel füllen, die Frühlingszwiebelröllchen in einer kleinen Schale anrichten. Am Tisch die Meeresfrüchte über den Reis schöpfen und mit den Frühlingszwiebelröllchen bestreuen.

Für 4–6 Personen

Westen

Dandan Mian

Pikante Sesamnudeln

Eine nussige Sauce aus Sesampaste krönt diese Nudeln, die man im Winter warm, im Sommer kalt serviert.

250 ml Pflanzen- oder Erdnussöl

60 g rohe Erdnusskerne, Salz

220 g frische Weizenbandnudeln

FÜR DIE SAUCE

75 g Sesampaste

60 ml Pflanzenöl

2 EL Chiliöl oder 2–3 EL süße Chilisauce

2 EL Sesamöl

2 EL helle Sojasauce

1 TL Salz, bei Bedarf mehr

125 ml heißes Wasser

45 g gehackte Frühlingszwiebeln (mit den hellgrünen Teilen)

1 scharfe rote Chilischote, Samen entfernt und gehackt

◆ Das Öl in einem Wok auf großer Stufe erhitzen, bis es fast raucht. Die Erdnusskerne einstreuen und in etwa 1 Minute unter ständigem Rühren goldgelb frittieren. Mit einem Schaumlöffel auf ein Küchenbrett heben und etwas abkühlen lassen. Die Erdnüsse mit einem Küchenbeil oder einem schweren Messer fein hacken oder im Mixer fein zermahlen.

◆ Einen Topf zu drei Vierteln mit Wasser füllen, dieses leicht salzen und zum Kochen bringen. Die Nudeln hineingleiten lassen und in 3½–4 Minuten bissfest kochen. In einen Durchschlag abgießen und unter fließendem heißem Wasser abspülen. In der Spüle abtropfen lassen, während Sie die Sauce zubereiten.

◆ Für die Sauce in einer Schüssel die Sesampaste, das Pflanzenöl, das Chiliöl oder die süße Chilisauce, das Sesamöl, die Sojasauce, 1 Teelöffel Salz und das Wasser vermengen. Sorgfältig verrühren und bei Bedarf nachsalzen. Die Nudeln in eine Schüssel füllen, die Sauce zugießen und gründlich durchheben.

◆ Die Nudeln in einzelne Schalen verteilen und gleichmäßig mit den Erdnüssen und den Frühlingszwiebeln garnieren. Mit etwas gehackter Chilischote bestreuen und sofort servieren.

Für 4–6 Personen

Osten

Nou Mi Ji

Klebreis in Lotosblättern

Die pappige Konsistenz von gekochtem Glutenreis gibt ihm seinen populären Namen – »Klebreis«. Das rohe Korn ist heller und scheint weniger durch als bei gewöhnlichem Reis. Beim Garen kocht ein großer Teil der Stärke aus, sodass das Korn weich und klebrig wird. Glutenreis wird nur in Ausnahmen gedämpft als Beilage serviert. Häufiger verarbeitet man ihn mit Gewürzen und aromatischen Zutaten zu köstlichen Füllungen und pikanten Snacks. Gedämpfte Lotosblätter mit einer Füllung aus Klebreis und »acht Kostbarkeiten« – eine Mischung ungewöhnlicher Zutaten, darunter Ginkgonüsse, Rosinen, gewürfelter Schinken, Chinesische Datteln, getrocknete Garnelen und gewürfelte Wurst – sind zum Beispiel an Festtagen sehr beliebt. Die versiegelten Päckchen sorgen für spannungsvolle Erwartung, wenn sie mit Aplomb zu Tisch getragen werden. In einer kleineren Version gibt es sie auch als Dim-sum-Snack.

330 g Klebreis, 1 Stunde in kaltem Wasser eingeweicht

3 getrocknete schwarze Shiitake, 25 Minuten in heißem Wasser eingeweicht und abgetropft

2 chinesische Würste

40 g getrocknete Garnelen, 25 Minuten in heißem Wasser eingeweicht und abgetropft

150 g Hühnerkeulen ohne Knochen, in 1 cm große Würfel geschnitten

45 g rohe Erdnusskerne

2 Frühlingszwiebeln (mit den hellgrünen Teilen), gehackt

2½ EL helle Sojasauce

1½ EL Erdnuss- oder Pflanzenöl

4 getrocknete Lotosblätter, 1 Stunde in kaltem Wasser eingeweicht

◆ Den Reis in einen Durchschlag abgießen, abtropfen lassen und in eine hitzebeständige Schüssel geben. Einen Kessel mit 1 Liter Wasser füllen, zum Kochen bringen und den Reis gleichmäßig überbrühen. Abkühlen lassen.

◆ Die harten Stiele von den Pilzen entfernen, falls erforderlich, und die Hüte fein hacken.

◆ In einem Dämpftopf Wasser zum Kochen bringen. Die Würste auf einem hitzebeständigen Teller in den Dämpfkorb einsetzen. Zugedeckt etwa 5 Minuten dämpfen, bis die Würste weich und prall sind. Abkühlen lassen und in dünne Scheiben schneiden.

◆ Den Reis abtropfen lassen und zurück in die Schüssel geben. Die Pilze, Würste, Garnelen, Hühnerwürfel, Erdnüsse, Frühlingszwiebeln, Sojasauce und das Öl sorgfältig unter den Reis mischen, bis alle Zutaten gleichmäßig verteilt sind.

◆ Die Lotosblätter abgießen und trockentupfen. Sie sollten jetzt weich und elastisch sein. Jedes Blatt mit den Blattrippen nach innen in der Mitte zusammenfalten und mit einer Schere oder einem scharfen Messer die harten Stiele und Blattrippen abschneiden. Die Blätter mit dem ehemaligen Stielansatz nach vorn auf die Arbeitsfläche legen. Die vorbereitete Füllung zu gleichen Teilen in der Mitte der Blätter aufhäufen. Zunächst die seitlichen Ränder über die Füllung schlagen. Dann die Unterseite und zuletzt die obere Seite darüber falten, sodass die Füllung vollständig von den Blättern umhüllt ist. Die Lotospakete mit den gefalteten Seiten nach unten dicht, aber nicht zu fest aneinander in einen Dämpfkorb legen.

◆ In dem Dämpftopf Wasser zum Kochen bringen. Den Dämpfkorb einsetzen und die Lotospakete zugedeckt etwa 40 Minuten dämpfen. Gegebenenfalls zwischendurch die verdampfte Flüssigkeit durch kochendes Wasser ergänzen. Zur Garprobe ein Lotospaket öffnen; der Reis sollte weich und leicht durchsichtig sein.

◆ Die Lotospakete auf einer Platte oder direkt im Dämpfkorb servieren. Zum Öffnen der Pakete die Oberseite mit einer Schere oder einem kleinen scharfen Messer kreuzweise einschneiden.

Für 4 Personen

Westen

Mayi Shang Shu

»Ameisen krabbeln auf einen Baum«

Als ein chinesischer Poet Fleischkrümel auf einem Nudelstrang beobachtete, sah er Ameisen auf einem Ast krabbeln.

150 g Glasnudeln

Kochendes Wasser zum Einweichen

220 g mageres Schweinefleisch, grob gehackt

2 TL frisch geriebener Ingwer

1 EL helle Sojasauce

2 TL Reiswein (nach Belieben)

2 große getrocknete schwarze Shiitake, 25 Minuten in heißem Wasser eingeweicht

4 cm getrocknetes Wolkenohr, 25 Minuten in heißem Wasser eingeweicht

2½ EL Pflanzenöl

20 g sehr feine Frühlingszwiebelröllchen (mit den grünen Teilen)

2–2½ EL scharfe Bohnensauce

80 ml Wasser

Chiliöl (nach Belieben)

Gemahlener Sichuanpfeffer (nach Belieben)

◆ Die Nudeln in einer hitzebeständigen Schüssel mit dem kochenden Wasser bedecken und 10 Minuten weichen lassen. Abgießen und abtropfen lassen.

◆ Inzwischen das Schweinefleisch, den Ingwer, die Sojasauce und den Reiswein in einer Schüssel gründlich vermengen und 10 Minuten marinieren lassen.

◆ Die Shiitake und das Wolkenohr abtropfen lassen. Etwaige harte Stiele oder holzige Stellen entfernen. Die Pilze sehr fein hacken.

◆ Das Öl in einem Wok auf großer Stufe erhitzen. Das Fleisch und die Pilze darin etwa 1 Minute pfannenrühren, bis das Fleisch die Farbe wechselt. Die Frühlingszwiebeln, die scharfe Bohnensauce und das Wasser zugeben und bei immer noch großer Hitze 20 Sekunden weiterrühren. Die Hitze etwas reduzieren und etwa 3 Minuten unter Rühren weitergaren, bis sämtliche Flüssigkeit verdampft und das Fleisch gebräunt ist.

◆ Die abgetropften Glasnudeln und nach Belieben das Chiliöl und den Sichuanpfeffer untermischen und 1–2 Minuten weiterrühren, bis die Nudeln die Aromen aufgenommen haben. Auf einer vorgewärmten Platte anrichten und sofort servieren.

Für 3–4 Personen

NUDELN, REIS UND BROT

Reis

Reis, so die landläufige Annahme, ist der wichtigste Posten im chinesischen Ernährungsplan, dabei glänzt er bei Festessen verdächtig oft durch Abwesenheit. Wird er bei förmlichen Anlässen überhaupt serviert, meist nach dem Hauptgang, dann nur, um den Regeln des chinesischen Knigge Genüge zu tun. In den südlichen und zentralchinesischen Provinzen ist Reis jedoch tatsächlich für viele Hundertmillionen Menschen das »tägliche Brot«. Eine einfache Mahlzeit im Kreise der Familie oder im Restaurant wird immer von einer Schüssel mit einfachem weißem Reis begleitet, selbst wenn ein Nudelgericht Teil des Menüs ist.

Fan, das kohlenhydrathaltige, sättigende Element einer Mahlzeit, wird gewöhnlich in größeren Portionen serviert als *cai,* die proteinhaltige Gemüse- und Fleischration, die meist mit einer Sauce zubereitet und für den Geschmack zuständig ist.

Reis wird in China seit mehr als 3 000 Jahren angebaut. Stärkereiche Sorten werden bevorzugt, da sie sich leichter mit Stäbchen aufnehmen lassen. Einige ertragreiche Varietäten von weißem Langkornreis wie Javanica erfreuen sich bei den Reisbauern in den südlichen Provinzen und im zentralchinesischen Becken zunehmender Beliebtheit, während die weißen Kurz- und Mittelkornsorten in den nördlichen Anbaugebieten dominieren. Was nicht als Korn auf den Tisch kommt, wird zu feinem Mehl für Reisnudeln und feine Reisblätter zermahlen.

Weißer Reis wird zumeist nach der Absorptionsmethode zubereitet. Dabei wird der rohe Reis mit einer genau bemessenen Menge Wasser in einem fest verschlossenen Topf bei geringer Hitze gegart. Am Ende der Garzeit ist das Wasser vollständig absorbiert, die Reiskörner sind aufgequollen und kleben zusammen, sodass man sie problemlos mit Stäbchen aufnehmen kann.

Der sehr stärkereiche Klebreis verwandelt sich beim Garen in eine weiche, pappige Masse. Bei manchen pikanten Gerichten kommt er als »Füllstoff« zum Einsatz, meist aber wird er für Puddings und Desserts verwendet. Aus seinem Mehl entstehen weiche, elastische Teighüllen für würzige Füllungen und süße Dim-sum-Teigbällchen.

196 NUDELN, REIS UND BROT

Süden

Jing Ji Fan
Reistopf mit Hühnerkeulen

Meine erste Küche, die ich als Frischvermählte in Hongkong in Beschlag nahm, war typisch für ihre Zeit. Sie hatte eine tiefe, quadratische Porzellanspüle und eine gekachelte Arbeitsfläche, an der Wand einen gasbetriebenen Warmwasserbereiter und einige Haken für Töpfe, Pfannen und anderes Werkzeug. Auf der Arbeitsfläche stand ein zweiflammiger Gaskocher. Ich besorgte noch einen winzigen Kühlschrank, obwohl ich schon bald dazu überging, täglich frisch einzukaufen. Später leistete ich mir noch einen elektrischen Reiskocher. Vielleicht liegt es daran, dass ich in den jungen Jahren meiner Ehe keinen Ofen hatte, dass ich nicht zu einer passionierten Bäckerin geworden bin. Ich habe den Ofen damals nicht vermisst und benutze ihn auch heute nur selten. Einmal brachte mir meine »amah« (Haushälterin) einen wundervollen Apfelkuchen mit. Sie hatte den freien Tag mit einer Freundin verbracht, die als »amah« bei einer englischen Familie arbeitete und für ihre Herrschaft auch die Klassiker der britischen Küche erlernen musste. Ich selbst war glücklich, dass mich Ah Wei in die Geheimnisse der chinesischen Küche einweihte.

Wenn, wie man sagt, der Mangel die Mutter aller Erfindungen ist, so hat mich meine spärliche Küchenausstattung gelehrt, jedes nur erdenkliche Ein-Topf-Gericht zu kochen, das meine fröhliche »amah« kannte. Bei diesem Rezept ersetze ich die Hühnerkeulen häufig durch Schweinefleischbällchen. Wenn Sie keine Taro finden, können Sie ebenso gut Süßkartoffel oder Yam nehmen.

> *12 kleine getrocknete schwarze Shiitake, 15 Minuten in 250 ml heißem Wasser eingeweicht*
>
> *6 Hühnerkeulen (insgesamt etwa 1 kg)*
>
> *30 getrocknete Garnelen, 10 Minuten in heißem Wasser eingeweicht und abgetropft (nach Belieben)*
>
> *2½ cm frische Ingwerwurzel, geschält und grob gehackt*
>
> *2 EL helle Sojasauce*
>
> *1 TL Salz, bei Bedarf mehr*
>
> *1 l Wasser*
>
> *450 g weißer Mittelkornreis*
>
> *220 g geschälte Tarowürfel*
>
> *2 Frühlingszwiebeln (mit der Hälfte der hellgrünen Teile), in 2½ cm lange Stücke geschnitten*

◆ Die Shiitake abgießen; das Einweichwasser zurückbehalten. Etwaige harte Stiele entfernen.

◆ Die Hühnerkeulen abspülen, gut abtrocknen und in einen Topf legen. Das Pilzwasser durch ein feines Sieb über das Fleisch seihen. Die ganzen Pilze, die abgetropften Garnelen, den Ingwer, die Sojasauce und das Salz zugeben und mit dem Wasser auffüllen. Auf großer Stufe zum Kochen bringen, die Hitze auf mittlere Stufe reduzieren und unbedeckt etwa 25 Minuten sanft köcheln lassen, bis die Keulen halb gar sind.

◆ Von der Kochstelle nehmen und die Keulen und Pilze mit einem Schaumlöffel herausheben. Den Reis in einen großen, feuerfesten chinesischen Tontopf (Claypot) oder einen schweren Schmortopf füllen. Die Hühnerkeulen einlegen, die Pilze und Tarowürfel darüber verteilen und mit den Frühlingszwiebeln gleichmäßig bestreuen. Die Hühnerbrühe durch ein feines Sieb darüber seihen.

◆ Den Topfinhalt auf großer Stufe rasch zum Kochen bringen. Die Hitze auf ganz niedrige Stufe reduzieren und zugedeckt etwa 15 Minuten garen, bis der Reis die Flüssigkeit vollständig absorbiert hat und die Tarowürfel sowie das Fleisch weich sind.

◆ Von der Kochstelle nehmen und direkt im Topf servieren. Oder die Hühnerkeulen vorsichtig herausnehmen, den Reis mit den Tarowürfeln gleichmäßig vermischen und in einer Schüssel anrichten. Die Keulen dekorativ darauf arrangieren und servieren.

Für 6 Personen

Norden

Ya Mian Tang

Entensuppe mit Nudeln

Wenn bei Ihnen ein chinesischer Bratenshop in der Nähe ist, könnte dieses Rezept zum Dauerbrenner in Ihrer Küche werden. Diese duftende Suppe ist allemal schon köstlich, doch noch besser gelingt sie aus dem Hals und den Knochen einer gebratenen Ente – eine halbe Ente reicht vollkommen. Zuvor wird natürlich das Fleisch sorgfältig abgelöst und als Einlage für die spätere Suppe zurückgelegt. Gekocht wird die Brühe genauso wie aus rohen Entenknochen, nur dass sich die Garzeit um 20 Minuten verkürzt.

FÜR DIE SUPPE

1 kg rohe Entenkarkassen und -hälse

Kochendes Wasser

4 cm frische Ingwerwurzel, in Stücke geschnitten

2 Sternanis, in Segmente zerteilt

1–2 Stück Cassiarinde (je 2½ cm groß) oder 1 kleine Zimtstange

3–4 EL helle Sojasauce

8 große getrocknete schwarze Shiitake, 5–6 Minuten in kaltem Wasser eingeweicht und abgetropft

1 EL Reiswein

½ TL Salz, plus Salz zum Abschmecken

FÜR DIE ENTE

2 TL Honig

2 TL dunkle Sojasauce

½ TL Fünf-Gewürze-Pulver

1 Entenbrust oder -keule ohne Knochen, aber mit Haut (185–220 g)

Salz

220 g frische dünne Weizennudeln oder Eiernudeln

1–2 Frühlingszwiebeln (nur die grünen Teile), in feine Röllchen geschnitten

12 kleine Zweige frisches Koriandergrün

◆ Für die Suppe, wenn nötig, die Karkassen und Hälse in Stücke hacken und in einen großen Topf legen. Mit kochendem Wasser überbrühen und das Wasser sofort wieder abgießen. Die Knochen großzügig mit warmem Wasser bedecken (2–2¼ Liter) und den Ingwer, Sternanis, die Cassiarinde oder Zimtstange und 1 Esslöffel der Sojasauce zugeben. Auf mittlerer Stufe langsam zum Kochen bringen; die Hitze auf niedrige Stufe reduzieren und unbedeckt etwa 45 Minuten köcheln lassen, bis eine aromatische Brühe entstanden ist.

◆ Die Brühe durch ein feines Sieb in einen sauberen Topf abseihen und die Pilze (bei Bedarf die harten Stiele entfernen), den Reiswein, 2 Esslöffel der hellen Sojasauce und ½ Teelöffel Salz zugeben. Auf niedriger Stufe zum Köcheln bringen und etwa 20 Minuten einkochen lassen, um die Aromen zu konzentrieren. Mit der restlichen hellen Sojasauce und/oder Salz abschmecken.

◆ Inzwischen das Entenfleisch zubereiten: In einer kleinen Schüssel den Honig, die dunkle Sojasauce und das Fünf-Gewürze-Pulver verrühren. Die Entenbrust oder -keule mit der Mischung dick einstreichen. Das Fleisch auf einen Rost oder auf ein Backblech legen und 10–15 Minuten marinieren lassen.

◆ Den Ofen auf 200 °C vorheizen.

◆ Das Blech oder den Rost in den Ofen schieben und das Entenfleisch »medium rare« (blutig) braten, 8–10 Minuten für die Brust, 10–12 Minuten für die Keule. Aus dem Ofen nehmen und 5–6 Minuten ruhen lassen. Anschließend das Fleisch quer zur Faser in feine Scheiben schneiden.

◆ Einen Topf zu drei Vierteln mit Wasser füllen, leicht salzen und zum Kochen bringen. Die Nudeln hineingleiten lassen und in etwa 2½ Minuten bissfest kochen. Abseihen und unter fließendem heißem Wasser abspülen. Abtropfen lassen. Die Nudeln gleichmäßig in Suppenschalen verteilen und beiseite stellen.

◆ Zum Vollenden der Suppe die Pilze ausstechen und beiseite stellen. Jeweils 375 Milliliter der Brühe durch ein feines Sieb in jede Suppenschale schöpfen, 2 Pilze und eine gleiche Menge Entenfleisch einlegen. Mit den Frühlingszwiebelröllchen und je 3 Korianderzweigen garnieren und sofort servieren.

Für 4 Personen

In Chinas Norden ist jeder festliche Anlass Grund genug, eine Ente auf den Tisch zu bringen.

süden

Niulijirou Luxun Mei Fan

Rindfleisch und Spargel auf Reisnudeln

Reisnudeln sind im Süden Chinas sehr beliebt. Sie werden frisch angeboten und bereits geschnitten oder als Teigplatten zum Selberschneiden verkauft. Die frischen Nudeln sollten innerhalb von ein bis zwei Tagen verbraucht werden. Da sie mit Öl überzogen sind, damit sie nicht zusammenkleben, muss man sie vor dem Zubereiten abspülen. Frische Reisnudeln sind etwas empfindlich; wenn man sie falsch verarbeitet oder übergart, zerfallen sie zu einer gummiartigen Masse.

FÜR DAS RINDFLEISCH

1 EL helle Sojasauce

1 EL Reiswein

1½ TL Maisstärke

½ TL extrafeiner Zucker

185 g zarte Rinderlende, in sehr dünne, 4½ cm lange und 12 mm breite Streifen geschnitten

6–8 grüne Spargelstangen, holzige Enden entfernt, schräg in 12 mm große Stücke geschnitten

125 ml Pflanzenöl

500 g frische breite Reisbandnudeln, kalt abgespült und abgetropft

3 EL Austernsauce

1 EL helle Sojasauce

2 TL Maisstärke, aufgelöst in 180 ml Hühnerfond (siehe Seite 250)

½ TL extrafeiner Zucker

2 TL Sesamöl

1 Frühlingszwiebel (mit den hellgrünen Teilen), in feine Röllchen geschnitten

◆ In einer Schüssel die Sojasauce, den Reiswein, die Stärke und den Zucker verrühren. Die Fleischstreifen gleichmäßig darin wenden. 15 Minuten marinieren lassen. Zwischendurch gelegentlich umrühren.

◆ Wasser in einem kleinen Topf zum Kochen bringen. Den Spargel darin 1 Minute blanchieren. Abgießen und sofort in Eiswasser legen, damit er knackig bleibt und seine leuchtende Farbe behält.

200 NUDELN, REIS UND BROT

◆ Das Pflanzenöl in einem Wok auf großer Stufe erhitzen. Sobald es heiß ist, das Fleisch hineingeben und etwa 30 Sekunden pfannenrühren, bis es angebraten, innen aber noch rosa ist. Mit einem Schaumlöffel auf einen Teller heben.

◆ Bei immer noch großer Hitze die Nudeln in das heiße Öl geben und etwa 1 Minute ganz behutsam pfannenrühren (damit sie nicht zerfallen), bis sie durch und durch erwärmt und gleichmäßig mit dem Öl überzogen sind. Das überschüssige Öl vorsichtig abgießen und die Nudeln auf eine vorgewärmte Servierplatte gleiten lassen.

◆ Die Austernsauce, die Sojasauce, die aufgelöste Stärke, den Zucker und das Sesamöl in den Wok füllen und etwa 1 Minute langsam rühren, bis die Sauce leicht eingedickt ist. Den abgetropften Spargel und das Fleisch unter die Sauce mischen und gut rühren, bis sämtliche Zutaten heiß sind.

◆ Das Fleisch mit dem Spargel und der Sauce über die Nudeln schöpfen, mit den Frühlingszwiebelröllchen bestreuen und sofort servieren.

Für 2–4 Personen

Norden

Zhen Zhu Qiu

»Perlenbällchen«

Reiskörner haften an diesen Fleischbällchen wie aufgestickte Perlen an einer samtenen Geldbörse. Selbst die einfachsten Dinge poliert ein cleverer chinesischer Koch zu Glanz und Glamour auf.

450 g fettes Schweinehackfleisch

1 EL helle Sojasauce

1½ TL Reiswein

1 TL extrafeiner Zucker

½ TL Salz

1 Ei

2 EL fein gehackte Frühlingszwiebeln

1½ TL frisch geriebener Ingwer

30 g Maisstärke

2 EL Wasser oder Hühnerfond
(siehe Seite 250)

220 g Klebreis

1 EL Pflanzenöl

Helle Sojasauce oder Knoblauch-Chili-Sauce

◆ In der Küchenmaschine das Hackfleisch, die Sojasauce, den Reiswein, den Zucker und das Salz zu einer Farce verarbeiten. Das Ei, die Frühlingszwiebeln, den Ingwer, die Stärke und das Wasser oder den Fond zugeben und mixen. Beiseite stellen.

◆ Den Reis in einem feinen Sieb unter fließendem kaltem Wasser gründlich waschen. Einen Kessel mit Wasser zum Kochen bringen und den Reis überbrühen. Unter fließendem Wasser kalt abschrecken und gut abtropfen lassen. Den Reis auf einer Platte ausbreiten.

◆ Aus der Fleischfarce mit befeuchteten Händen 2½ cm große Bällchen formen und in dem Reis rollen, bis sie gleichmäßig mit den Körnern bedeckt sind. Einen großen, hitzebeständigen Teller mit dem Öl bestreichen und die Bällchen darauf legen.

◆ In einem Dämpftopf Wasser zum Kochen bringen. Den Teller in den Dämpfeinsatz setzen und die Fleischbällchen fest zugedeckt 20 Minuten über dem sprudelnd kochenden Wasser dämpfen. Die Hitze auf niedrige Stufe reduzieren und weitere 15 Minuten dämpfen, bis die Reiskörner gar sind.

◆ Die Fleischbällchen herausheben und auf dem Teller servieren oder auf einer Platte anrichten. Die helle Sojasauce oder Knoblauch-Chili-Sauce in kleinen Schälchen zum Dippen dazu reichen.

Für 4–6 Personen

Osten

You Yuan

Teigfladen mit Frühlingszwiebeln

Wenn ich meinen chinesischen Lieblingssnack wählen müsste, dies wäre ein sicherer Kandidat.

315 g Mehl

250 ml kochendes Wasser

3 EL Sesamöl

Grobes Salz zum Bestreuen

100 g gehackte Frühlingszwiebelspitzen

Pflanzenöl zum Backen

◆ Das Mehl in eine Schüssel sieben und in die Mitte eine Mulde drücken. Das kochende Wasser in die Mulde gießen und rasch mit einem Holzlöffel in das Mehl einarbeiten, sodass ein fester, aber nicht zu trockener Teig entsteht. Den Teig kurz durchkneten, zu einer Kugel formen und rundherum mit etwas Sesamöl bestreichen. Die Schüssel über den Teig stürzen und etwa 6 Minuten abkühlen lassen. Den Teig nochmals durchkneten, bis er weich und elastisch ist. Erneut mit Sesamöl bestreichen und in einem Plastikbeutel 30–60 Minuten ruhen lassen.

◆ Den Teig auf der Arbeitsfläche mit den Handballen zu einer 25 cm langen, dünnen Rolle formen und in 6 gleich große Stücke schneiden. Jedes Teigstück zu einer Kugel formen. Mit dem Wellholz eine Teigkugel zu einem sehr dünnen Kreis von etwa 18 cm Durchmesser ausrollen und großzügig mit Sesamöl bestreichen. Mit Salz bestreuen und ein Sechstel der Frühlingszwiebeln gleichmäßig darauf verteilen. Den Kreis zu einer »Zigarre« aufrollen und anschließend zu einer festen Spirale drehen. Die Oberseite erneut mit Sesamöl bestreichen. Die Spirale auf eine leicht mit Öl bestrichene Arbeitsfläche legen und mit dem Wellholz zu einem 13 cm großen Fladen abflachen. Darauf achten, dass die Frühlingszwiebeln nicht durch den Teig austreten. Den restlichen Teig auf die gleiche Weise verarbeiten.

◆ Wenn sämtliche Teigfladen vorbereitet sind, das Öl 2½ cm hoch in eine große, flache Pfanne gießen und auf mittlerer Stufe erhitzen. Jeweils 2 oder 3 Teigfladen einlegen und von jeder Seite in etwa 3 Minuten goldbraun backen.

◆ Auf einer Platte anrichten und mit weiterem Salz bestreuen. In Stücke schneiden und sofort servieren.

Ergibt 6 Stück

Straßenküche

Snacks werden in China praktisch jeden Tag zwischen den großen Mahlzeiten genossen. Neben der riesigen Auswahl an Teigbällchen, Fladen und Dampfbrötchen in den Dim-sum-Restaurants gibt es zahllose appetitliche Kleinigkeiten. Ob eine Schale Nudelsuppe oder eine Frühstücksreissuppe, ob ein knuspriger, brezelartiger Zopf oder ein mit Fleisch gefülltes Dampfbrötchen – wo ein knurrender Magen ist, ist eine Garküche oder ein Marktstand nicht weit, um mit Snacks aus dem Wok, gedämpft oder von einem tragbaren Grill, den Hunger zu stillen.

Die *baozi*, die im Norden und Westen auf der Straße angeboten werden, sind große Dampfbrötchen mit einer herzhaften Hackfleischfüllung. Die kleineren *jiaozi* sind gedämpfte oder gekochte Schweinefleisch-Kohl-Bällchen, umhüllt von dünnen Teigblättern. In Sichuan sind *dandan mian* (pikante Sesamnudeln) sehr beliebt, ebenso wie Won-tans mit Chiliöl-Dressing. Bei einem Besuch in Shanghai entdeckte ich einmal einen nächtlichen Markt, auf dem es kleine Schalen mit den köstlichsten Meeresschnecken gab und die üppigsten, wundervollsten Teigfladen mit Frühlingszwiebeln, die man sich vorstellen kann.

NUDELN, REIS UND BROT 203

süden

Chao Xian Mian

Nudeln mit Gemüse, Fleisch und Meeresfrüchten

Pfannengerührte Nudelgerichte mit einer Auswahl anderer Zutaten werden häufig »kombinierte Nudeln« oder »Nudeln mit gemischter Auswahl« genannt. Sie sind ein Klassiker aus Guangdong, den die chinesische Küche aber längst auf ihre globale Speisekarte gesetzt hat. In vielen Restaurants kann man seine eigene Mischung aus Fleisch, Gemüse und Meeresfrüchten zusammenstellen und zwischen weichen und knusprigen Nudeln wählen. Je nach Koch bedeutet »weich« schlicht gekocht und in der Sauce erwärmt; es kann auch »weich gebraten« meinen, wobei die Nudeln zunächst gekocht, dann knusprig gebraten und zuletzt in der Sauce wieder etwas aufgeweicht werden. Auch bei knusprigen Nudeln gibt es mehrere Möglichkeiten. Man kann sie zunächst einweichen, anschließend teilweise trocknen lassen und dann, in die einzelnen Fäden zerteilt, knusprig frittieren; serviert werden sie getrennt von den anderen Zutaten, sodass sie noch knusprig den Tisch erreichen. Oder sie werden wie hier in einem flachen Knäuel gebraten, mit den anderen Zutaten bedeckt und serviert, sodass sie teils knusprig bleiben, teils von der heißen Sauce etwas aufgeweicht werden.

150 g frische dünne Eiernudeln

60 g Hühnerbrust, in kurze, dünne Streifen geschnitten

1½ TL frisch geriebener Ingwer

1 TL Reiswein

2 Prisen Salz

6 Garnelen, geschält und Därme entfernt, oder 75 g küchenfertige Tintenfischtuben (etwa 100 g ungesäuberter Tintenfisch; siehe Seite 249), in dünne Ringe geschnitten

4 cm Möhre

250 ml Pflanzenöl

8 Stücke (je 2 × 2 cm) rote Paprikaschote

1 Frühlingszwiebel (mit den hellgrünen Teilen), in 4 cm lange Stücke, dann in feine Streifen geschnitten, plus 1–2 EL feine grüne Frühlingszwiebelröllchen

40 g Bambussprossen, in Scheiben geschnitten

50 g Reisstrohpilze aus der Dose, in Scheiben geschnitten

1–2 kleine Pak-Choi, längs geviertelt, 1½ Minuten in kochendem Wasser blanchiert und abgetropft

2 EL helle Sojasauce

Frisch gemahlener weißer Pfeffer

1 EL Maisstärke, aufgelöst in 250 ml Hühnerfond (siehe Seite 250)

50 g Bohnensprossen (nach Belieben)

50 g rot gebratenes Schweinefleisch (siehe Seite 115), in kleine, dünne Streifen geschnitten (nach Belieben)

◆ In einem großen Topf reichlich Wasser zum Kochen bringen. Die Nudeln darin etwa 3 Minuten kochen, sodass sie noch Biss haben. Abgießen, unter fließendem Wasser kalt abschrecken, abtropfen lassen und auf einem Blech ausbreiten, damit sie etwas abtrocknen.

◆ In einer Schüssel das Hühnerfleisch, den Ingwer, Reiswein und 1 Prise Salz vermengen und 10 Minuten marinieren lassen. In einer weiteren Schüssel die Garnelen oder Tintenfischringe mit dem restlichen Salz würzen.

◆ Die Möhre schälen und mit einem v-förmigen Riefenschneider rundherum der Länge nach fünf- oder sechsmal einkerben. Quer in blumenförmige Scheiben schneiden und beiseite stellen.

◆ In einem Wok 1½ Esslöffel des Öls auf großer Stufe erhitzen. Die Paprikastücke darin 30 Sekunden pfannenrühren, bis sie weich zu werden beginnen. Das Fleisch und die Garnelen oder Tintenfischringe zugeben und etwa 30 Sekunden weiterrühren, bis sie weiß und fest sind. Die Frühlingszwiebelstreifen, Bambussprossen, Pilze und den Pak-Choi hinzufügen und weitere 20 Sekunden rühren. Die Sojasauce und den Pfeffer einrühren. Die aufgelöste Stärke zugießen und bei großer Hitze noch 1½ Minuten rühren, bis die Sauce leicht eingedickt ist. In eine Schüssel füllen und beiseite stellen.

◆ Den Wok ausspülen und abtrocknen. Das verbliebene Öl auf großer Stufe erhitzen. Sobald es ganz heiß ist, die Nudeln darin in einer Lage ohne Rühren 30 Sekunden braten, bis die Unterseite leicht gebräunt ist. Wenden und weitere 40 Sekunden braten, bis auch die andere Seite leicht gebräunt ist. Mit einem Schaumlöffel herausheben, über dem Wok kurz abtropfen lassen und auf einer vorgewärmten Servierplatte anrichten.

◆ Das Öl abgießen und den Wok auf großer Stufe wieder erhitzen. Die pfannengerührten Zutaten und, falls verwendet, die Bohnensprossen und das Schweinefleisch hineingeben und etwa 30 Sekunden verrühren, bis alle Zutaten heiß sind. Über die Nudeln verteilen, mit den Frühlingszwiebelröllchen garnieren und sofort servieren.

Für 2–4 Personen

Osten

Fen Bao Xiaren

Reisblattröllchen mit Garnelen

Rindfleisch mit Frühlingszwiebeln oder gebratenes Schweinefleisch mit Austernsauce sind alternative Füllungen.

*220 g geschälte Garnelen
(etwa 315 g ungeschält)*

2 TL fein gehackter frischer Ingwer

*3 EL fein gehackte Frühlingszwiebeln
(mit den hellgrünen Teilen)*

1 TL Reiswein

1 TL Salz

**FÜR DIE REISBLÄTTER
(NACH BELIEBEN)**

250 g Reismehl

90 g Tapiokastärke

430 ml kochendes Wasser

Oder: 450 g gekaufte frische Reisblätter

2 EL Erdnuss- oder Pflanzenöl

2–3 EL helle Sojasauce

◆ Die Garnelen längs halbieren und die Därme entfernen. Das Garnelenfleisch in einer Schüssel mit dem Ingwer, den Frühlingszwiebeln, dem Reiswein und dem Salz gründlich vermengen.

◆ Wenn Sie die Reisblätter selbst herstellen, das Reismehl in einer Schüssel mit 60 Gramm der Tapiokastärke vermengen und in die Mitte eine Mulde drücken. Das kochende Wasser in die Mulde gießen, rasch mit einem kleinen Holzlöffel verrühren und mit den trockenen Zutaten zu einem festen Teig verarbeiten. Den Teig auf einer leicht bemehlten Arbeitsfläche zu einer kleinen Kugel verkneten. Die Schüssel über die Teigkugel stürzen und 10 Minuten ruhen lassen, damit der Teig etwas abkühlt und weich wird.

◆ Den Teig mit leicht eingeölten Händen etwa 2 Minuten durchkneten, bis er geschmeidig ist. In 8 gleich große Stücke teilen. Die Arbeitsfläche mit der restlichen Stärke bestäuben und die Teigstücke nacheinander zu 20 cm großen Quadraten ausrollen.

◆ Das Garnelenfleisch entlang der Mitte auf den Teigblättern verteilen. Die Teigränder so über die Füllung

schlagen, dass eine lockere Rolle mit 4½ cm Durchmesser entsteht. Einen großen Teller, auf dem alle Röllchen nebeneinander Platz haben, mit etwas Öl bestreichen. Die Röllchen mit der Nahtseite nach unten darauf legen. Die Oberseite mit etwas Öl bestreichen.

◆ Bei gekauften Reisblättern die Blätter unter fließendem kaltem Wasser abspülen, gut abtropfen lassen und in 20 cm große Quadrate schneiden. Fortfahren, wie für selbst gemachte Reisblätter beschrieben.

◆ In einem Dämpftopf Wasser zum Kochen bringen. Den Teller mit den Reisröllchen in den Dämpfkorb und diesen in den Dämpftopf einsetzen, fest verschließen und bei gekauften Reisblättern 7 Minuten, bei selbst gemachten 10–12 Minuten dämpfen, bis der Teig fest ist und die Garnelen durchgegart und rosafarben sind.

◆ Den Teller vorsichtig aus dem Dämpftopf heben. Das restliche Öl und die Sojasauce gleichmäßig über die Reisröllchen träufeln und sofort servieren.

Für 4–6 Personen

süden

Zhurou Xiangcai Chao Mian

Schweinefleischstreifen mit Koriander und Bohnensprossen auf Eiernudeln

Frischer Koriander avanciert bei diesem Wokgericht mit Eiernudeln von einer bloß dekorativen Garnitur zum Hauptdarsteller.

125 g Schweinelende

1 TL helle Sojasauce

½ TL extrafeiner Zucker

Frisch gemahlener weißer Pfeffer

125 g Bohnensprossen

Eiswürfel

250 ml Schweine- oder Hühnerfond (siehe Seite 250, 251)

1 TL helle Sojasauce

2½ TL Maisstärke

180 g frische Eierbandnudeln

2½ EL Pflanzenöl

1 TL Sesamöl (nach Belieben)

1 Frühlingszwiebel (nur das Weiße), schräg in sehr dünne Scheiben geschnitten

1 kleines Bund frisches Koriandergrün, Zweige getrennt, harte Stiele entfernt

2 EL Austernsauce

◆ Das Schweinefleisch in sehr dünne Scheiben schneiden. Die Scheiben übereinander stapeln und in ganz feine Streifen schneiden. In einer Schüssel mit der Sojasauce, dem Zucker und 1 Prise Pfeffer gründlich vermengen und beiseite stellen.

◆ In einem kleinen Topf reichlich Wasser zum Kochen bringen. Die Bohnensprossen darin 30 Sekunden blanchieren, abgießen und sofort in eine Schüssel mit kaltem Wasser legen. Die Samen und Wurzelenden abknipsen und die Sprossen mit einigen Eiswürfeln zurück in das Wasser geben. 5–6 Minuten darin stehen lassen, damit sie wieder knackig werden. Anschließend abgießen.

◆ In einer Schüssel den Fond mit der Sojasauce und der Stärke verrühren und beiseite stellen.

◆ Wieder reichlich Wasser in einem Topf zum Kochen bringen und die Nudeln 2½–3 Minuten kochen, sodass sie noch Biss haben. Abgießen und in einer großen Schüssel mit 2 Teelöffeln des Pflanzenöls und dem Sesamöl vermischen, bis sie gleichmäßig mit dem Öl überzogen sind. Auf einer vorgewärmten Servierplatte verteilen.

◆ Das restliche Pflanzenöl in einem Wok auf großer Stufe erhitzen. Das Fleisch und die Frühlingszwiebel darin etwa 35 Sekunden pfannenrühren, bis das Fleisch gar ist. Die aufgelöste Stärke zugießen und 1½ Minuten langsam weiterrühren, bis die Sauce leicht eingedickt ist. Die Bohnensprossen und das Koriandergrün kurz untermischen. Alles gleichmäßig über die Nudeln verteilen, mit der Austernsauce beträufeln, mit Pfeffer bestäuben und servieren.

Für 2–4 Personen

Westen

Guoqiao Mian

»Über die Brücke«-Nudeln

Über den Namen dieses Gerichts kursieren genauso viele Geschichten, wie die kochend heiße Suppe allzu ungeduldige Münder verbrannt hat. Eine Version handelt von einem standesbewussten Kaufmann, dessen Sohn durch die Prüfung fiel und damit die Chance verpasste, eine Stelle als Assistent eines wichtigen Funktionärs zu bekommen. Vor lauter Scham verbannte der Vater seinen Sohn in eine kleine Hütte, die auf der anderen Seite eines Flusses auf dem Familiengrund lag. Eine der Hausangestellten empfand Mitleid mit ihm, und so beschloss sie, einen Topf heiße Suppe zu dem armen Kerl hinüberzuschmuggeln. Damit sie auf dem langen Weg durch die Gärten und über die Brücke heiß blieb, bedeckte sie die Suppe mit erstarrtem Hühnerfett. Eine andere Variante wird von einem Restaurant in Kunming kolportiert, das den Namen »Überquere die Brücke« trägt. Das Originalrestaurant lag auf einer Insel, und das Gericht, so die Geschichte, war so begehrt, dass sich die Massen über die Brücke schoben, um diese kochend heiße Nudelsuppe zu genießen.

FÜR DIE NUDELN
280 g Mehl
3 kleine Eier

FÜR DIE SUPPE
180 g Hühnerbrust ohne Haut und Knochen
1 TL Reiswein
1 TL frisch geriebener Ingwer
1 TL plus 1 EL helle Sojasauce
1½ l Hühnerfond (siehe Seite 250)
Salz und frisch gemahlener weißer Pfeffer
2–3 Frühlingszwiebeln, grüne und weiße Teile getrennt in dünne Scheiben geschnitten
2–3 EL zerlassenes Hühner- oder Entenfett, leicht erwärmt

◆ Für die Nudeln das Mehl auf die Arbeitsfläche sieben und in die Mitte eine Mulde drücken. Die Eier in die Mulde schlagen und mit den Fingern nach und nach in das Mehl einarbeiten, bis ein weicher Teig entsteht. Den Teig zu einer Kugel formen.

◆ Die Arbeitsfläche leicht mit Mehl bestäuben, den Teig darauf setzen und 5–6 Minuten kneten, bis er elastisch nachgibt. Den Teig mit einem eingeölten Stück Frischhaltefolie bedecken und etwa 20 Minuten ruhen lassen.

◆ Inzwischen die Suppe vorbereiten: Die Hühnerbrust zunächst quer zur Faser in dünne Scheiben, dann in 4 cm lange Streifen schneiden. In einer Schüssel mit dem Reiswein, Ingwer und 1 Teelöffel Sojasauce gründlich vermengen und beiseite stellen.

◆ Den Teig auf der leicht bemehlten Arbeitsfläche nochmals 3–4 Minuten durchwirken, bis er wieder elastisch ist. Wenn Sie mit einer handbetriebenen Nudelmaschine arbeiten, den Teig in 2 oder 3 gleich große Stücke teilen. Jeweils 1 Stück mit einem Wellholz zu einer etwa 2½ cm dicken Platte ausrollen, mit etwas Mehl bestäuben und bei größtem Walzenabstand durch die Maschine drehen. Den Abstand der Walzen um eine Stufe verringern, den Teigstreifen dreifach zusammenfalten, sodass ein Quadrat entsteht, und erneut auswalzen. Diesen Vorgang mehrmals wiederholen, dabei jedes Mal den Walzenabstand um eine Stufe verringern, bis ein langer, dünner Teigstreifen entstanden ist (Stufe 2 bei den meisten Geräten). Die Schnittwalze in die Maschine einsetzen und auf 3 mm Breite einstellen. Den Teigstreifen durch die Maschine drehen und so in Streifen schneiden. Den restlichen Teig auf die gleiche Weise verarbeiten.

◆ Wenn Sie den Teig von Hand ausrollen und zuschneiden, eine große Arbeitsfläche leicht mit Mehl bestäuben. Den Teig zu einer ganz dünnen Platte ausrollen (nötigenfalls halbieren und in 2 Durchgängen arbeiten). Die Teigplatte locker zusammenrollen und mit einem scharfen Messer quer in 3 mm breite Streifen schneiden.

◆ Die zugeschnittenen Nudeln mit etwas Mehl bestäuben, damit sie nicht zusammenkleben. Sie sollten etwa 375 Gramm Nudeln erhalten.

◆ Für die Suppe den Hühnerfond in einem Topf auf mittlerer Stufe langsam zum Kochen bringen. Die Hitze auf niedrige Stufe reduzieren und das Ganze leise köcheln lassen.

◆ Inzwischen einen großen Topf zu drei Vierteln mit Wasser füllen, leicht salzen und zum Kochen bringen. Die Nudeln hineingleiten und 2 Minuten kochen lassen, bis sie gerade weich sind. Abgießen, unter fließendem heißem Wasser abspülen, abtropfen lassen und gleichmäßig in Suppenschalen verteilen. Beiseite stellen.

◆ Das Hühnerfleisch in den siedenden Fond geben, mit 1 Esslöffel Sojasauce, Salz und Pfeffer würzen und die weißen Frühlingszwiebelscheiben einrühren. Weitere 40 Sekunden köcheln lassen, bis das Fleisch durchgegart ist. Die heiße Suppe über die Nudeln schöpfen, dabei das Fleisch und die Frühlingszwiebeln gleichmäßig aufteilen. Die grünen Frühlingszwiebelröllchen und das Geflügelfett über die heiße Suppe geben und sofort servieren.

Für 4–6 Personen

süden

You Tiau

Frittierte Doughnut-Stangen

Seit ich diese leckeren Stangen an einem Straßenstand in Guangzhou zum ersten Mal gegessen habe, kann ich nicht mehr von ihnen lassen. Ich bestellte eine Schale Frühstücksreissuppe, die mit Eierwürfeln, Reisstrohpilzen, Frühlingszwiebeln und eben zweien dieser Doughnut-Stangen serviert wurde.

200 g Mehl
2½ TL Backpulver
½ TL Natron
1½ TL Salz
80 ml plus 1–2 EL lauwarmes Wasser
Pflanzen- oder Erdnussöl zum Frittieren

◆ Das Mehl, Backpulver und Natron in eine Schüssel sieben und mit dem Salz vermengen. In die Mitte eine Mulde drücken und die 80 Milliliter lauwarmes Wasser hineingießen. Mit einem Holzlöffel von der Mitte aus sorgfältig zu einem weichen, glatten Teig verrühren, dabei immer mehr Mehl vom Rand einarbeiten. Nötigenfalls noch 1–2 Esslöffel Wasser zugeben. Den Teig in der Schüssel etwa 30 Sekunden behutsam verkneten, bis er ganz geschmeidig ist. Die Schüssel locker mit einem Küchentuch zudecken und 15 Minuten beiseite stellen.

◆ Den Teig auf eine leicht bemehlte Arbeitsfläche legen. Die Hände mit etwas Mehl bestäuben und den Teig nochmals 30 Sekunden ganz behutsam durcharbeiten. Dann auf der immer noch bemehlten Fläche zu einer 40 cm langen und 10 cm breiten Platte ausrollen. Die Teigplatte mit einem scharfen Messer in 20 Streifen von je 2 × 10 cm Größe schneiden. Jeweils 2 Streifen aufeinander legen, zusammenpressen und die Längsseiten mit dem Messerrücken versiegeln. In der Mitte jedes Streifens beginnend, den Teig mit den Fingern vorsichtig in die Länge ziehen, bis ein etwa 25 cm langer Streifen entstanden ist.

◆ Das Öl etwa 6 cm hoch in einen Wok einfüllen und auf 180 °C erhitzen (die Temperatur ist erreicht, wenn ein Stückchen Teig Blasen wirft und innerhalb von 30 Sekunden goldgelb wird). Jeweils 3 oder 4 Teigstreifen in das heiße Öl einlegen und unter regelmäßigem Wenden in etwa 1½ Minuten goldbraun frittieren. Mit einer Frittierkelle oder Küchenzange herausheben und zum Abtropfen auf Küchenpapier legen. Die restlichen Teigstreifen auf die gleiche Weise frittieren.

◆ Die Doughnut-Stangen raumtemperiert servieren.

Ergibt 10 Stück

süden

Zhou Juk

Frühstücksreissuppe

Während meiner frühen Jahre in Hongkong bläute mir meine »amah« (Haushälterin) ein, keinen Tag ohne eine Schüssel Frühstücksreissuppe (congee) verstreichen zu lassen. »Congee«, so deklamierte sie, während sie eine großzügige Portion Suppe einfüllte, sei nicht nur gesund, sondern schmecke auch gut. Gehorsam aß ich also die Suppe, die ich ziemlich fade und langweilig fand, bis ich eines frühen Morgens entdecken sollte, wie lecker sie sein kann. Aus einem unbestimmten Impuls heraus bestellte ich in einem von Hongkongs vielen kleinen Straßencafés Congee. Auf dem weißen Platzteller, auf dem die kochend heiße Suppe serviert wurde, hatte der Koch eine interessante Auswahl an Beilagen zusammengestellt – hauchdünne Scheiben Hühnerfleisch und Schweineleber, ein rohes Ei, gehackte, knusprig gebratene Frühlingszwiebeln, gewürfeltes eingelegtes Ei und frisches Koriandergrün. Eine hinreißende Verwandlung!

280 g weißer Mittelkornreis
750 ml Wasser
4 getrocknete schwarze Shiitake, 25 Minuten in heißem Wasser eingeweicht und abgetropft

*1½ – 2 l Hühner- oder Schweinefond
(siehe Seite 250, 251) oder Wasser*

*1½ EL getrocknete Garnelen, 25 Minuten
in heißem Wasser eingeweicht und abgetropft*

2 TL Salz

*100 g Schweineleber, in sehr dünne Scheiben
geschnitten (nach Belieben)*

*125 g schiere Hühnerbrust ohne Haut,
in dünne Scheiben geschnitten*

*100 g rot gebratenes Schweinefleisch (siehe Seite 115),
in dünne Scheiben geschnitten (nach Belieben)*

*3 EL gehackte Frühlingszwiebeln
(mit den grünen Teilen)*

*3 dünne Scheiben frischer Ingwer,
in feine Streifen geschnitten*

Helle Sojasauce

Frisch gemahlener weißer Pfeffer

Frittierte Doughnut-Stangen (nach Belieben)

◆ Den Reis in einem Durchschlag unter fließendem kaltem Wasser waschen, bis das Wasser klar bleibt. In einen großen Topf mit schwerem Boden geben und das Wasser zugießen. Zugedeckt auf großer Stufe zum Kochen bringen. Die Hitze auf sehr niedrige Stufe reduzieren und den Reis etwa 20 Minuten quellen lassen, bis er weich ist.

◆ Inzwischen etwaige harte Stiele der Pilze entfernen und die Hüte in feine Streifen schneiden.

◆ Wenn der Reis gar ist, 1½ Liter Fond oder Wasser zugießen, die Pilze, Garnelen und das Salz unterrühren und auf großer Stufe zum Kochen bringen. Die Hitze auf mittlere Stufe reduzieren und etwa 15 Minuten köcheln lassen, bis der Reis sehr weich ist. Ein einzelnes Reiskorn sollte sich problemlos zwischen Daumen und Zeigefinger zu einem Brei zerreiben lassen. Die Suppe sollte relativ dünnflüssig sein. Falls nicht, mit dem restlichen Fond oder Wasser auf die gewünschte Konsistenz bringen.

◆ Einen kleinen Topf zu drei Vierteln mit Wasser füllen, etwas salzen und zum Kochen bringen. Die Schweineleber hineingeben und 30 Sekunden blanchieren, bis sie ihre rötliche Farbe verloren hat. Das Hühnerfleisch zugeben und weitere 30 Sekunden blanchieren; dabei umrühren, damit die Stücke nicht zusammenkleben. Leber und Fleisch sollten halb gar sein. Abgießen und gleichmäßig in Suppenschalen verteilen.

◆ Die heiße Suppe darüber schöpfen. Den Schweinebraten (falls verwendet), die Frühlingszwiebeln, Ingwer, Sojasauce, Pfeffer und die Doughnut-Stangen (falls verwendet) in separaten Schälchen dazu reichen, sodass sich jeder selbst nach Belieben bedienen kann.

Für 4 – 8 Personen

Trockenprodukte

Ein vertrauter Anblick in Chinas ausgedehnten Küstengegenden sind die vielen Schnüre und Stangen, an denen Reihe für Reihe Tintenfische und zerteilte Fische zum Trocknen aufgehängt sind. Gleich daneben färbt die Sonne ausgelöste Schal- und Krustentiere, die ausgebreitet auf riesigen geflochtenen Bambusgestellen liegen, in ein sattes Gold. Landeinwärts sind die Mauern und Türen der Häuser, Scheunen und Ställe mit farbenprächtigen Girlanden von trocknendem Mais oder Kohl und mit Schnüren voller scharlachroter Chilis, fleischiger schwarzer Shiitake und anderen exotisch geformten Pilzen geschmückt.

Das Trocknen von Lebensmitteln hat in China eine uralte Tradition. Frühe Schriften, die zu den ältesten Zeugnissen der Nahrungskonservierung zählen, berichten bereits vom Einsalzen und Sonnentrocknen. Die leichten Trockenwaren konnten früher viel einfacher über gefährliche Flüsse oder primitive Wege innerhalb des riesigen Landes und über die Seidenstraße transportiert werden.

Außerdem erzeugt das Trocknen ein wunderbar intensives Aroma. Besonders bei Meeresfrüchten, bestimmten Gemüsesorten – vor allem Kohl und Kräuter – und bei vielen Pilzarten konzentriert es den Geschmack. Obwohl für den chinesischen Koch die Frische der Zutaten über alles geht, sorgen die getrockneten Produkte für den Extraschub Aroma und Würze, den das jungfräuliche Ausgangsprodukt nicht erreicht. Ein gewiefter Koch würde, selbst wenn er den frischesten Fisch ergattert, mit einem sonnengetrockneten Seafoodprodukt etwas nachhelfen und die eher geschmacklosen, frisch geernteten Pilze zugunsten der Trockenpilze links liegen lassen.

Einige getrocknete Produkte sind so begehrt, dass sie zu den teuersten Zutaten der chinesischen Küche überhaupt zählen. Haifischflossen, Abalonen, gallertartige Meeresschnecken, Jakobsmuscheln (in Guangdong und Hongkong *conpoy* genannt; sonst als *ganbei* bekannt), die feinsten schwarzen Shiitake und Bündel von krausen Bambuspilzen sind die Stars bei großen Festessen. Auch als Geschenk sind sie populär und sehr willkommen. Zum Neujahrsfest machen Trockenwarenläden ein gutes Geschäft und verpacken die Präsente in den Glücksfarben Pink und Rot, mit Gold besetzt.

212 NUDELN, REIS UND BROT

Osten

Yangzhou Chao Fan
Gebratener Yangzhou-Reis

Ich habe nie wirklich herausgefunden, warum gebratener Reis mit Yangzhou in Verbindung gebracht wird. Die Küche der Stadt, in der Marco Polo – Entdecker, Diplomat, Kaufmann und Gourmet – im 13. Jahrhundert einige Jahre verbrachte, ist jedoch auch für seine Teigbällchen bekannt und die regionalen Köche für ihr Geschick, alle möglichen Zutaten ganz fein zu würfeln und als Füllung in den Teighüllen verschwinden zu lassen. Die bunten Würfel auch unter Reis zu mengen liegt da nicht so fern.

Bei besonderen Anlässen wird gebratener Reis als letzter Gang eines festlichen Essens serviert. Er ist gewissermaßen die »Sättigungsgarantie« am Ende der Speisenfolge, sodass die Gastgeber als großzügige Bewirter in Erinnerung bleiben. Doch wird er zunehmend auch zum Vorwand für allerlei seltsame Effekthaschereien. Ein Hofkoch machte ihn anlässlich eines Staatsempfangs zum Star, indem er den farbenprächtig angereicherten Reis unter einer essbaren Decke aus zarten goldgelben Eierpfannkuchen präsentierte. Ein anderer verpackte den Reis in geweichte Lotosblätter, um ihren duftenden Inhalt in einem dramatischen Auftritt am Tisch wieder zu entkleiden, während ein weiterer pfiffiger Koch seinen Reis, verstaut in einer ausgehöhlten Wintermelone, auftrug.

Für praktisch denkende Köche ist gebratener Reis vor allem eine schmackhafte Art, übrig gebliebenen Reis und andere Reste in eine leichte, vollwertige Mahlzeit zu verwandeln.

350 g weißer Langkornreis

3 EL getrocknete Garnelen, 10 Minuten in 125 ml kochendem Wasser eingeweicht

700 ml Wasser

75 g frische Erbsen

90 g Maiskörner

3 EL Pflanzenöl

2 Eier, verschlagen

90 g Speck oder Schinken, gewürfelt

60 g gelbe Zwiebeln, gewürfelt

1 kleine, scharfe rote Chilischote, Samen entfernt und gehackt

1 EL helle Sojasauce

1 TL Salz

◆ Den Reis in einem Sieb gründlich unter fließendem kaltem Wasser waschen und abtropfen lassen.

◆ Die Einweichflüssigkeit der Garnelen durch ein Sieb in einen Topf mit schwerem Boden abseihen. Die Garnelen beiseite stellen. Den Reis und 450 Milliliter des Wassers in den Topf geben, fest verschließen und auf großer Stufe rasch zum Kochen bringen. Die Hitze auf die niedrigste Stufe reduzieren und den Reis 16–18 Minuten quellen lassen, ohne zwischendurch den Deckel abzuheben.

◆ Inzwischen das restliche Wasser in einem Wok auf großer Stufe zum Kochen bringen. Die Erbsen und Maiskörner darin etwa 2½ Minuten garen, sodass sie noch Biss haben. Abgießen und auf einem Teller beiseite stellen.

◆ Den Wok auswischen, 2 Esslöffel des Öls hineingeben und auf großer Stufe erhitzen. Die Eier darin ohne Rühren 30 Sekunden leicht stocken lassen, mit einem Spatel grob zerteilen und auf den Teller zu dem Gemüse legen. Den Wok erneut auf großer Stufe erhitzen, den Speck oder Schinken, Zwiebeln und Chili 1½ Minuten pfannenrühren, bis die Zwiebeln goldgelb sind. Ebenfalls auf den Teller legen.

◆ Wenn der Reis gar ist, den restlichen Esslöffel Öl in dem Wok auf großer Stufe erhitzen. Die Garnelen und die gegarten Zutaten, bis auf den Reis, die Sojasauce und das Salz zugeben und unter Rühren kurz erhitzen. Den Reis unterrühren und sämtliche Zutaten bei großer Hitze sorgfältig durchmengen.

◆ In einer vorgewärmten Schüssel anrichten und sofort servieren.

Für 4 Personen

Süden

Shuijing Daxia
Kristallgarnelen im Nudelnest

Die essbare Servierschale macht in einer Partyrunde großen Eindruck. Ermuntern Sie Ihre Gäste ruhig, Hand an das »Geschirr« zu legen und knusprige Stücke des Nudelnestes abzubrechen, nachdem es die emsigen Stäbchen geleert haben. Gebratene Dim sums oder Wokgerichte mit einer leichten Sauce lassen sich ebenso gut im Nudelnest servieren. Wenn Ihnen die Arbeit nicht zu viel ist, können Sie auch jedem Gast sein eigenes kleines Nest bauen.

FÜR DAS NUDELNEST
75 g frische dünne Eiernudeln
500 ml kochendes Wasser
Pflanzen- oder Erdnussöl zum Frittieren

FÜR DIE GARNELEN
250 g geschälte Garnelen (etwa 375 g ungeschält)
1 TL Maisstärke
1 TL Salz
½ TL Natron
125 ml kaltes Wasser
5 cm Möhre, geschält, in sehr dünne Scheiben, dann in feine Streifen geschnitten
5 cm frische Ingwerwurzel, geschält, in sehr dünne Scheiben, dann in feine Streifen geschnitten, oder 2 TL frisch geriebener Ingwer
2 Frühlingszwiebeln (mit den grünen Teilen), in 5 cm lange Stücke geschnitten
50 g Bohnensprossen oder
6 Babymaiskolben aus der Dose

FÜR DIE SAUCE
2 TL Maisstärke, aufgelöst in 80 ml Hühnerfond (siehe Seite 250) oder Wasser
1 TL helle Sojasauce
1 TL Reiswein
¾ TL Salz
1 große Prise weißer Pfeffer

2 Blätter Eisbergsalat, in feine Streifen geschnitten (nach Belieben)

◆ Für das Nudelnest die Nudeln in eine Schüssel legen und mit dem kochenden Wasser überbrühen. Mit Stäbchen oder einer Gabel umrühren, damit sich die Nudeln vollständig voneinander lösen. In einen Durchschlag abgießen und gründlich abtropfen lassen.

◆ Das Öl 4 cm hoch in einen Wok gießen und auf 190 °C erhitzen (die Temperatur ist erreicht, wenn sich ein Brotwürfel darin innerhalb weniger Sekunden goldgelb färbt). Die abgetropften Nudeln einlegen, mit Stäbchen zu einer gleichmäßig dicken Schicht ausbreiten und in insgesamt 2 Minuten von beiden Seiten knusprig braten, dabei nach 1 Minute wenden. Die Nudeln mit einer Frittierkelle in einem Stück herausheben, kurz über dem Wok abtropfen lassen und in eine Schale mit 23 cm Durchmesser legen. Eine zweite Schale derselben Größe darauf setzen und etwas andrücken, um die Nudeln zu einem Nest zu formen. Beiseite stellen. Das Öl bis auf 2 Esslöffel in ein hitzebeständiges Gefäß abgießen; den Wok mit dem Öl beiseite stellen.

◆ Die Garnelen der Länge nach am Rücken tief einschneiden. Den Darm entfernen und die Garnelen in kaltem Wasser waschen. In einer Schüssel mit der Stärke, dem Salz und dem Natron bestreuen. Das kalte Wasser zugießen, gründlich vermengen und 5 Minuten stehen lassen, damit das Garnelenfleisch etwas fester wird und aufhellt. Gut abtropfen lassen und beiseite stellen.

◆ Für die Sauce in einer kleinen Schüssel die Stärkemischung, die Sojasauce, den Reiswein, das Salz und den Pfeffer verrühren und beiseite stellen.

◆ Den Wok mit den 2 Esslöffeln Öl auf großer Stufe wieder erhitzen, bis das Öl raucht. Die Möhrenstreifen, den Ingwer und die Frühlingszwiebeln darin etwa 40 Sekunden pfannenrühren, bis das Gemüse etwas weicher geworden ist. Die Bohnensprossen oder Maiskölbchen hinzufügen und weitere 20 Sekunden pfannenrühren, bis die Bohnensprossen leicht zusammengefallen sind oder der Mais heiß ist. Mit einem Schaumlöffel auf einen Teller heben.

◆ Einen weiteren Esslöffel Öl auf großer Stufe in dem Wok erhitzen, bis es raucht. Die abgetropften Garnelen zugeben und etwa 45 Sekunden pfannenrühren, bis sie sich verfärbt haben, knusprig und fast durchgegart sind. Mit einem Schaumlöffel herausheben und zu dem Gemüse legen.

◆ Die Sauce in den Wok gießen und auf großer Stufe unter Rühren zum Kochen bringen. Etwa 10 Sekunden kochen lassen, bis die Sauce leicht eindickt. Das Gemüse und die Garnelen zurück in den Wok geben und in der Sauce wenden, bis alle Zutaten gleichmäßig mit Sauce überzogen sind. Mit Salz und Pfeffer abschmecken.

◆ Das vorbereitete Nudelnest auf eine Servierplatte setzen und nach Belieben mit den Salatstreifen umgeben. Die Garnelen und das Gemüse in das Nest einfüllen und sofort servieren.

Für 4 Personen

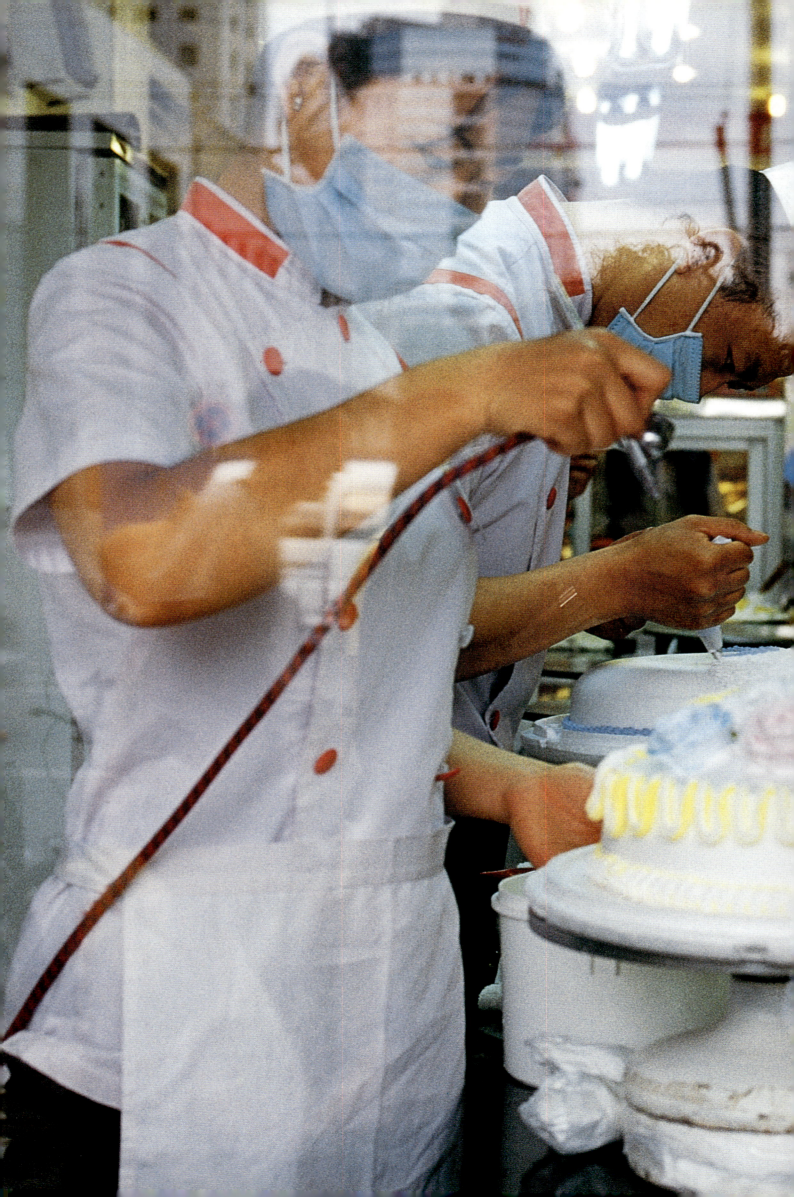

DESSERTS UND SÜSSIGKEITEN

Ein köstlicher Kuchen, eine kandierte Frucht, eine samtige Süßspeise – alles wunderbare Abschlüsse eines Mahls.

»Zum Nachtisch servieren die Chinesen ausschließlich Obst.« Wie oft habe ich diese Behauptung gehört und wie irreführend ist sie. Goldene oder goldähnliche Farben symbolisieren Reichtum. Bietet man Ihnen in einem chinesischen Restaurant nach dem Essen einen Teller mit Orangenstücken an, dann nicht, um sich für die klägliche Auswahl an Desserts auf der Speisekarte zu entschuldigen, sondern um Ihnen Wohlstand und Glück zu wünschen. Eine sehr schöne Geste, die ich mir selbst zu Eigen gemacht und in vielfältiger Weise variiert habe. So habe ich meinen Gästen als Goldmotiv Tangerinenpudding serviert, überzuckerte gegrillte Orangenscheiben, Pfirsiche und Nektarinen, pochiert in Sirup mit Sternanis, oder mit weichem Karamell überzogenen Yams.

Keine Küche ist vollständig ohne Desserts und süße Leckereien, da macht auch die chinesische Küche keine Ausnahme. Doch das Thema Desserts in Chinas Esskultur wirft eine Reihe interessanter Fragen auf. Beim Durchblättern jeder x-beliebigen Speisekarte wird man feststellen, dass die Anzahl der herzhaften Gerichte die der Süßspeisen bei weitem übersteigt. Man könnte also annehmen, die Chinesen machen sich nicht viel aus

Süßem; doch das stimmt so nicht. Süßliche Aromen sind in den herzhaften Gerichten ja bereits vertreten, sei es durch die Zutaten selbst oder in Saucen, Dressings und anderen Beigaben. Die süßen Geschmackselemente in Snacks, Appetizern und Hauptspeisen machen das Dessert irgendwie überflüssig. Doch dann kommt wie immer Yin und Yang ins Spiel, das Prinzip der Harmonie durch Gegensätze. Die süßen Aromen der Hauptspeisen können durch ein säurebetontes Dessert, etwa eine Frucht, ausgeglichen werden.

Die chinesischen Köche sahen sich bei der Schöpfung ihrer Desserts mit Hindernissen konfrontiert, die westliche Gaumen für unüberwindbar erklärt hätten. Sie hatten weder Öfen zum Backen, noch gab es eine Molkereiwirtschaft (außer in den muslimischen Bevölkerungsgruppen), um Butter, Sahne und Milch bereitzustellen, die in der westlichen Dessertwelt als unverzichtbar gelten. So wurden die Nachspeisen eben gedämpft oder auf gusseisernen Platten (»griddle«) gebacken. Öl, Schweineschmalz und manchmal auch Entenschmalz ersetzten die Butter, und wo sahnige Cremigkeit erwünscht war – zum Beispiel in den südlichen Provinzen –, da sorgte die Kokosnuss in gedämpftem Reis oder einer Fruchtspeise für die nötige Fülle.

Die chinesischen Patissiers hatten alles, was sie brauchten, zur Verfügung: Früchte, Nüsse, Reis, Eier,

Vorherige Doppelseite: In einer Pekinger Konditorei wird eine Torte mit einer pastellfarbenen Creme verziert. **Linke Seite:** Das Hu-Xin-Ting-Restaurant (»Im Herzen des Sees«) hält den schönsten Platz in den Yuyuan-Gärten im historischen Herzen Shanghais. **Mitte oben:** Ein Bauer nutzt am anstrengenden Markttag zwischendurch die Gelegenheit für ein kurzes Nickerchen. **Oben:** Teesträucher, die grünen Tee liefern, wachsen inmitten einer felsigen Landschaft in Shandong.

DESSERTS UND SÜSSIGKEITEN 219

Ganz oben: Die chinesischen Korbmacher sind berühmt für ihr handwerkliches Geschick. Ihre Produkte finden alle möglichen Verwendungen. **Oben:** Mangostanen und Rambutans sind sehr beliebte Früchte, die in den subtropischen Gegenden wachsen. **Rechte Seite:** Der Sommerpalast nahe Peking ist ein Zeugnis einstiger imperialer Grandeur. Die fein gearbeitete, dreistufige Duftpagode thront auf einem wuchtigen Sockel.

Honig, Zucker, landeseigene »Exoten« und vor allem Erfindergeist. Einige der köstlichsten und originellsten Desserts und Gebäcksorten, die ich je in einem Restaurant oder als Gast bei jemandem zu Hause gegessen habe, bekam ich auf meinen Chinareisen serviert. Wer, außer den Chinesen, käme schon auf die Idee, weiße Wolkenohren oder Tomaten in einer klaren, süßen Suppe schwimmen zu lassen, wie es in Sichuan der Fall ist, oder Süßkartoffelstäbchen mit Honig und Zucker zu glasieren wie in Kaifeng? Wer versteht es schon, Desserts zu bereiten, die nicht nur lecker, sondern auch gesund sind, wie beispielsweise die scharlachroten Bocksdornbeeren, die in einem Sirup mit weißen Wolkenohren als köstliches Tonikum für Lunge und Augen serviert werden, oder die gallertartigen Schwalbennester, die angeblich für einen gesunden Teint sorgen? Welche Fantasie gehört dazu, Klebreisbällchen zu kreieren, die mit nussig-süßen zermahlenen Lotossamen gefüllt sind, oder gebratene Tofuhaut mit Sesam und kandierten Osmanthus-Blüten, ein Gericht, das den poetischen Namen »Spatzenköpfe« trägt?

Früchte spielen in der chinesischen Süßspeisenküche eine zentrale Rolle, und das Spektrum der Pro-

Ganz oben: Ein Bauer trägt frische Früchte zum örtlichen Markt.
Oben: Diese bunten kommunistischen Figurinen kann man in den geschäftigen Antikshops Shanghais kaufen. **Rechte Seite oben:** Eine Yao-Frau fertigt traditionelle Stickereien zum Verkauf. Rund zwei Millionen Yao leben heute in den Bergregionen Südwestchinas, in denen sie schon seit Jahrtausenden zu Hause sind. Einige werden noch immer von einem Stammesoberhaupt regiert und pflegen einen antiphonischen Wechselgesang beim Liebeswerben. **Rechte Seite unten:** Chrysanthemen werden wegen ihrer angeblichen Heilwirkung häufig Tee zugesetzt.

dukte, das ihr zur Verfügung steht, ist beeindruckend: Pflaumen, Aprikosen, Kirschen, Weißdornfrüchte, blitzblanke rote Äpfel, säuerliche Holzäpfel und süßlich-knackige Shandong-Apfelbirnen, die mit den im Norden und in Zentralchina wachsenden Nashis verwandt sind. Der Osten liefert Zitrusfrüchte, aus dem Westen kommen weiße und goldgelbe Pfirsiche und aromatisch duftende, süßsaftige Melonen, und im Süden werden köstliche Tropenfrüchte, darunter Bananen und Ananas, angebaut.

Leuchtendes Weißdornfrüchtegelee wird als dekorative Garnitur und süßsäuerlicher Akzent genauso vielseitig eingesetzt wie im Westen die Klassiker kandierte Engelwurz und Cocktailkirschen. Überhaupt finden konservierte Früchte bei der Dessertzubereitung reichlich Verwendung. Kandierte oder getrocknete grüne Pflaumen, Wintermelonen, Äpfel, Tangerinen sowie schwarze und Chinesische Datteln sind die klassischen Zutaten für Speisen der »acht Kostbarkeiten«, ein besonders bei Süßspeisen beliebter Brauch. Trockenfrüchte, Nüsse und Klebreis verbinden sich zu einer schmackhaften Füllung für Äpfel, Birnen und Melonen.

Süßspeisen sind seit jeher Bestandteil des chinesischen Ernährungsplans. Die Chinesen begannen bereits vor mehr als 1 000 Jahren, Rohrzucker zu raffinieren. Inzwischen blicken sie auf eine lange Tradition der Konditorei und Zuckerbäckerei zurück. Obwohl ein früher Gastrosoph einmal behauptete, Süßigkeiten seien eine Sache für »Barbaren und das Landvolk«, ist nicht zu übersehen, dass sich auch das distinguierte Stadtvolk daran delektierte. Miniaturen und romantische Erzählungen jener Zeit belegen, dass Konfekt und überzuckerte Früchte auf Festtafeln und bei Liebesszenen nicht fehlen durften. Zuckersirup bildet die Grundlage zahlreicher chinesischer Süßspeisen. Mit heißem, gesponnenem Zucker werden Äpfel, Yams und Bananen überzogen. Honig veredelt, allein oder in Verbindung mit Zucker, Früchte und Gemüse mit einer appetitlichen süßen Glasur.

Chinesische Teigmacher verfügen über einen wichtigen Trumpf – Schweineschmalz. Durch das süßliche, hocharomatische Fett werden ihre Teige sehr mürbe, krümelig, unvergleichlich reichhaltig und dennoch leicht und locker wie Seide. Sie umhüllen süße Füllungen aus rotem Bohnenmus, schwarzen Datteln, pürierten Lotoswurzeln oder Kastanien mit dem Teig oder legen ihn unter eine ungemein leichte Eiercreme, um die berühmten *dan ta* (Eierküchlein) zu zaubern – Leckerbissen, die häufig als Snack zwischen den Mahlzeiten genossen werden, aber auch ein Dessert zum Abschluss eines festlichen Essens würdig vertreten können.

Eisspeisen haben eine nicht minder interessante und lange Geschichte. Die Chinesen beherrschen die Technik des Kühlens und Einfrierens als Konservierungsmethode seit Tausenden von Jahren. Bereits in der Han-Dynastie (202 v. Chr. – 220 n. Chr.) schlug man im äußersten Norden Eiskammern *(bingshi)* in massive Eisbänke oder zugefrorene Flüsse, um Lebensmittel darin zu lagern. In Stroh verpackte Eisblöcke wurden zu den kaiserlichen Residenzen und zu den Wohnsitzen hoher Beamter im Süden und Westen transportiert, sodass der Adel überall im Lande mit erfrischenden exotischen Früchten auf zerstoßenem Eis imponieren konnte. Der in ganz Asien, vom indonesischen Archipel bis nach Japan verbreitete Brauch, Obst und Früchte auf einen Kegel aus gehobeltem Eis zu drapieren, hat seinen Ursprung in ebenjener grauen Vorzeit im Norden Chinas. Ebenso allgegenwärtig sind in diesen Ländern süße Gelee-Snacks, die mit Agar-Agar, einem Geliermittel aus Meeresalgen, hergestellt werden. Es verleiht Früchten und Säften eine angenehm feste Konsistenz und schmilzt in der subtropischen Hitze nicht.

Walnüsse werden aus dem Westen Asiens importiert und finden in der chinesischen Küche vielseitige Ver-

DESSERTS UND SÜSSIGKEITEN 223

wendung – in Wokgerichten und Geschmortem, geröstet und kandiert als Snack zum Knabbern oder auch als wichtige Zutat in Puddings. *Xuehua taoni*, »schneeweißer Walnusspudding«, ist ein traditioneller Vertreter auf Festtagstafeln, bei dem zunächst gehackte Walnüsse zusammen mit zerkleinertem Brot bei mäßiger Hitze in Schweineschmalz zu einer appetitlich duftenden Masse geröstet werden. Dann rührt man kandierte Früchte und erlesene Beigaben wie kandierte Rosenblütenblätter, kandierte Oliven und Osmanthus-Blüten unter die Masse, bevor eine Meringueschicht über sie gebreitet wird.

Erdnüsse, die in Zentralchina in Hülle und Fülle wachsen, und Mandeln, die vor vielen tausend Jahren über die Seidenstraße aus dem Nahen Osten ins Land gelangten, werden ebenso großzügig zu Desserts verarbeitet. Nusssuppen, im Sommer kalt und im Winter heiß gegessen, sind eine beliebte Süßspeise.

Chinesische Desserts regen dazu an, über den alltäglichen Tellerrand hinauszugucken. Litschis aus der Dose über Eiscreme zu löffeln und als exotisches Dessert zu servieren ist denkbar einfach. Wäre es aber nicht viel reizvoller, Lotos und Tangerinen in einer süßen Suppe schwimmen zu lassen?

Linke Seite: Eine Frau sitzt strickend im Eingang ihres Hauses in Chongqing, eine der heißesten und größten Städte Chinas.
Ganz oben: Ein Fahrrad mit Anhänger ist das beste Gefährt, um die Waren und ihren Produzenten zum Markt zu bringen.
Oben: Pfirsiche stammen ursprünglich aus China aus der Nähe von Xian. Kultiviert werden sie seit mehr als 3 000 Jahren, doch in entlegenen Gegenden findet man noch wilde Pfirsichbäume.

DESSERTS UND SÜSSIGKEITEN

Norden

Basi Pingguo

Karamellisierte Apfelspalten

Äpfel haben mir in China so manches Malheur beschert. Als ich karamellisierte Apfelspalten bei einem festlichen Anlass zum ersten Mal aß, verbrannte ich mir prompt die Lippen, da ich die Bedeutung der Schale mit Eiswasser auf dem Tisch nicht erkannte. Ein anderes Mal bedrohte mich ein Händler auf dem Markt mit seinem Beil, weil ich mich erdreistete, vor meiner Kaufentscheidung seine kleinen, leuchtend roten Äpfel anzufassen. Und bei einem Besuch im Sommerpalast brummte mir ein beflissener Wärter ein Bußgeld auf, weil ich völlig gedankenlos die Kerne eines mit Karamell überzogenen Holzapfels auf den Boden spuckte. Der Wärter kannte keine Gnade, doch die Strafe war nicht halb so demütigend wie seine Tirade von Verwünschungen.

Doch neben diesen kleinen Scherereien verbinde ich mit Äpfeln auch schöne Erinnerungen. Bei einem Ausflug in die Provinz Shaanxi sah ich einmal in der Ferne einen Verkäufer die Straße hinunterkommen, der etwas trug, das wie eine riesige Laterne, dicht besetzt mit roten Glühbirnen, aussah. Als er näher kam, entpuppte sie sich als ein Gestell an einer Stange, das über und über mit kandierten Liebesäpfeln gespickt war. In Shanghai und Nanjing freue ich mich jedes Mal, wenn ich einem Straßenhändler begegne, der kleine Dampfbrötchen mit Apfelfüllung oder Apfelbeignets, gefüllt mit süßer roter Bohnenpaste, anbietet.

Bevor rote Speiseäpfel nach China gelangten, waren Quitten, Holzäpfel und Dornenäpfel – die Früchte des einheimischen Weißdorns – überall im Land verbreitet. In Kaifeng wurden die gezuckerten oder mit Honig überzogenen Früchte schon vor 1 000 Jahren von Straßenhändlern verkauft, und in der Tang-Dynastie, noch einige Jahrhunderte zuvor, galten in Honig und Zinnober getauchte Holzäpfel als Lebenselixier.

Salz

2 säuerliche Äpfel, geschält, entkernt und in 1 cm dicke Spalten geschnitten

100 g Mehl

1 Ei

45 g Maisstärke

125 ml Wasser

Öl zum Frittieren

75 g extrafeiner Zucker

2 TL Sesamöl

2 TL Schweineschmalz (nach Belieben)

1½ EL Wasser

Eiswürfel

◆ Eine Schüssel zu drei Vierteln mit Wasser füllen, leicht salzen und die Apfelspalten 10 Minuten darin belassen. Abgießen und die Äpfel zum Trocknen auf einem Küchentuch ausbreiten.

◆ Die Hälfte des Mehls in eine Papiertüte oder einen Plastikbeutel füllen. Die Äpfel zugeben, den Beutel fest zuhalten und schütteln, bis die Fruchtstücke gleichmäßig mit Mehl überzogen sind.

◆ Das Ei in einer Schüssel leicht verschlagen. Das restliche Mehl, die Stärke und das Wasser hinzufügen und alles zu einem dünnen Ausbackteig verschlagen.

◆ Das Öl 5 cm hoch in einen Wok oder eine tiefe Bratpfanne mit schwerem Boden gießen und auf 180 °C erhitzen (die Temperatur ist erreicht, wenn einige Tropfen des Teiges sofort an die Oberfläche steigen). Die Hälfte der Apfelspalten durch den Ausbackteig ziehen und in das heiße Öl gleiten lassen. Die Apfelstücke in etwa 1½ Minuten goldgelb frittieren; dabei beständig mit dem Schaumlöffel bewegen und wenden, damit sie nicht zusammenkleben. Mit einer Frittierkelle oder einem Schaumlöffel auf eine Servierplatte heben. Mit den restlichen Apfelspalten auf die gleiche Weise verfahren.

◆ Das Öl in ein hitzebeständiges Gefäß abgießen. Den Zucker, das Sesamöl und das Schmalz, falls verwendet, in die Pfanne geben und den Zucker unter ständigem Rühren in 3–4 Minuten goldbraun karamellisieren lassen. Vorsichtig das Wasser zugießen und ganz kurz aufwallen lassen. Die gebackenen Apfelspalten hineingeben und rasch wenden, bis sie von allen Seiten gleichmäßig mit dem Karamell überzogen sind. Die Apfelstücke wieder auf die Platte legen.

◆ Die Eiswürfel in eine Schüssel legen und mit kaltem Wasser auffüllen. Das Eiswasser und die Karamelläpfel sofort servieren. Jeder Gast bedient sich selbst und hält das heiße Apfelstück vor dem Verzehr 10 Sekunden in das Eiswasser, bis der Karamell gehärtet und abgekühlt ist.

Für 6–8 Personen

Sobald die Dessertteller abgeräumt sind, kann wieder Wein serviert werden.

Norden

Kou Xiao Gao

»Schallendes Lachen«

Wenn Sie einmal von diesen zuckerbestäubten Bällchen genascht haben, sind Sie verloren! Achten Sie darauf, dass das Öl beim Ausbacken nicht zu heiß ist. Damit die Bällchen in »schallendes Lachen« aus-/aufbrechen können, müssen sie unbedingt im Inneren heiß werden und sich ausdehnen, bevor die äußeren Schichten völlig fest geworden sind.

100 g extrafeiner Zucker

1 EL Butter oder Schweineschmalz, raumtemperiert

1 Ei

2 EL Wasser

280 g Mehl

1½ TL Backpulver

Öl zum Frittieren

2–3 EL extrafeiner Zucker oder Puderzucker zum Bestreuen

◆ Den Zucker, die Butter oder das Schmalz, das Ei und das Wasser in der Küchenmaschine glatt mixen. Nach und nach das Mehl und das Backpulver einarbeiten, bis ein weicher Teig entstanden ist. Alternativ den Zucker und das Fett in einer Schüssel cremig rühren. Das Ei unterrühren, nach und nach das Mehl, das Backpulver und das Wasser einarbeiten. Den Teig mit befeuchteten Händen zu 18 Bällchen von 2½ cm Durchmesser formen.

◆ Das Öl 5 cm hoch in einen Wok oder eine tiefe, schwere Bratpfanne gießen und auf großer Stufe auf 150 °C erhitzen. Die Hitze reduzieren und sämtliche Bällchen auf einmal in das heiße Öl gleiten lassen und frittieren. Die Bällchen mit einem Schaumlöffel immer wieder unter die Oberfläche drücken, damit sie besser aufgehen und aufplatzen. Während des Frittierens steigt die Temperatur des Öls allmählich auf 180 °C an. Die Bällchen in 2½–3 Minuten goldbraun frittieren. Mit dem Schaumlöffel herausheben und zum Abtrocknen auf Küchenpapier legen.

◆ Die Bällchen mit dem Zucker bestreuen, anrichten und warm oder kalt servieren.

Ergibt 18 Stück; für 6–8 Personen

228 DESSERTS UND SÜSSIGKEITEN

Chinesische Feste

Das Frühjahr eröffnet den Reigen der chinesischen Feiertage, dann nämlich wird die Ankunft des neuen Mondjahres gefeiert. Das Drachenfest in Waifang (Shandong), das Fackelfest in Yunnan, das Traubenfest in Turpan oder die kollektiven Wechselgesänge in Xining (Qinghai) sind wichtige Ereignisse in Chinas dicht gedrängtem Kalender der Feiertage. Die Freude am Leben, die Schönheit der Natur und die Ehrerbietung gegenüber den Göttern und Vorfahren sind dabei die beherrschenden Themen.

Auch kulinarisch ist das Neujahrsfest der Auftakt einer Reihe festlicher Mahle. Das neue Jahr beginnt je nach Mondstand Ende Januar oder Anfang Februar, dazu gehören auch drei Tage mit Festgelagen und Besuchen. Dem Küchengott wird Honig um den Bart geschmiert, damit sein Bericht über den Zustand des Hauses gütlich ausfällt. Reis wird gegessen, um den Reichtum zu mehren, Lebensmittel werden den Göttern und Freunden als Geschenke dargebracht, und gemeinsam mit seinen Nächsten genießt man süße Puddings und Gebäck.

Das Laternenfest hatte seinen Ursprung in der Tang-Dynastie vor rund 1500 Jahren in Chengdu in der Provinz Sichuan. Am 15. Tag des Mondjahres werden die geschwungenen Dächer von Pagoden und Pavillons mit Lichterketten geschmückt. Tausende mit Kerzen bestückte Laternen treiben auf Flüssen und Seen oder werden in langen Prozessionen an den höchsten Punkt der Umgebung getragen, um die Rückkehr der Sonne nach den langen Wintermonaten zu feiern. Klebreis und Taroballchen werden großzügig an Kinder und Freunde verteilt.

Am fünften Tag des fünften Mondes wird auf jedem geeigneten Wasserlauf das Drachenbootfestival gefeiert, um das symbolische Bootsrennen abzuhalten und eingewickelte Reisküchlein als Tribut an die Götter zu werfen.

Das Mondfest findet im August statt, wenn der Erdtrabant am vollsten am Himmel steht. Melonen und andere Früchte, die das runde Mondgesicht symbolisieren, werden als Opfergabe vor dem Haus aufgestellt. In Mondkuchen und Teigtaschen, gefüllt mit süßer Lotos- oder Bohnenpaste oder mit pikantem Hackfleisch, werden traditionelle Insignien geprägt, um sie als Zeichen der Freundschaft und Wertschätzung zu verschenken.

Das rituelle Ching-Ming-Festival wird von den meisten Familien mit einem fröhlichen Frühlingsausflug verbunden. Die Menschen fahren zu den Gräbern ihrer Ahnen, um sie in Ordnung zu bringen. Man entflammt Weihrauch, deponiert Opfergaben und fährt wieder nach Hause zu einem gemeinsamen Familienschmaus, bei dem Schweinefleisch ein Tribut an die Vorfahren darstellt und Reis oder ein anderes Getreide Beständigkeit und Wachstum symbolisiert.

DESSERTS UND SÜSSIGKEITEN

Süden

Ba Bao Xing Dong

Mandel-Soja-Gelee mit Früchten

Wendet man das Prinzip von Yin und Yang auf die Ernährung an, so steht Yin für Trinken und Yang für Essen. Yang bezieht sich auch auf würzige und wärmende Speisen, während Yin mild schmeckende und kühlende Lebensmittel bezeichnet. Der zarte, weiche, glatte und feine Mandel-Soja-Gelee ist die vollendete Verkörperung einer kühlenden Yin-Speise für heiße Tage. Auch fein gehackt in eiskalter Kokosmilch schmeckt es köstlich.

FÜR DEN ZUCKERSIRUP

60 g extrafeiner Zucker

180 ml Wasser

500 ml Sojamilch (ersatzweise Kuhmilch)

100 g extrafeiner Zucker

2½ TL Mandelextrakt

250 ml Wasser

2 EL Agar-Agar

625 g tropischer Fruchtmix
aus der Dose

◆ Für den Zuckersirup den Zucker und das Wasser in einem kleinen Edelstahltopf auf mittlerer Stufe zum Kochen bringen. Die Hitze etwas reduzieren und den Sirup 10 Minuten köcheln lassen.

◆ In einem Topf die Milch, den Zucker und den Mandelextrakt auf niedriger Stufe erwärmen und rühren, bis sich der Zucker gelöst hat. In einem weiteren kleinen Topf das Wasser mit dem Agar-Agar auf großer Stufe zum Kochen bringen. Die Hitze reduzieren und unter gelegentlichem Rühren in 2–3 Minuten den Agar-Agar völlig auflösen. Durch ein feines Sieb in die warme Milch abseihen und verrühren.

◆ Eine 15 × 20 cm große und 4 cm hohe Form mit Wasser befeuchten. Die Milchmischung durch ein feines Sieb in die Form seihen und an einem kühlen Ort oder im Kühlschrank 40 Minuten oder länger fest werden lassen.

◆ Mit einem Messer in 2 cm große Rauten schneiden oder mit Teigausstechern dekorative Formen ausstechen und gleichmäßig in kleine Schälchen verteilen. Die Früchte und den Zuckersirup darüber schöpfen. Kalt oder raumtemperiert servieren.

Für 6–8 Personen

Westen

Niunai Huasheng Lao

Süße Erdnusscreme

Chinesische Datteln, »zao«, die Früchte des Jujubebaumes, werden sowohl für süße wie auch für herzhafte Gerichte verwendet. Streifen von kandierten Weißdornfrüchten werden in China als Bonbon und als Zutat für Desserts angeboten.

1½ l Wasser

125 g zerstoßener Kandiszucker

12 Chinesische Datteln (Jujube), entsteint, 25 Minuten
in heißem Wasser eingeweicht und abgetropft

320 g rohe Erdnusskerne

125 ml Sesamöl

1 TL Salz

3 EL Maisstärke

2 EL gehackte getrocknete Weißdornfrüchte
(nach Belieben)

◆ In einem Edelstahltopf 750 Milliliter des Wassers und den Kandiszucker auf mittlerer Stufe zum Kochen bringen und rühren, bis sich der Zucker gelöst hat. Die Chinesischen Datteln hineingeben und erneut zum Kochen bringen. Die Hitze auf niedrige Stufe reduzieren und die Früchte unbedeckt etwa 25 Minuten köcheln lassen, bis sie fast weich sind.

◆ Inzwischen die Erdnusskerne mit dem Sesamöl in einen Wok oder einen schweren Topf füllen. Auf mittlerer Stufe langsam erhitzen und in etwa 4 Minuten unter ständigem Rühren goldbraun rösten. 10 Minuten auf Küchenpapier abkühlen und abtropfen lassen.

◆ Die abgekühlten Erdnüsse in der Küchenmaschine mit 375 Milliliter des Wassers etwa 1½ Minuten zu einer cremigen Paste zermahlen.

◆ Wenn die Datteln fertig sind, die Erdnusscreme einrühren und etwa 10 Minuten unter gelegentlichem Rühren leise köcheln lassen, bis die Mischung dickcremig ist.

◆ In einer kleinen Schüssel das Salz, die Maisstärke und das restliche Wasser verrühren und unter die Dattel-Erdnuss-Creme rühren. Die Hitze etwas heraufstellen und die Suppe unter gelegentlichem Rühren zum Kochen bringen. Die Hitze auf niedrige Stufe stellen und die Suppe 3–4 Minuten erhitzen; dabei ab und zu umrühren.

◆ Die Suppe in eine Servierschüssel füllen. Nach Belieben mit den gehackten Weißdornfrüchten bestreuen und warm servieren.

Für 6–8 Personen

Süden

Yezi Zhi Dongfen

Kokosgelee

Kokospalmen gedeihen in den subtropischen Küstenregionen Südchinas, wo das Fleisch der Nüsse in eine Vielzahl populärer Gerichte wandert und das Kokoswasser als erfrischender Durstlöscher getrunken wird. Als Zhao Reiyan vor rund 2 000 Jahren zur Kaiserin gekrönt wurde, bestand sie darauf, dass einige Speisen aus ihrer Kindheit auf der Insel Hainan auch bei Hofe serviert wurden. Warmer Kokos- und Sagopudding, Kokoscreme, in der Schale einer jungen Kokosnuss gebacken, und gesüßte Kokoscreme auf zerstoßenem Eis mit süßen Geleeperlen gehörten zu ihren Lieblingsgerichten. Agar-Agar, eine aus Meeresalgen gewonnene Gelatine, die als Pulver und in Fadenform angeboten wird, ist im heißen Süden das bevorzugte Geliermittel.

550 ml Kokoscreme (Cream of coconut)
100 g extrafeiner Zucker
1 EL Agar-Agar
250 ml Wasser
1 TL Mandel- oder Macadamiaöl

◆ In einer Schüssel die Kokoscreme etwa 1 Minute durchschlagen, bis sie glatt und cremig ist.

◆ In einem kleinen Topf den Zucker, Agar-Agar und das Wasser vermengen und auf großer Stufe unter gelegentlichem Rühren zum Kochen bringen. Die Hitze auf mittlere Stufe reduzieren und 5 Minuten köcheln lassen. Die Mischung durch ein feines Sieb in die Kokoscreme seihen und sofort mit einem Schneebesen oder einem elektrischen Handrührgerät etwa 1 Minute aufschlagen.

◆ Eine 15 × 20 cm große und 4 cm hohe Form mit dem Öl einstreichen. Die Kokoscrememischung durch das Sieb in die Form seihen und an einem kühlen Ort oder im Kühlschrank in etwa 30 Minuten fest werden lassen.

◆ Das Gelee mit einem scharfen Messer in 4 cm große Würfel schneiden und auf kleinen Tellern servieren.

Ergibt etwa 18 Stück; für 6 Personen

Süden

Ma La Gao

Gedämpfter Rührkuchen

Jeder gestandene Kuchenbäcker wird überrascht sein über die luftig lockere Konsistenz dieses gedämpften Rührkuchens. Hinter seinem delikaten Honigaroma verbirgt sich ein subtiler Hauch von Bambus, infiziert von dem Dämpfkorb, in dem er gegart wird. Dieser Klassiker ist auf den ellenlangen Speisekarten vieler Dim-sum-Restaurants zu finden.

2 TL plus 125 g raumtemperierte Butter oder Margarine

100 g extrafeiner Zucker

185 g Honig

4 Eier

1 TL Vanilleextrakt

2½ TL Backpulver

235 g Mehl

125 ml raumtemperierte Milch

◆ Aus einem Bogen Backpapier ein Stück ausschneiden, das exakt in einen Dämpfkorb mit 23 cm Durchmesser hineinpasst. Das Backpapier einlegen und dick mit den 2 Teelöffeln Butter oder Margarine einstreichen.

◆ Den Dämpftopf zur Hälfte mit heißem Wasser füllen und zum Kochen bringen.

◆ Inzwischen in der Küchenmaschine den Zucker, Honig, die Eier, die 125 Gramm Butter oder Margarine und den Vanilleextrakt zu einer glatten Masse verarbeiten. Das Backpulver mit dem Mehl vermischen und mit der Milch zugeben und weiter durcharbeiten, bis sich ein zähflüssiger, geschmeidiger Teig gebildet hat. Den Teig in den vorbereiteten Dämpfkorb gießen.

◆ Den Korb in den Dämpftopf einsetzen, mit einem Deckel verschließen und die Hitze reduzieren, sodass das Wasser gerade noch siedet. Den Kuchen etwa 30 Minuten dämpfen, bis er gut aufgegangen, locker und an der Oberfläche trocken ist. Während des Garens durch Zugabe von kochendem Wasser für einen gleich hohen Wasserstand im Topf sorgen.

◆ Den Kuchen aus dem Dämpftopf heben, kurz abkühlen lassen, in Stücke schneiden und servieren.

Für 6–8 Personen

Westen

Bai Li Tian Tang

Shandong-Apfelbirnen, pochiert in Zuckersirup

Die rundlichen, knackigen und süßsaftigen Apfelbirnen aus Sichuan zählen zu den feinsten Vertretern unter Chinas Birnensorten und können mit den besten japanischen Nashis konkurrieren. Die nicht minder köstlichen chinesischen Pfirsiche lassen sich auf die gleiche Weise zubereiten. Pfirsiche gelten als Symbol für Weisheit und ein langes Leben. Am chinesischen Neujahrsfest werden in der Hoffnung auf ein langes Leben wie die Frucht geformte Dampfbrötchen verzehrt und den Göttern dargebracht.

750 ml Wasser

125 g zerstoßener weißer Kandiszucker

1 Zimtstange

2 Sternanis

4 dünne Scheiben frischer Ingwer

4 Birnen, geschält

◆ Das Wasser in einem Edelstahltopf zum Kochen bringen. Den Kandisucker, die Zimtstange, Sternanis und Ingwer zugeben und unter Rühren etwa 4 Minuten köcheln lassen, bis sich der Zucker vollständig gelöst hat.

◆ Die geschälten Birnen einsetzen und, sobald der Sirup fast den Siedepunkt erreicht, die Hitze etwas herunterstellen und die Früchte unbedeckt 15–20 Minuten pochieren, bis sie sich mit einer Messerspitze problemlos einstechen lassen. Von der Kochstelle nehmen und die Birnen in dem Sirup auf Raumtemperatur abkühlen lassen.

◆ Die Birnen in Dessertschalen anrichten, mit etwas erkaltetem Sirup überziehen und servieren.

Für 4 Personen

China erwacht in aller Frühe, wenn Händler ihre Stände mit Früchten bestücken, die noch feucht vom Morgentau sind.

DESSERTS UND SÜSSIGKEITEN

Lotos

Lotos ist eine elegante Wasserpflanze, die überall auf den Seen Chinas zu Hause ist. Die stattlichsten Exemplare wachsen auf den Wasserläufen des berühmten Westsees bei Hangzhou. Buddha erhob Lotos in den heiligen Stand als Symbol für Reinheit und Fruchtbarkeit. Reinheit erwächst selbst aus armseligen Umständen, wie die schöne Lotosblüte zeigt, die dem schlammigen Grund eines Teiches oder Sees entwächst. Eine einzige kleine Pflanze kann innerhalb kurzer Zeit eine riesige Gewässerfläche überwuchern.

Doch alles, was eine Lotospflanze sich nimmt, gibt sie zehnfach zurück. Die Blüten von anmutiger Schönheit in Gelb, Rosa, Weiß, Blau und Lavendel sind zwar nicht essbar, werden aber als Garnitur verwendet. Blätter so groß wie Flöße bieten als natürliche Regenschirme Schutz bei einem plötzlichen Wolkenbruch oder werden getrocknet als Umhüllung für alle möglichen Füllungen verwendet. In dem schlammigen Grund vergraben, findet man die länglichen Lotoswurzeln, die ein schmackhaftes Gemüse abgeben oder, mit Zucker überzogen, zum Naschwerk werden. Auch die essbaren Samen haben kulinarisches Gewicht. Ihr nussiges Aroma wird in süßen wie herzhaften Gerichten sehr geschätzt. Mit Zucker gekocht, verarbeitet man sie auch zu einer dicken Füllpaste.

Osten

Zhima Lianzi Qiu

Lotosbällchen mit Sesam

Der Kelch der Lotospflanze ist mit essbaren ovalen Samen übersät, deren Kerne etwas bitter schmecken und leicht toxisch sein können, sie sollten daher entfernt werden. Die harten, trockenen Samen müssen vor der Verwendung eingeweicht werden. Sie werden auch zermahlen und mit Zucker zu einer süßen Lotospaste verkocht, die als Füllung für Dampfbrötchen, Pfannkuchen, Teigtaschen und den Mondkuchen zum Mondfest im August eingesetzt wird. Lotospaste gibt es fertig in Dosen zu kaufen.

250 g Klebreismehl
3 EL extrafeiner Zucker
180 ml Wasser
315 g süße Lotossamenpaste
60 g Sesamsamen
Pflanzenöl zum Frittieren

◆ In einer großen Schüssel das Reismehl, den Zucker und das Wasser gründlich verrühren. Die Masse in der Schüssel mit den Händen zu einem weichen, glatten Teig verkneten. Den Teig auf eine leicht mit Öl bestrichene Arbeitsfläche legen und mit den Handballen zu einer knapp 40 cm langen Rolle formen. Die Teigrolle in 15 Stücke von 2½ cm Dicke schneiden und zu 6 cm großen Bällchen formen.

◆ Die Lotossamenpaste in 15 gleich große Portionen teilen und zu Kügelchen formen. In die Mitte jedes Teigbällchens ein Kügelchen drücken und den Teig mit den Fingern wieder darüber ziehen. Die Hände mit etwas Öl benetzen und die gefüllten Bällchen behutsam wieder in eine runde Form bringen.

◆ Die Sesamsamen auf einem Teller ausbreiten und die Teigbällchen nacheinander von allen Seiten darin wenden, bis sie gleichmäßig bedeckt sind.

◆ Das Öl 5 cm hoch in einen Wok oder eine tiefe, schwere Pfanne gießen und auf 165 °C erhitzen (die Temperatur ist erreicht, wenn ein Brotwürfel in dem Öl innerhalb von 1 Minute goldgelb wird). Sämtliche Lotosbällchen gleichzeitig in das heiße Öl einlegen und etwa 2½ Minuten frittieren, bis sie aufgegangen und goldgelb sind. Mit einer Frittierkelle herausheben und zum Abtropfen auf Küchenpapier legen.

◆ Die Lotosbällchen warm oder raumtemperiert servieren.

Ergibt 15 Stück

Süden

Mang Guo Buding

Mangopudding mit Sago

Obwohl die chinesische Küche unbestreitbar zu den mannigfaltigsten Küchen der Welt zählt, schenkt man Desserts wenig Beachtung. Die jüngere Generation hat da noch am ehesten eine süße Ader. Dieser Pudding, eine Entlehnung aus der südostasiatischen Küche, hat es immerhin bis auf die Speisekarten der Dim-sum-Restaurants in Hongkong und Guangdong gebracht. Der Süden Chinas ist mit köstlichen Obstsorten gesegnet, darunter Mangos, Stachelannonen, Cherimoyas und die streng riechende Durian (Stinkfrucht). Der Norden hat die Persimone zu bieten, deren reifes rotes Fruchtfleisch mir fast schon zu süß ist.

90 g kleine Sagoperlen

440 g Mango aus der Dose, abgetropft, der Saft aufgefangen und das Fruchtfleisch püriert

125 ml Wasser

90 g extrafeiner Zucker

125 ml Kokoscreme (Cream of coconut)

◆ Die Sagoperlen in einem Topf gründlich mit kaltem Wasser abspülen. Abseihen, abtropfen lassen und zurück in den Topf geben. 250 Milliliter des aufgefangenen Mangosafts, das Wasser und den Zucker hinzufügen und auf mittlerer Stufe zum Kochen bringen. Die Hitze etwas reduzieren und unter häufigem Umrühren etwa 20 Minuten köcheln lassen, bis fast alle Sagoperlen klar und durchscheinend sind.

◆ Die Kokoscreme unterrühren und weitere 6 Minuten köcheln lassen, bis der Pudding dick ist und keine weißen Stärkeperlen mehr sichtbar sind.

◆ Das Mangopüree gründlich einrühren und den Pudding in kleine Dessertschalen verteilen. Zugedeckt im Kühlschrank fest werden lassen.

◆ Den Mangopudding gekühlt servieren.

Für 4–6 Personen

Norden

Hong Dou Sa Biang

Pfannkuchen mit roten Bohnen

Rote Bohnen, mit Zucker gekocht, ergeben eine köstliche süße Dessertsuppe oder eine Füllung für süße Teigtaschen, Pfannkuchen und Dampfbrötchen.

1 Ei
250 ml Wasser
75 g Mehl
3 EL Maisstärke
2 EL Pflanzenöl, plus 2–3 TL
2 TL Sesamöl
185 g gesüßte rote Bohnen oder rote Bohnenpaste
1 EL Puderzucker

◆ In einer Küchenmaschine oder mit dem elektrischen Handrührgerät das Ei mit dem Wasser kurz verquirlen. Das Mehl, die Stärke und die 2 Esslöffel Pflanzenöl zugeben und alles zu einem dünnen Teig verarbeiten. 10 Minuten ruhen lassen.

◆ Eine gusseiserne oder beschichtete Pfanne auf mittlerer Stufe heiß werden lassen. Sobald sie heiß ist, jeweils ½ Teelöffel Pflanzen- und Sesamöl hineingeben und mit einem Stück Küchenpapier gleichmäßig in der Pfanne verreiben.

◆ Ein Fünftel des Pfannkuchenteigs in die Pfanne gießen und die Pfanne hin und her schwenken, damit der Teig den Boden gleichmäßig überzieht. Etwa 30 Sekunden bei mittlerer Hitze backen, bis er an der Unterseite fest ist. In der Mitte ein Fünftel der Bohnen(paste) verteilen und die Teigränder so darüber schlagen, dass ein Rechteck entsteht. Mit einem Palettmesser leicht andrücken, damit sich die Füllung gleichmäßig verteilt. Weitere 20 Sekunden backen, bis die Unterseite gebräunt ist. Den Pfannkuchen wenden und etwa 30 Sekunden von der anderen Seite bräunen. Dabei nochmals behutsam flach drücken. Den Pfannkuchen mit dem Palettmesser auf einen Teller heben. Aus dem restlichen Teig und der Bohnenpaste 4 weitere Pfannkuchen backen.

◆ Die Pfannkuchen in 2 cm breite Streifen schneiden, auf einer Servierplatte anrichten und mit dem Puderzucker bestäuben. Warm oder raumtemperiert servieren.

Für 8 Personen

DESSERTS UND SÜSSIGKEITEN

Norden

Fengmi Shanyao
Süßkartoffeln in Honigsirup

Honig aus Kaifeng war während der Sung-Dynastie ein wichtiges Gewürz in der chinesischen Küche.

500 g Süßkartoffeln, geschält und in Stäbchen geschnitten (4 cm lang, 1,2 cm breit, 2 cm dick)

Salz

1 EL Sesamsamen

Pflanzenöl zum Ausbacken

FÜR DEN HONIGSIRUP

90 g extrafeiner Zucker

160 ml Wasser

90 g Honig

1 EL Maisstärke, aufgelöst in 80 ml Wasser

◆ Die Süßkartoffelstäbchen in einer Schüssel mit leicht gesalzenem Wasser 10 Minuten stehen lassen. Abgießen und zum Trocknen auf einem Küchentuch ausbreiten.

◆ Einen Wok auf mittlerer Stufe erhitzen. Die Sesamsamen darin unter ständigem Rühren in etwa 1 Minute goldbraun rösten. In ein Gefäß füllen und abkühlen lassen.

◆ Den Wok auswischen, 2½ cm hoch Öl einfüllen und auf 180 °C erhitzen (die Temperatur ist erreicht, wenn ein Brotwürfel in dem Öl innerhalb von wenigen Sekunden goldgelb wird). Die Kartoffelstäbchen darin etwa 5 Minuten ausbacken, bis sie etwas Farbe angenommen haben; dabei regelmäßig wenden. Die Stäbchen mit einem Schaumlöffel auf einen Teller heben.

◆ Das Öl bis auf 3 Esslöffel in ein hitzebeständiges Gefäß abgießen. Den Wok auf mittlerer Stufe wieder erhitzen und den Zucker darin unter Rühren 3–4 Minuten goldbraun schmelzen lassen. Vorsichtig das Wasser zugießen, zum Kochen bringen und unter Rühren 1 Minute köcheln lassen, um etwaige Klümpchen aufzulösen. Den Honig unterrühren und die Süßkartoffelstäbchen behutsam darin wenden, bis sie gleichmäßig mit dem Sirup überzogen sind. Weitere 2 Minuten köcheln lassen, bis die Stäbchen einen Teil des Sirups aufgenommen haben. Die Stärke einrühren, die gerösteten Sesamsamen zufügen und weitere 2 Minuten langsam rühren, bis der Sirup leicht eindickt und die Süßkartoffelstäbchen vollständig glasiert sind.

◆ Auf einer Platte anrichten und sofort servieren.

Für 6–8 Personen

Osten

Juzi Lianzi Xingren
Süße Lotos-Tangerinen-Suppe

Klare süße Suppen auf der Basis eines Sirups aus Kandiszucker und Wasser sind eine attraktive Facette der chinesischen Dessertküche. Man sagt ihnen kühlende und heilende Eigenschaften nach. Fast immer schwimmt eine fantasiereiche Auswahl bunter Zutaten in der Suppe, zu den beliebtesten zählen knackige weiße Wolkenohren, meist eskortiert von scharlachroten Bocksdornbeeren, oder auch wabbelige Schwalbennester, die manchmal noch mit zerstoßenen Perlen bestreut werden. Ginkgonüsse, Chinesische Datteln, Kirschen, Holzäpfel und Weißdornfrüchte sind ebenfalls beliebte Einlagen. Im Grunde eignet sich jede frische Frucht, auch die einheimischen Litschis und Longans, als Treibgut in süßen Suppen.

Einige der schmackhaftesten Zitrusfrüchte Chinas werden in der Provinz Fujian kultiviert, während Lotos auf den Wasserläufen rund um Hangzhou wuchert. Zusammen vermählen sich diese östlichen Spezialitäten zu einer eleganten, erfrischenden Suppe. Frische Lotoswurzel muss gründlich abgebürstet und geschält werden.

45 g getrocknete Lotossamen, 2 Stunden in Wasser eingeweicht und abgetropft

1 l kaltes Wasser

185 g zerstoßener weißer Kandiszucker oder extrafeiner Zucker

90 g Lotoswurzel, geschält und quer in dünne Scheiben geschnitten

3 Tangerinen, geschält und in ihre Segmente zerteilt

◆ Die eingeweichten Lotossamen in einem kleinen Topf mit heißem Wasser bedecken und dieses zum Kochen bringen. Die Hitze herunterstellen und das Ganze unbedeckt etwa 15 Minuten köcheln lassen, bis die Samen etwas weich geworden sind.

◆ In einem weiteren Topf das kalte Wasser mit dem Zucker zum Kochen bringen und dabei umrühren, bis sich der Zucker vollständig gelöst hat. Die abgetropften Lotossamen einrühren und unbedeckt 15 Minuten köcheln lassen. Die Lotoswurzelscheiben zugeben und weitere 10 Minuten köcheln lassen, bis die Lotossamen und -scheiben weich sind.

◆ Die Tangerinensegmente vorsichtig von Kernen und weißen Schalenresten befreien. Die Früchte in den Lotossirup rühren und unbedeckt auf niedriger Stufe etwa 10 Minuten pochieren, bis die Tangerinenstücke leicht durchscheinen. Abkühlen lassen und raumtemperiert oder gekühlt servieren.

Für 6–8 Personen

DESSERTS UND SÜSSIGKEITEN

Osten

Babao Pingguo

Äpfel der »acht Kostbarkeiten«

Obwohl auch als frisches Obst beliebt, isst man Äpfel in den Wintermonaten gern wie hier zubereitet als heißen Abschluss eines festlichen Mahls.

Wegen ihrer leuchtend roten Schale gelten Äpfel als Symbol des Glücks. Ähnlich wie orangefarbene Zitrusfrüchte bringt man sie in den Tempeln den Göttern als Opfer dar und betrachtet sie als Vorboten verheißungsvoller Ereignisse. Daher sind besonders rote, in der Schale gegarte Äpfel bei festlichen Anlässen sehr beliebt.

Seit Menschengedenken werden im Westen Chinas verschiedene Varietäten kultiviert, und erst kürzlich identifizierten Wissenschaftler die Hänge des Tienschan-Gebirgszugs an der Grenze zu Kirgisien als die mögliche Keimzelle des Urapfels, aus dem sich alle heute bekannten Sorten entwickelten.

Die knackigen, süßsaftigen Chinesischen Birnen, auch Shandong- oder Apfelbirnen genannt, lassen sich genauso zubereiten – als warmes Dessert mit einer reichhaltigen Füllung aus Nüssen und Trockenfrüchten oder als süße sommerliche Erfrischung, mit frischen Fruchtstückchen gefüllt.

Salz
4 rote Äpfel
45 g Klebreis
3 EL extrafeiner Zucker
375 ml Wasser
8 enthäutete Mandelkerne
8 geröstete Cashewnusskerne
4 Maraschinokirschen
1 EL Rosinen
4 TL gesüßte rote Bohnen
1 TL Sesamsamen

◆ Eine hochwandige Form zu drei Vierteln mit leicht gesalzenem Wasser füllen. Mit einem scharfen Messer an den Stielansätzen der Äpfel einen gut 1 cm dicken »Deckel« abschneiden und in das Wasser legen.

◆ Mit einem kleinen Messer oder Teelöffel das Kerngehäuse und einen Teil des Fruchtfleischs aus den Äpfeln herauslösen, sodass in der Mitte eine Höhlung entsteht. Darauf achten, dass die untere Seite mit dem Blütenansatz unversehrt bleibt. Die Äpfel aufrecht in das Wasser setzen.

242 DESSERTS UND SÜSSIGKEITEN

◆ In einem kleinen Topf den Reis mit 1 Esslöffel des Zuckers und 250 Milliliter des Wassers vermengen. Auf mittlerer Stufe zum Kochen bringen und etwa 10 Minuten köcheln lassen, bis der Reis das Wasser vollständig absorbiert hat.

◆ In einer kleinen Schüssel ein Viertel des Reises, 2 Mandelkerne, 2 Cashewnusskerne, 1 Kirsche, einige Rosinen, 1 Teelöffel rote Bohnen und ¼ Teelöffel Sesamsamen vermengen und die Mischung in die Aushöhlung eines Apfels füllen. Den Vorgang dreimal wiederholen und auf diese Weise sämtliche Äpfel füllen. Die gefüllten Äpfel aufrecht in eine kleine, feuerfeste Form setzen und die »Deckel« wieder auflegen.

◆ In einem kleinen Topf die restlichen 2 Esslöffel Zucker mit dem restlichen Wasser auf mittlerer Stufe zum Kochen bringen und 2–3 Minuten unter Rühren köcheln lassen, bis sich der Zucker gelöst hat. Den Sirup zu den Äpfeln in der Form gießen.

◆ In einem Dämpftopf Wasser zum Kochen bringen. Die Form mit den Äpfeln in den Dämpfkorb und diesen in den Dämpftopf einsetzen. Zugedeckt etwa 30 Minuten dämpfen, bis sich das Fruchtfleisch problemlos mit einer Messerspitze einstechen lässt und der Reis gar ist. Verkochtes Wasser gegebenenfalls durch kochendes Wasser ergänzen.

◆ Die Äpfel aus dem Dämpftopf heben und vollständig auskühlen lassen. Auf Desserttellern anrichten und raumtemperiert servieren.

Für 4 Personen

Komm her, Gott der Küche, dessen Name Chang ist, hier ist dein Pudding und hier deine Suppe. Kehrst du in den Himmel zurück, würde es uns alle freuen, wenn du das Gute berichtest und das Schlechte für dich behältst.

Frische Früchte

China erstreckt sich über ein riesiges Territorium, dessen klimatische Bedingungen von subtropisch bis nahezu arktisch reichen. Diese Bandbreite zeigt sich auch in seinem Angebot an Früchten. Im schwül-warmen Süden mögen Früchte etwas Alltägliches sein, im Norden und äußersten Westen sind sie dagegen eine exklusive und kostspielige Rarität.

Auf den Märkten in Guangdong und Guangxi findet man eine reiche und gut sortierte Auswahl bekannter tropischer Früchte, aber auch weniger verbreitete Exoten wie Litschis, Longans, Rambutans und Mangostanen. In Fujian und Jiangxi drängeln sich unübertreffliche leckere Zitrusfrüchte um die besten Plätze im Verkaufsregal. Dagegen stammen einige der besten Melonen- und Traubensorten des Landes aus den westlichen Provinzen, während köstliches Steinobst und Birnen im Roten Becken von Sichuan gedeihen. Weiter im Norden zwingt das gemäßigte bis kalte Klima zu weniger empfindlichen Sorten wie Kirschen, Weißdornfrüchten, Persimonen und Äpfel.

Auf der Insel Hainan, Chinas südlichster Region, herrschen fast tropische Bedingungen, ideal für Kokospalmen, Ananas und Exoten wie die riesige, fleischige Jackfrucht und die stachelige Durian. Letztere hat einen derart penetranten Geruch, dass man sie auch Stinkfrucht nennt und aus öffentlichen Verkehrsmitteln verbannt hat. Heiß begehrt ist sie vermutlich wegen ihrer angeblichen aphrodisischen Wirkung.

Glossar

Im folgenden Verzeichnis werden wichtige Zutaten und Grundrezepte der chinesischen Küche beschrieben, die in diesem Buch immer wiederkehren. Chinesische Produkte erhalten Sie in Asia-Läden, Lebensmittelgeschäften, gut sortierten Supermärkten oder auf Bestellung auch im Versandhandel. Weitere Begriffe finden Sie im Register.

AGAR-AGAR

Agar-Agar ist ein pflanzliches Geliermittel, das aus Meeresalgen (asiatische Rotalge) gewonnen und durch Kochen aufgelöst wird. Mit Agar-Agar gebundene Desserts und Süßigkeiten haben eine angenehm feste Konsistenz und schmelzen nicht. Agar-Agar wird in Pulverform, als Fäden oder Streifen angeboten und ist eine hervorragende vegetarische Alternative zu Gelatine.

AUSTERNSAUCE

Austernsauce *(haoyou)* ist eine dickflüssige, dunkelbraune und salzige Würzsauce, die aus fermentierten Sojabohnen und einem Extrakt aus fermentierten, getrockneten Austern hergestellt wird. Im Kühlschrank aufbewahren.

BABYMAIS

Baby- oder auch Minimais nennt man die kleinen, jung geernteten, aber schon voll ausgebildeten Zuckermaiskölbchen. Sie werden als Frischgemüse oder Konserve gehandelt. Die zarten Kölbchen sind im Handumdrehen gar und werten Suppen und Wokgerichte eher optisch als geschmacklich auf. Der frische Mais sollte innerhalb von 3–4 Tagen verbraucht werden. Dosenmais hält sich zugedeckt in frischem Wasser im Kühlschrank bis zu 4 Tage.

BAMBUSSPROSSEN

Die essbaren Sprossachsen bestimmter Bambusarten werden in China *qingsun* genannt. Die frischen, rohen Sprossen haben harte Hüllblätter, die entfernt werden müssen, um den zarten, goldgelben, hornförmigen Sprosskern freizulegen. Küchenfertig gibt es Bambussprossen frisch, tiefgefroren oder als Konserve in ganzen Stücken, Scheiben oder geraspelt zu kaufen. Nicht verarbeitete Reste halten sich in leicht gesalzenem Wasser im Kühlschrank bis zu einer Woche. Winterbambussprossen *(dongsun)* sind klein und zart. Eingesalzene, getrocknete Sprossen sollten vor der Verwendung eingeweicht und gründlich abgespült werden.

BOHNENSPROSSEN

Die essbaren Sprossen der Mungbohne *(ludouya)* sind schlanke, silbrig-cremefarbige und bis zu 5 cm lange Keimlinge mit einer kleinen Samenhülse und einem spitz zulaufenden Trieb. Die frischen Bohnensprossen sind überall erhältlich und der Dosenware in jedem Fall vorzuziehen. Beide müssen vor der Verarbeitung blanchiert und anschließend kalt abgeschreckt werden. Frische Bohnensprossen halten sich in einem luftdicht verschlossenen Gefäß im Kühlschrank 3–5 Tage. Sie können die Samenhülsen vor der Zubereitung auch abtrennen und nur die hübschen silbrigen Keimlinge verwenden. Die längeren und kräftiger schmeckenden Sojabohnensprossen *(huang douya)* lassen sich in gleicher Weise verwenden.

CASSIA

Cassia ist die aromatische Innenrinde eines gleichnamigen Baumes, der in Südchina und Indochina beheimatet ist. Sie hat ein dem Stangenzimt ähnliches Aroma (daher auch der Name »Chinesischer Zimt«) und wird zum Würzen von langsam gegarten Gerichten und Desserts eingesetzt. Im Handel ist sie in 3–7,5 cm langen Stücken erhältlich, die man luftdicht verschlossen lagern sollte.

CHILI

Die scharfen grünen und roten Schoten wachsen überall in den mittleren und westlichen Provinzen Chinas, wo sie in zahlreichen Gerichten unentbehrlich sind. Ob frisch, getrocknet, eingelegt oder als Pulver – sie kommen in jeder Form zum Einsatz.

BOHNENSAUCEN

Bohnen, allen voran die vielseitige Sojabohne, liefern in der chinesischen Küche den Rohstoff für viele würzige Saucen und Pasten, darunter natürlich auch die allbekannte Sojasauce (siehe Seite 48). Diese beliebten Würzmittel verleihen besonders pfannengerührten und geschmorten Gerichten einen intensiven Geschmack. Würzsaucen halten sich fest verschlossen im Kühlschrank mindestens 3 Monate. In China hat jede Provinz ihre eigenen Spezialitäten; hier sind die gängigsten:

HELLE BOHNENSAUCE (engl. yellow bean sauce): Wird aus fermentierten gelben Sojabohnen hergestellt, die man entweder püriert oder ganz in Salzlake einlegt. Eine dickflüssige Verwandte ist die dunkle Bohnensauce.

KNOBLAUCH-CHILI-SAUCE (engl. garlic chile sauce): Diese salzig-scharfe Sauce besteht aus Knoblauch, Chilis und fermentierten Bohnen und wird in China *suan lajiang* genannt.

SCHARFE BOHNENSAUCE (engl. hot bean sauce und chile bean paste): In China als *douban lajiang* bekannt. Eine dicke, salzige Paste aus pürierten Chilis, fermentierten gelben Bohnen, verschiedenen Gewürzen und Öl.

SCHWARZE BOHNENSAUCE (engl. black bean sauce): Heißt in China *huang jiang*. Eine salzig-milde Würzsauce aus fermentierten schwarzen Sojabohnen, die sowohl in dünn- als auch in dickflüssiger Variante auf den Markt kommt. Für die Rezepte in diesem Buch wird hauptsächlich Letztere verwendet.

SÜSSE BOHNENSAUCE (engl. sweet bean sauce): In China *tianmian jiang* genannt. Die traditionelle Würzsauce zu Peking-Ente gibt es in verschiedenen Sorten. Zu empfehlen ist die überall erhältliche Hoisin-Sauce aus Südchina, die etwas süßer ist als die Saucen aus dem Norden. Sie sollte nicht mit der dicken, süßen Paste aus den roten Adzuki-Bohnen verwechselt werden, die für einige Desserts verwendet wird.

CHILIÖL

Chiliöl wird aus frischen oder getrockneten, scharfen roten Chilis und Sesamöl oder einem anderen Pflanzenöl hergestellt. Das sehr scharfe rote Öl wird nur ganz sparsam zum Würzen eingesetzt. *Huajiaoyou* ist ein Öl, das mit Sichuanpfeffer gewürzt wird und statt des herkömmlichen Chiliöls verwendet werden kann.

CHILISAUCE

Eine höllisch scharfe Sauce aus zermahlenen roten Chilis, Reisessig, Zucker und Salz.

CHINAKOHL

Auch als Peking- oder Japankohl bekannt, bildet dieser Kohl große Köpfe mit kompakt geschichteten, an den Spitzen leicht krausen hellgrünen Blättern und breiten, fleischigen Blattrippen. Sein milder Geschmack, seine knackigen Blattrippen und zarten Blätter machen ihn zu einer vielseitigen Zutat für Suppen, Pfannengerührtes und Füllungen.

CHINESISCHE DATTEL (JUJUBE)

Diese schrumpeligen rotbraunen Früchte *(zao)* des Jujube-Baums erinnern in Konsistenz und Geschmack an Datteln. Sie setzen in Eintopfgerichten einen reizvollen Kontrast und tauchen auch in Desserts und als Füllung für Teigtaschen und Dampfbrötchen auf. Entsteinte schwarze Datteln liefern Ersatz.

CHINESISCHE VERMICELLI, GLASNUDELN

Diese hauchdünnen, durchsichtigen Nudeln *(fensi)* werden aus Mungbohnenstärke und Wasser hergestellt. Sie müssen vor der Zubereitung in heißem Wasser eingeweicht werden. Beim Garen behalten sie ihren festen Biss, was sie vor allem als Einlage für Suppen, Eintopf- oder für vegetarische Gerichte interessant macht. Zur leichteren Handhabung empfiehlt es sich, die Glasnudeln vor dem Servieren in 10 cm lange Stücke zu schneiden.

CHINESISCHE WURST

Die unter dem Namen *lap cheong* bekannte rote, harte Dauerwurst, die an eine dünne Salami erinnert, wird aus fettem, mild gewürztem Schweinefleisch hergestellt. Eine andere, *yun cheung* oder *xiang chang* genannte Wurst wird aus einer Mischung aus gehackter Leber und Schweinefleisch gemacht und ist rotbraun. Beide Sorten halten sich im Kühlschrank oder an einem anderen kühlen Ort viele Monate. Vor dem Verzehr sollte man sie 4–5 Minuten dämpfen, damit sie etwas weicher werden.

CHINESISCHER BROKKOLI

Diese in China *gai lan* genannte Kohlsorte ähnelt dem Choisum, ist aber etwas bitterer, hat fleischigere Stiele und kleine weiße Blüten. Die Stiele lassen sich durch grünen Spargel ersetzen.

CHINESISCHES KOHLGEMÜSE

Die Chinesen kultivieren eine erstaunliche Vielfalt an Kohlgemüse der Gattung *Brassica*, darunter auch der große, runde asiatische Weißkohl, ein wichtiges Wintergemüse im Norden Chinas. *Dong cai* ist getrockneter Kohl, der als Einlage in Schmorgerichten und Suppen beliebt ist. Er wird luftdicht verpackt angeboten und muss vor der Verarbeitung in warmem Wasser eingeweicht werden. Achten Sie beim Einkauf von chinesischem Kohlgemüse darauf, dass die Blattstiele fest, die Blätter unbeschädigt sind und frisch aussehen, und lagern Sie das Gemüse im Gemüsefach des Kühlschranks. Wenn Sie keinen Chinesischen Brokkoli oder anderen Kohl finden, greifen Sie auf hiesigen Kohl und Brokkoli zurück. Siehe auch unter Pak-Choi, Chinesischer Brokkoli, Choisum, Senfkohl, Chinakohl und eingelegter Rettich.

CHOISUM

Choisum ist ein Blattkohl mit dünnen, ovalen Blättern, winzigen gelben Blüten und langen, schlanken Stielen. Wörtlich übersetzt bedeutet sein Name »Gemüseherz«. Er ist ein naher Verwandter des Stielmus und des Sareptasenfs *(Brassica juncea)*, der als Gemüse in der chinesischen Küche sehr viel zum Einsatz kommt und dessen Samen zu den frühesten Speiseöllieferanten überhaupt zählen. Pochierter Choisum mit Austernsauce ist eines der populärsten Gemüsegerichte in China. *Qing cai* ist Winterraps mit runden dunkelgrünen Blättern.

EINGELEGTER RETTICH

Eingelegter Rettich wird aus geraspeltem Daikon-Rettich hergestellt, den man in Salzlake mariniert. Er wird in kleinen Packungen angeboten und hält sich in einem fest verschlossenen Gefäß im Kühlschrank über Monate. Eingelegter Rettich verleiht Teigfüllungen einen reizvollen Geschmack und knackigen Biss und Suppen eine angenehme Würze. Manchmal ist es ratsam, den Rettich vor der Verwendung abzuspülen, damit das Gericht nicht zu salzig wird. Vor dem Nachwürzen sollte man in jedem Fall den Salzgehalt kontrollieren. Geraspelte und in Salz eingelegte Rettiche oder Kohlrüben, die manchmal noch mit Chili gewürzt werden, kennt man als sehr pikante Zutat in den nördlichen Provinzen und in der Küche Yunnans.

ERBSENTRIEBE

Sie haben zarte, runde Blätter mit dünnen Stielen und sich ringelnden Ranken. Ersatz: junger Spinat.

ESSIG

Die drei Hauptessigsorten der chinesischen Küche werden aus fermentiertem Reis gewonnen. Weißer Reisessig *(micu)* ist ein klarer, milder und vielseitig einsetzbarer Essig. Cidre- und Weißweinessig können ersatzweise verwendet werden, allerdings sollte man die angegebene Menge um 5–10 Prozent verringern. Schwarzer Essig (auch als brauner Essig deklariert) ist ein dunkler Reisessig mit dezentem Aroma, der als Würzmittel beliebt ist. Roter Reisessig ist in Wirklichkeit bernsteinfarben und würzt mit seiner leichten Schärfe Suppen, Nudelgerichte und Füllungen. Balsamico kann als Ersatz für schwarzen und roten Reisessig verwendet werden.

FÜNF-GEWÜRZE-PULVER

Eine fein gemahlene Gewürzmischung aus Sichuanpfeffer, Zimtstange oder Cassia, Nelken, Fenchelsamen und Sternanis.

GARNELEN

Getrocknete Garnelen *(haimi)* sind winzige, in der Sonne getrocknete und geschälte Shrimps, die in China abgepackt oder lose nach Gewicht verkauft werden und vor der Verwendung eingeweicht werden müssen. Die beste Ware ist von einem leuchtenden Orangerosa und von intensivem Fischgeschmack. Die Garnelen würzen Füllungen und Reisgerichte und verleihen Saucen und Fonds einen Hauch von Seafood. Sie sollten luftdicht verschlossen im Kühlschrank aufbewahrt werden. Garnelenbällchen sind vorgegarte, mundgerechte Bissen aus durchgedrehtem Garnelenfleisch. Man bekommt sie tiefgefroren in Asia-Läden und verwendet sie für Suppen sowie für pfannengerührte und geschmorte Gerichte.

GLOSSAR 245

TEIGBLÄTTER FÜR TÄSCHCHEN

Teigblätter, in China als *gow gee* oder *gyoza* bekannt, sind dünne, runde Teighüllen von 7½ cm Durchmesser, die aus Weizenmehl und Wasser hergestellt werden und als Hülle für alle möglichen Füllungen dienen. Die Basis der quadratischen, 9 cm großen Won-tan-Blätter *(huntun mian)* ist ein Eierteig; sie dienen als Hülle für Suppeneinlagen und frittierte Snacks. Won-tan-Blätter werden in Paketen zu 30 oder 50 Stück angeboten. Die frischen Teigblätter halten sich im Kühlschrank 3–5 Tage. Eingefrorene Teigblätter sollte man rechtzeitig auftauen, damit sie formbar werden.

WON-TAN-STREIFEN ALS GARNITUR

Pflanzenöl zum Frittieren
5 Won-tan-Blätter, in 3 mm feine Streifen geschnitten

In einen Wok oder einen Topf mit schwerem Boden 2½ cm hoch Öl einfüllen und auf 190 °C erhitzen. Das Öl ist heiß genug, wenn ein Won-tan-Streifen darin innerhalb von Sekunden goldgelb und knusprig wird. Die Won-tan-Streifen in nicht zu großen Portionen in das heiße Öl gleiten lassen und in 30 Sekunden goldgelb und knusprig frittieren. Mit einem Schaumlöffel herausheben und auf Küchenpapier abtropfen lassen.

INGWER

Die essbare Wurzel (Rhizom) der Ingwerstaude ist im jungen Stadium weich und hellgelb, manchmal findet man sie noch mit den zarten grünen Seitentrieben daran. Mit zunehmendem Alter wird die Wurzel dunkler, ihre Haut etwas runzelig, das Aroma schärfer und das Fleisch faserig. Ingwer wird geschält, in Scheiben geschnitten, gehackt oder geraspelt und würzt mit seinem unverwechselbaren süßlich-scharfen Aroma so manches Gericht. Getrockneter, gemahlener Ingwer wird in der chinesischen Küche nicht gern gesehen; dagegen ist in Lake oder Essig eingelegter Ingwer durchaus ein würdiger Ersatz, muss aber vor der Verwendung abgespült werden.

INGWERSAFT HERSTELLEN: Die geschälte Wurzel fein auf ein Leintuch (Etamin) raspeln, die Tuchenden zusammenführen und den Saft herauspressen. Das ausgepresste Ingwermark kann man entweder wegwerfen oder auch für eine Suppe oder Pfannengerührtes verwenden. 1 Esslöffel geriebener Ingwer ergibt etwa 1½ Teelöffel Ingwersaft. Ingwerwein ist eine Mischung aus einem Teil Ingwersaft und zwei bis drei Teilen Reiswein und wird als Würzmittel oder für Marinaden eingesetzt.

JAKOBSMUSCHELN

Die Schaltiere sind häufiger Bestandteil in Pfannengerührtem und in der Fischküche der Küstenprovinz Fujian sowie in den Küchen Guangdongs und Hongkongs. Das weiße Muschelfleisch (Nüsschen) genießt vor dem orangeroten Rogen (Corail) meist den Vorzug. *Ganbei* (getrocknete Jakobsmuscheln, auch als *conpoy* bekannt) sind Tiefsee-Jakobsmuscheln, die fernab der chinesischen Küste geerntet werden. In runde Scheiben geschnitten, trocknet man sie zu steinharten bernsteinfarbenen Kreisen. Auch in Chipsform sind sie erhältlich.

JICAMA (YAMSBOHNE)

Jicama ist ein Knollengemüse mit festem, knackigem Fleisch, das roh oder in geschmorten Gerichten und Suppen gegessen wird. Die Knolle hat eine hellbraune Schale und eine rundliche, kannelierte Form.

KORIANDERGRÜN (CILANTRO)

Dieses frische, aromatische Kraut ist als Garnitur und Würzmittel für Pfannengerührtes und Suppen unverzichtbar. Die gehackten Blätter und Stiele aromatisieren auch Füllungen. Die Wurzel wird in der chinesischen Küche nicht verwendet. Wem der eigenwillige, durchdringende Geschmack des Koriandergrüns nicht behagt, kann auf Petersilie, Vietnamesische Minze oder Basilikum ausweichen. Koriandergrün hält sich am besten frisch, wenn man es in ein feuchtes Stück Papier oder Küchentuch einwickelt und im Gemüsefach des Kühlschranks aufbewahrt. Vor dem Gebrauch gründlich waschen.

LILIENBLÜTEN

Die getrockneten Blütenknospen der Tigerlilie erinnern in Aussehen und Größe an goldfarbene Bohnensprossen und sind von wunderbarem Geschmack und moschusartigem Duft. Man verwendet sie für Schmorgerichte und in traditionellen Gerichten der »acht Kostbarkeiten« (auch »Köstlichkeiten«). Sehr beliebt sind sie auch in der vegetarischen Küche. Als Symbol der Einigkeit werden sie zuweilen vor dem Garen zusammen in ein Tuch gebunden. In einem trockenen, luftdicht verschlossenen Gefäß halten sich getrocknete Lilienblüten viele Monate lang.

LOTOS

Die schöne Lotosblume findet in der chinesischen Küche vielseitige Verwendung. Sie liefert eine ganze Reihe wichtiger Zutaten für alle möglichen Speisen und Süßspeisen, Blütenblätter zum Dekorieren der Teller oder als Tischschmuck und Blätter als Hülle für gedämpfte Gerichte.

LOTOSBLÄTTER: Getrocknete Lotosblätter müssen vor der Verarbeitung eingeweicht, die harten Stielansätze entfernt werden. Die Blätter dienen frisch oder getrocknet als Umhüllung für gedämpften Reis und andere köstliche Füllungen. Dabei durchziehen sie den Inhalt mit ihrem einzigartigen Duft.

LOTOSPASTE: Diese süße Paste aus püriertem Lotosmark ist eine beliebte Füllung für süße Dampfbrötchen und anderes Gebäck. Es gibt sie tiefgefroren oder als Konserve. In einem verschlossenen Gefäß im Kühlschrank hält sich die angebrochene Paste mehrere Wochen.

LOTOSSAMEN: Die geschälten Samen *(lianzi)* gibt es getrocknet oder in Dosen zu kaufen. Man verwendet sie als kernig-nussiges Gewürz in süßen und pikanten Speisen. Der schlanke innere Kern sollte vor der Verwendung entfernt werden.

LOTOSWURZEL: Die exotische, dekorativ durchlöcherte Lotoswurzel *(lian ou)* wird frisch, als Konserve und tiefgefroren angeboten und hat einen angenehm knackigen Biss. Sie wird in pfannengerührten Gerichten, Suppen oder gekocht als Gemüse gegessen und ist ein idealer Ersatz für Wasserkastanien.

MAISSTÄRKE

Dieses feinkörnige Bindemittel wird aus Maiskörnern hergestellt und manchmal mit Weizenmehl versetzt. Mit Maisstärke angedickte Saucen bleiben klar und glänzend, durch ihre klebrige Konsistenz eignet sich Maisstärke gut zum Überziehen von knusprig frittierten Snacks. Tapioka und Arrowroot sind ein geeigneter Ersatz.

MELONEN UND KÜRBISSE

In China wird eine Vielzahl verschiedener süßer bis würzig-bitterer Kürbis- und Melonensorten angebaut – die lange Luffa mit ihren charakteristischen Längsrippen; die knubbelig gefurchte grüne Bittergurke (Balsambirne), die wegen ihrer Heilkraft sehr geschätzt ist; der Wachskürbis, der an eine dicke Zucchini erinnert; und die riesige weißfleischige Chinesische Wintermelone *(donggua)*. Melonen sind, abgesehen von ihren bitteren Vertretern, in der chinesischen Küche untereinander austauschbar oder können durch Chayoten, Zucchini, manchmal sogar durch Chinesischen Rettich oder Jicama (Yamsbohne) ersetzt werden.

NUDELN

Feine Reisnudeln *(mi fen)*, engl. rice vermicelli, sind lange, getrocknete Fadennudeln, die aus Reismehl und Wasser hergestellt werden. Sie sind cremig weiß, fest im Biss und müssen vorher in kaltem Wasser eingeweicht werden. Zur leichteren Handhabung sollte man sie in kürzere Stücke schneiden. Sie sollten nicht mit den halb breiten und halb durchsichtigen Reisnudeln (ebenfalls *mi fen* genannt), die 3–6 mm breit sind, wie Plastik aussehen und als Suppeneinlage sowie für Pfannengerührtes zum Einsatz kommen, und nicht mit den Glasnudeln (siehe Seite 245) verwechselt werden. Reisbandnudeln *(fen)* sind frische Nudeln aus feinkörnigem Reismehl und Wasser. Sie müssen vor dem (kurzen!) Garen vorsichtig mit warmem Wasser abgespült werden, um das Öl von der Oberfläche zu entfernen. Reisblätter sind große Quadrate aus dem gleichen Teig, die man als Hülle für Rollen und Snacks verwenden oder zu Nudeln schneiden kann. Reisnudeln sind besonders im Süden Chinas beliebt, während in den Weizenanbaugebieten des Nordens Nudeln aus Weizenmehl *(mian)* bevorzugt werden. Letztere gibt es von dünn bis dick, und der Nudelteig enthält neben Weizenmehl und Wasser manchmal auch Ei. *E fu* sind flache Bandnudeln aus Weizenmehl, die frittiert und anschließend getrocknet wurden, was ihnen eine zarte Konsistenz verleiht.

NÜSSE

Erdnüsse sind in China als Kulturpflanze von großer Bedeutung, vor allem als Lieferant von Speiseöl. Besonders in den zentralchinesischen und südlichen Regionalküchen sind sie aber auch als Bestandteil von pfannengerührten Gerichten und Füllungen für Teigblätter und süßes Gebäck geschätzt. Blanchiert und gesalzen oder mit Zucker glasiert, sind Erdnüsse ein beliebter Snack zum Aperitif. Geröstete Cashewnüsse und Mandeln werden in den südlichen Regionen gelegentlich unter Pfannengerührtes gemengt oder tauchen gehackt als Zutat in süßen Desserts der »acht Kostbarkeiten« auf.

ÖLE UND FETTE

Die Mehrzahl der in der chinesischen Küche verwendeten Fette sind mehrfach ungesättigte Pflanzenöle. Zum Pfannenrühren nimmt man gerne »frittiertes« Öl (Öl, das schon einmal zum Frittieren verwendet wurde), das zusätzliches Aroma beisteuert. Die beliebtesten sind Erdnussöl und Maiskeimöl, aber auch eine Reihe anderer Öle, darunter Rapsöl, Senföl, Sojaöl, Sonnenblumenkernöl, Distelöl und aus Baumwollsamen gepresstes Öl, finden Verwendung. Ausgelassene tierische Fette werden für Gebäck und manchmal zum Pfannenrühren gebraucht. Zerlassen dienen sie auch zum Überglänzen von Speisen. Die am häufigsten verwendeten tierischen Fette sind Hühner-, Entenfett und Schweineschmalz.

SESAMÖL verbrennt leicht und ist daher für hohe Temperaturen ungeeignet. Dennoch wird es gelegentlich zum Ausbacken süßer Teigwaren verwendet. Sehr viel häufiger ist sein Einsatz aber in Marinaden, Saucen und Dips. Wegen seiner angenehm nussigen Note dient es auch zum Aromatisieren anderer Speiseöle vor dem Pfannenrühren oder Frittieren.

PAK-CHOI

Pak-Choi *(bai cai)*, auch Chinesischer Senfkohl genannt, hat fleischige weiße Blattstiele von zartem Geschmack und runde dunkelgrüne Blätter. Er erinnert im Aussehen an unseren Mangold und ist ideal zum Dünsten und als Rohkost für Salate. Er ist leicht mit dem Pak-Choi Shanghai zu verwechseln, eine kleinere Variante mit hellgrünen Blattstielen.

PFEFFER

Fein gemahlener weißer Pfeffer wird in China, und ganz besonders in der Küche Shanghais, am meisten verwendet. Ersatz liefert schwarzer Pfeffer. Siehe auch Sichuanpfeffer, bei dem es sich nicht eigentlich um Pfeffer handelt.

PFLAUMENSAUCE (PLUM SAUCE)

Eine dicke, süßscharfe Sauce, die aus einer kleinen grünen und säuerlichen Pflaumensorte hergestellt wird. Sie wird besonders für Schmorgerichte mit viel Fleisch wie Schwein oder Ente verwendet, aber auch zum Glasieren von gegrilltem Fleisch. In wärmeren Regionen sollte Pflaumensauce im Kühlschrank aufbewahrt werden, sie hält sich monatelang. Orangenmarmelade liefert bei den meisten Rezepten geeigneten Ersatz.

PILZE

Die Gebirgsketten in Zentral- und Westchina sind ein fruchtbarer Nährboden für eine artenreiche Vielfalt landestypischer Speisepilze. Zahlreiche beliebte Sorten werden zusätzlich gezüchtet, um den großen Bedarf an frischer Ware im In- und Ausland zu decken. Die frischen Pilze sollten innerhalb von 2–3 Tagen gegessen und je nach Sorte vor der Verwendung gewaschen und abgetropft oder abgetrocknet werden. Dosenpilze lassen sich nach dem Öffnen in einem kleinen, verschlossenen Behälter, mit frischem Wasser bedeckt, im Kühlschrank aufbewahren. Wechselt man das Wasser täglich, bleiben die Pilze bis zu einer Woche lang frisch.

ABALONEPILZE: Ein hellbrauner, ungleichmäßig geformter Pilz mit dickem, festem Fleisch und einem Geschmack, der an das gleichnamige Meerestier erinnert. Frische Abalonepilze haben ein weniger intensives Aroma als Dosenware.

AUSTERNPILZE: Kommen vor allem in Suppen und pfannengerührten Gerichten zum Einsatz. Austernpilze haben flache, empfindliche Hüte und fleischige weiße Stiele. Sie werden gewöhnlich frisch gehandelt und sind wegen ihrer zarten Konsistenz und ihres feinen Geschmacks sehr geschätzt.

GLOSSAR 247

ENOKITAKE: Diese attraktiven langstieligen Pilze mit winzigen, runden Kappen werden in kleinen Büscheln geerntet. Die frischen, cremefarbenen Enoki haben festes Fleisch und ein wunderbar feines Aroma. Die eingedosten Kollegen sind dunkler in der Farbe und etwas kräftiger im Geschmack. In Suppen und pfannengerührten Gerichten wirken sie ungemein dekorativ.

KNOPFPILZE: Diese kleinen Pilze sind mitunter auch als Champignons bekannt. Sie sind mild im Geschmack und lassen sich gut als Ersatz für Reisstrohpilze verwenden. Auch als Konserve erhältlich.

REISSTROHPILZE: Ein dunkelgrauer bis brauner, rundlich geformter Pilz, der halbiert einen geschichteten Aufbau zeigt. Reisstrohpilze haben eine leicht gallertartige Konsistenz und werden häufig für Suppen, Wokgerichte und Geschmortes verwendet. Hauptsächlich kommen sie als Dosenware auf den Markt, doch gibt es sie durchaus auch frisch. Frische Reisstrohpilze sind aber leicht verderblich und sollten daher noch am selben Tag verbraucht werden. In den meisten Rezepten lassen sie sich durch Knopfpilze ersetzen.

SHIITAKE, GETROCKNETE SCHWARZE: Ein intensives Aroma und eine fleischige Konsistenz sind die hervorstechenden Merkmale der getrockneten Shiitake *(xianggu)*. Sie müssen vor der Zubereitung in kaltem Wasser eingeweicht werden, gewöhnlich reichen dazu etwa 25 Minuten. Etwaige Stiele schneidet man erst nach dem Quellen und direkt am Hutansatz ab. Das sehr würzige Einweichwasser lässt sich, durch ein feines Sieb passiert, zum Abrunden von Suppen und Schmorgerichten verwenden. In einem luftdichten Behälter, geschützt vor Feuchtigkeit und Hitze, halten sich die Trockenpilze viele Monate lang.

WOLKENOHREN, GETROCKNETE: Dieser in China beliebte Trockenpilz hat seinen Namen von der bizarren, gekräuselten Form, die entfernt an Ohren erinnert. Er ist bei uns auch als Baumohr, Mu-err und Chinesische Morchel bekannt und in einigen Asia-Läden sogar frisch erhältlich. Wegen seiner angenehm festen Konsistenz und seines milden Aromas wird er in allen Regionen Chinas vor allem in Gemüsegerichten sehr geschätzt. Getrocknet kommen Wolkenohren ganz, als etwa 5 cm große Stücke oder in Streifen zerkleinert auf den Markt. Sie müssen vor der Verwendung in warmem Wasser eingeweicht und von holzigen Stellen befreit werden. In einem luftdichten Behälter halten sich die getrockneten Pilze monatelang. Frische Wolkenohren sollten innerhalb von 3–4 Tagen gegessen werden.

REIS Siehe Seite 196.

REISWEIN

Reiswein *(liaojiu)* ist in der chinesischen Küche unverzichtbar, als vielseitiges Würzmittel wie auch als Zartmacher und Aromaspender in Marinaden. Reiswein ist in allen Asia-Läden erhältlich. Als »Kochwein« deklariert, enthält er unter Umständen 5 Prozent Salz, das sollte man beim Würzen bedenken. Trockener Sherry ist bei den meisten Rezepten eine brauchbare Alternative, während der japanische *mirin* als mild-aromatischer Wein ein guter Ersatz ist. Shaoxing-Reiswein ist sowohl zum Trinken als auch zum Kochen eine exzellente Wahl; *maotai* hingegen ist ein hochprozentiger Schnaps, mit dem man am besten einen Trinkspruch bei einem Festessen begießt. Reiswein trinken die Chinesen warm aus kleinen Porzellanschalen.

SCHNITTKNOBLAUCH

Schnittknoblauch ist mit der Frühlingszwiebel verwandt. Er hat flache dunkelgrüne Blätter mit einem kräftigen Knoblaucharoma und wird frisch in Bündeln verkauft. Gehackt ist Schnittknoblauch ein beliebtes Gewürz für Suppen, Pfannengerührtes und Füllungen. In Papier eingewickelt, hält er sich im Kühlschrank einige Tage frisch. Er lässt sich auch problemlos im Kräutergarten ziehen. Ersatz liefert eine Mischung aus gehacktem Knoblauch und Frühlingszwiebeln.

SCHWARZE SOJABOHNEN

Fermentierte, gesalzene Sojabohnen sind als Würzmittel besonders im Süden Chinas beliebt. Die schrumpeligen Bohnen sollten vor der Verwendung abgespült werden, damit das Gericht nicht versalzen wird. Sie werden auch gesalzene oder fermentierte schwarze Bohnen oder einfach schwarze Bohnen genannt. Gesalzene schwarze Bohnen halten sich luftdicht verschlossen an einem kühlen Ort mehrere Monate.

SENFKOHL

Gai choi oder *daigai choi* wird der Senfkohl mit seinen zarten grünen Blättern und weißen bis hellgrünen dicken Stielen in China genannt. Der würzig-bittere Geschmack des frischen Gemüses wird sehr geschätzt, weit häufiger ist der Senfkohl allerdings getrocknet oder milchsauer eingelegt als diätetisches Lebensmittel.

SESAM

Sesamprodukte werden wegen ihres Aromas genauso geschätzt wie wegen ihres Nährwertes. Sesamsamen, ob weiß oder schwarz, geben pfannengerührten Gerichten eine körnige Konsistenz und werden auch zum Bestreuen verwendet. Rösten lassen sich die Samen am besten im Wok bei milder Hitze und ohne Zugabe von Fett.

SESAMPASTE

Diese Paste *(zhimajiang)* wird aus gemahlenen weißen Sesamsamen gewonnen und zum Eindicken und Abrunden von Saucen und Dips verwendet. Ersatzweise können Sie auch die im Mittleren Osten bekannte *tahin*-Paste verwenden.

SICHUANPFEFFER

Wie der Name schon sagt, wächst dieses Gewürz in der Provinz Sichuan, wo es praktisch im Dauereinsatz ist. Die kleinen rotbraunen Beeren stammen von einer Gelbholzbaum-Varietät und sind auch als Anispfeffer, Fagara und Sansho, zu Deutsch »scharfe Asche«, bekannt. Das eher aromatische, anisartige als pfeffrige Gewürz wirkt, übermäßig dosiert, leicht betäubend auf den Geschmackssinn. Achten Sie beim Einkauf darauf, dass die ganzen Beeren von leuchtender Farbe sind, und lagern Sie sie in einem luftdicht verschlossenen Gefäß. Da das Aroma schnell verfliegt, sollte man immer nur kleine Mengen kaufen und diese möglichst innerhalb weniger Wochen verbrauchen. Eine Würzmischung aus fein gemahlenem Sichuanpfeffer und Salz wird in China *huajiaoyan* genannt.

SOJASAUCE Siehe Seite 48.

SPARGELBOHNEN

Diese in Südasien beheimatete Bohne (engl. wegen ihrer Länge yardlong bean) wird bis zu einem Meter lang. Sie wird auch Strumpfbandbohne oder Langbohne genannt.

Die dunkleren Sorten sind zarter als ihre etwas dickeren hellgrünen Verwandten. Als Ersatz eignet sich unsere Gartenbohne. Spargelbohnen lassen sich am besten in einem Plastikbeutel im Kühlschrank aufbewahren und sollten innerhalb von 4 Tagen verbraucht werden.

STERNANIS

Sternanis ist ein sternförmiges, getrocknetes Samengehäuse mit 6–8 Einzelfrüchten, die je einen glänzend schwarzen Samen enthalten. Sein kräftiges Anisaroma passt ganz ausgezeichnet zu Ente oder zu anderen gehaltvollen Fleischgerichten wie Wild oder Schwein. Verwendet wird Sternanis entweder als ganze Frucht, als Samen oder gemahlen. Man sollte ihn trocken lagern.

TAMARINDENKONZENTRAT

Dieses beliebte Säuerungsmittel wird aus dem Mark getrockneter Tamarindenschoten gewonnen. Es ist überall in Asia-Läden erhältlich. Es kann durch Zitronen- oder Limettensaft ersetzt werden.

TANGERINENSCHALE

Die Schale dieser Mandarinenart (chenpi) wird in Streifen zerteilt und im Ofen oder in der Sonne getrocknet. Das Ergebnis sind harte braune Stückchen, die geschmorten und gedünsteten Gerichten und besonders den kraftvoll gewürzten Wokzubereitungen in Sichuan ein köstlich frisches Aroma geben. Getrocknete Tangerinenschale wird in kleinen Päckchen angeboten und sollte kühl und trocken gelagert oder eingefroren werden. Als Ersatz bieten sich getrocknete Orangenschalen an.

TAPIOKA

Die fein gemahlene Stärke des Maniokstrauchs wird wie und als Ersatz für Maisstärke zum Binden klarer Suppen und Saucen sowie zum Überziehen (Ausbackteig) von knusprig frittierten Speisen verwendet.

TARO

Diese stärkereiche Knolle ist vor allem in der vegetarischen Küche und als Alternative zur Süßkartoffel beliebt.

TINTENFISCH

Kalmar und Sepia sind unterschiedliche Tintenfischarten, in der Küche können sie aber durchaus einander vertreten. Kalmare sind schlanker und weniger fleischig als die rundlichen und etwas gedrungenen Sepien. Beide werden auf die gleiche Weise vorbereitet.

VORBEREITEN: Zunächst die Tentakel mit dem Kopf aus dem Körperbeutel ziehen, die daran hängenden Innereien wegwerfen. Die Tentakel direkt unter den Augen so abschneiden, dass sie durch einen Ring verbunden bleiben. Den Kopf wegwerfen. Das schnabelartige Kauwerkzeug aus dem Ring herausdrücken und wegwerfen. Das durchsichtige Fischbein aus dem Körperbeutel ziehen und ebenfalls wegwerfen. Körperbeutel (Tuben) und Tentakel gründlich unter fließendem kaltem Wasser waschen. Die rosa-gräuliche Haut und die Flossen vom Körperbeutel abziehen. Je nach Rezept den Beutel ganz lassen oder zerschneiden.

TOFU (SOJABOHNENQUARK)

Dieser proteinreiche »Quark« (doufu) mit wenig Eigengeschmack wird aus eingeweichten und pürierten Sojabohnen hergestellt, die man mit Wasser mehrmals aufkocht. Der ablaufenden Sojamilch wird ein Gerinnungsmittel zugesetzt, von der geronnenen Masse muss die Molke abtropfen oder abgepresst werden. Frischer Seidentofu ist weich und cremig und gut für Suppen und Pfannengerührtes geeignet. Für feste Tofublöcke wird ein Teil des Wassers herausgepresst, daher die kompaktere Konsistenz und der etwas würzigere Geschmack. Er wird gern für Pfannengerührtes, zum Frittieren und Schmoren verwendet. Frischer Tofu wird in Wasser aufbewahrt und kommt abgepackt in Blöcken in den Handel. Er sollte innerhalb von 2–3 Tagen nach dem Öffnen verbraucht werden. Das Wasser muss dabei regelmäßig gewechselt werden. Beim frittierten Tofu wird das Rohprodukt zunächst in Würfel, Streifen oder Scheiben geschnitten und anschließend knusprig ausgebacken. Er kommt bei Schmorgerichten zum Einsatz und sollte vor Gebrauch abgespült werden. Tofuhaut (youpi) ist die getrocknete, dünne Membran, die sich als Nebenprodukt beim Erhitzen der Sojamilch bildet. Zusammengerollt wird sie auch als fuzhu verkauft. Getrocknete Tofuhaut ist praktisch unbegrenzt haltbar, muss aber vor der Verwendung, ob in Schmorgerichten oder als Hülle für pikante Füllungen, eingeweicht werden. Jiangdoufu ist ein pikanter, würziger Bohnenquark für Geschmortes, der aus mit Salzwasser, Chilis und Alkohol fermentiertem Tofu hergestellt wird.

WASSERKASTANIEN

Die kleinen, runden Knollen haben weißes, knackiges und leicht süßliches Fleisch. Sie werden frisch oder als Dosenware angeboten und verleihen süßen wie herzhaften Speisen Substanz. Mit frischem Wasser bedeckt, lassen sie sich im Kühlschrank bis zu 3 Tage aufbewahren. Frische Früchte müssen vor Gebrauch geschält werden.

ZUCKER

Baitang nennt man chinesischen braunen Zucker, der in runde, flache Blöcke oder Stangen gepresst wird mit Schichten von hellem und dunkelbraunem Zucker. Er wird zum Würzen und zur Farbgebung verwendet. Als Ersatz kann man Palmzucker oder hiesigen braunen Zucker verwenden. Bingtang, eine Art weißer Kandiszucker, dient zur Herstellung eines süßen, klaren Sirups für Suppen und Saucen. In den meisten Fällen leistet herkömmlicher Kristallzucker Abhilfe.

ZWIEBELN

Frühlingszwiebeln sind wegen ihres milden Geschmacks und ihrer zarten Konsistenz die Universalzwiebeln in der chinesischen Küche. Sowohl die weiße Wurzel als auch die röhrenförmigen Blätter werden als Gemüse und Würzzutat verwendet. Die weiße Wurzel lässt sich zu dekorativen Büscheln schneiden, indem man ein 5 cm langes Stück von einer oder beiden Seiten der Länge nach mehrfach einschneidet und in Eiswasser legt, bis es sich kräuselt. Auch der grüne Schaft wird, längs fein eingeschnitten und in Eiswasser getaucht, zu einer dekorativen Garnitur. Gelbe Zwiebeln werden für Wokgerichte zumeist in dünne Spalten geschnitten. Dazu schneidet man zunächst beide Enden großzügig ab und dann die Zwiebel rundherum bis zur Mitte ein, sodass sichelförmige Spalten entstehen, die sich leicht voneinander lösen lassen.

GLOSSAR 249

FONDS UND BRÜHE

Mit einem selbst zubereiteten Fond erzielt man die besten Ergebnisse, aber auch mit einem qualitativ hochwertigen Produkt aus dem Handel. Frischer Hühnerfond sowie der so genannte »superior stock« (extrakräftiger Fond) sind in der chinesischen Küche unverzichtbar. Letzterer wird aus Hühnerkarkassen und Schweineknochen zubereitet und liefert ein vielschichtiges, ungemein kräftiges Aroma sowie eine leicht gelatinöse Beschaffenheit, die Saucen eine seidene Weichheit und Suppen eine angenehm sämige Konsistenz verleiht. Der chinesische Lebensmittelhandel hält auch eine ganze Reihe von Instantprodukten und Geschmacksverstärkern bereit, wie zum Beispiel Hühnerextrakt (zum Intensivieren des Geflügelgeschmacks) oder mit Sternanis und Cassia gewürzten Rinderfond.

Wenn Sie Hühnerfond in Pulverform statt frisch zubereiteten Fond verwenden, müssen Sie eventuell die im Rezept angegebene Menge Salz und / oder Sojasauce reduzieren, da Fertigprodukte bereits recht salzig sind. Bei einigen Rezepten wird zum frischen Hühnerfond zusätzlich Pulverfond verwendet, um den Geschmack einer Sauce oder Suppe noch zu verstärken.

Frisch zubereiteter Fond hält sich im Kühlschrank bis zu 3 Tage, tiefgefroren bis zu 2 Monate. Eine Ausnahme bildet Fischfond, der sich im Kühlschrank lediglich 1 Tag, tiefgefroren immerhin 1 Monat aufbewahren lässt.

RINDERFOND

1,5 kg Rinderknochen, vom Metzger in Stücke gehackt
2½ l kaltes Wasser
5 cm frische Ingwerwurzel, ungeschält, abgebürstet und in Würfel geschnitten
1 gelbe Zwiebel, ungeschält geviertelt
2 Sternanis
2 Stückchen Cassiarinde oder 1 Zimtstange
½ TL Salz (nach Belieben)
6 weiße Pfefferkörner (nach Belieben)

Die Rinderknochen in einen großen Topf legen. Einen weiteren Topf mit Wasser füllen und dieses zum Kochen bringen. Die Knochen mit dem kochenden Wasser übergießen und bei großer Hitze erneut zum Kochen bringen. Die Knochen sofort vom Herd nehmen und in ein Sieb abgießen.
Die Knochen zurück in den Topf legen und mit dem kalten Wasser bedecken. Auf mittlerer Stufe langsam zum Kochen bringen, dabei den sich bildenden Schaum regelmäßig abschöpfen. Den Ingwer, die Zwiebel, Sternanis, Cassiarinde oder Zimtstange, Salz und Pfefferkörner (falls verwendet) zugeben. Die Hitze auf niedrige Stufe herunterstellen, sodass die Flüssigkeit gerade eben siedet, und unbedeckt 3 Stunden leise köcheln lassen. Dabei regelmäßig abschäumen.
Den Fond durch ein feines Sieb in einen sauberen Topf abgießen. Die festen Rückstände im Sieb wegwerfen und den Fond 1 Stunde einkochen lassen. Abkühlen lassen und die sich absetzende Fettschicht abheben. Den küchenfertigen Fond weiterverarbeiten oder bis zur weiteren Verwendung lagern.

Ergibt etwa 1 Liter

HÜHNERFOND

1 kg Hühnerhälse, Flügel und rohe Karkassen
3 l kaltes Wasser
2½ cm frische Ingwerwurzel
1 Frühlingszwiebel, geputzt
½ TL Salz, 6 weiße Pfefferkörner (nach Belieben)

Die Geflügelstücke in einen großen Topf legen. Einen weiteren Topf mit Wasser füllen und dieses zum Kochen bringen. Die Hühnerstücke mit dem kochenden Wasser übergießen und bei großer Hitze erneut zum Kochen bringen. Sofort vom Herd nehmen und den Topfinhalt in ein Sieb abgießen.
Die Geflügelstücke zurück in den Topf legen und mit dem kalten Wasser bedecken. Den Ingwer, die Frühlingszwiebel, Salz und Pfefferkörner (falls verwendet) hinzufügen und auf mittlerer Stufe zum Kochen bringen. Dabei regelmäßig den sich bildenden Schaum abschöpfen. Die Hitze auf niedrige Stufe herunterstellen, sodass die Flüssigkeit gerade noch siedet, und unbedeckt 1½ Stunden leise köcheln lassen.
Den Hühnerfond durch ein feines Sieb in ein sauberes Einmachglas oder ein anderes Gefäß abgießen. Abkühlen lassen und anschließend das erstarrte Fett von der Oberfläche abheben (es lässt sich als Garfett zum Pfannenrühren verwenden). Den Hühnerfond sofort weiterverarbeiten oder bis zum weiteren Gebrauch lagern.

Ergibt etwa 1¾ Liter

FISCHFOND

750 g Fischköpfe und Gräten
1 EL Pflanzenöl
1 kleine gelbe Zwiebel, geschält und halbiert
1,2 cm frische Ingwerwurzel
1 kleine Knoblauchzehe, ungeschält
1 EL Reiswein
½ TL Salz
6 weiße Pfefferkörner (nach Belieben)
1½ l Wasser

Die Fischköpfe halbieren und die Kiemen entfernen. Köpfe und Gräten gründlich unter fließendem kaltem Wasser waschen.
In einem Topf mit schwerem Boden das Öl auf mittlerer Stufe erhitzen. Die Fischköpfe und Gräten sowie die Zwiebel, den Ingwer und den Knoblauch darin

unter Rühren 5 Minuten anschwitzen, damit die Zutaten ihr Aroma abgeben. Den Reiswein zugießen und rasch verkochen lassen. Das Salz und die Pfefferkörner (falls verwendet) zugeben und mit dem Wasser auffüllen. Langsam zum Kochen bringen und regelmäßig abschäumen. Sobald das Wasser aufwallt, die Hitze herunterstellen und 20 Minuten leise köcheln lassen. Dabei immer wieder abschäumen.

Den Fischfond durch ein feines Sieb in ein sauberes Einmachglas oder ein anderes Gefäß abgießen. Den Fond sofort weiterverarbeiten oder bis zum weiteren Gebrauch lagern.

Ergibt etwa 1½ Liter

SCHWEINEFOND

1 Schweinsfuß mit Haut (750 g) oder
750 g Schweinshachse
3 l kaltes Wasser
2½ cm frische Ingwerwurzel
2 cm getrocknete Tangerinenschale (nach Belieben)
1 Frühlingszwiebel (nur das Weiße)
½ TL Salz
6 weiße Pfefferkörner (nach Belieben)

Das Schweinefleisch in einen großen Topf legen. Einen weiteren Topf mit Wasser füllen und dieses zum Kochen bringen. Das Fleisch mit dem kochenden Wasser übergießen und bei großer Hitze erneut zum Kochen bringen. Sofort vom Herd nehmen und den Topfinhalt in ein Sieb abgießen.

Das Schweinefleisch zurück in den Topf legen und mit dem kalten Wasser bedecken. Auf mittlerer Stufe zum Kochen bringen und dabei gelegentlich abschäumen. Die Hitze auf niedrige Stufe herunterstellen, sodass die Flüssigkeit gerade noch siedet, und unbedeckt 1½ Stunden leise köcheln lassen.

Den Ingwer, die Tangerinenschale, Frühlingszwiebel, Salz und Pfefferkörner (falls verwendet) zugeben und weitere 2 Stunden leise köcheln lassen. Gelegentlich abschäumen.

Den Schweinefond durch ein feines Sieb in ein sauberes Einmachglas oder ein anderes geeignetes Gefäß abgießen. Abkühlen lassen und anschließend das erstarrte Fett von der Oberfläche abheben. Den Fond sofort weiterverarbeiten oder bis zum weiteren Gebrauch lagern.

Ergibt etwa 2 Liter

EXTRAKRÄFTIGER FOND

1 kg Hühnerhälse, Flügel und rohe Karkassen
1 Schweinsfuß mit Haut (750 g)
4 l kaltes Wasser
2½ cm frische Ingwerwurzel
2 Frühlingszwiebeln (nur das Weiße)

2 Sternanissamen
2½ cm Cassiarinde
¾ TL Salz
6 weiße Pfefferkörner (nach Belieben)

Die Hühnerstücke und den Schweinsfuß in einen großen Topf legen. Einen weiteren Topf mit Wasser füllen und dieses zum Kochen bringen. Das Fleisch und die Knochen mit dem kochenden Wasser übergießen und bei großer Hitze erneut zum Kochen bringen. Sofort vom Herd nehmen und den Topfinhalt in ein Sieb abgießen.

Fleisch und Knochen zurück in den Topf legen und mit dem kalten Wasser bedecken. Auf mittlerer Stufe zum Kochen bringen und dabei gelegentlich abschäumen. Die Hitze auf niedrige Stufe herunterstellen, sodass die Flüssigkeit gerade noch siedet, und unbedeckt 1½ Stunden leise köcheln lassen.

Die Geflügelkarkassen mit einem Schaumlöffel herausheben und wegwerfen; Hälse und Flügel in dem Fond belassen. Den Ingwer, die Frühlingszwiebeln, Sternanis, Cassiarinde, Salz und Pfefferkörner (falls verwendet) hinzufügen und auf niedriger Stufe weitere 2 Stunden unbedeckt köcheln lassen. Gelegentlich abschäumen.

Den Fond durch ein feines Sieb in ein sauberes Einmachglas oder ein anderes geeignetes Gefäß abgießen. Abkühlen lassen und das erstarrte Fett von der Oberfläche abheben. Den Fond sofort weiterverarbeiten oder bis zum Gebrauch lagern.

Ergibt etwa 2 Liter

GEMÜSEBRÜHE

2 EL Pflanzenöl
1 gelbe Zwiebel, ungeschält geviertelt
1 Daikon-Rettich, geschält und gewürfelt
185 g Blattrippen von Chinakohl oder Pak-Choi,
in Streifen geschnitten
1½ l kaltes Wasser
½ TL Salz (nach Belieben)
6 weiße Pfefferkörner (nach Belieben)

Das Öl in einem großen Topf auf mittlerer Stufe erhitzen. Die Zwiebel, den Daikon-Rettich und die Kohlstreifen einlegen und unter ständigem Wenden (wie im Wok) in etwa 6 Minuten sanft Farbe nehmen lassen.

Das Wasser, Salz und die Pfefferkörner (falls verwendet) zugeben und bei großer Hitze zum Kochen bringen. Die Hitze wieder herunterstellen und unbedeckt etwa 30 Minuten köcheln lassen.

Den Gemüsefond durch ein feines Sieb in ein sauberes Einmachglas oder ein anderes Gefäß abseihen. Den Fond sofort weiterverarbeiten oder bis zum Gebrauch lagern.

Ergibt etwa 1½ Liter

Register

A

Agar-Agar 244
Ananassauce 110
Apfel
    Apfel der »acht Kostbarkeiten«
    242
    Karamellisierte Apfelspalten
    227
Auberginen
    nach Art von Sichuan 165
Austernsauce 244

B

Ba Bao Xing Dong 230
Babao Pingguo 242
Babao Sucai Tang 55
Babymais 244
Bai Li Tian Tang 235
Bai Zhi Xian Bei Pang Xie 79
Baicai Doufu Tang 56
Bambussprossen 244
    Buddhistischer Gemüsetopf
    150
    Geschmorte Ente mit Bambus-
    sprossen und Pilzen 122
Basi Pingguo 227
Beijing Kaoya Labaicai 60
Blattkohl
    mit Austernsauce 158
    mit Pilzen 172
Bohnen, *siehe* rote und schwarze
    Bohnen
Bohnensaucen 244
Bohnensprossen 244
    mit Hühnerbrust 168
    Schweinefleischstreifen mit
    Koriander und Bohnensprossen
    auf Eiernudeln 207
Brokkoli mit Eierfadensauce 161

C

Cashewnüsse, Garnelen mit 116
Cassia 244
Cha Shao Bao 186
Cha Shao Rou 115
Chao Ludouya Ji 169
Chao Niunai Xiaren Mifen 162
Chao Pangxie Heidou 131

Chao Xian Mian 204
Chengdu Ji 128
Chenpi Niurou 119
Chili 244
Chiliöl 245
Chilisauce 245
Chinakohl 245
    Gebratene Ente mit scharf-
    saurem Kohl 60
    in Milchsauce mit Speck 169
    Kohl-Tofu-Suppe 56
Chinesische Dattel 245
    Süße Erdnusscremesuppe
    230
Chinesische Feste 229
Chinesische Vermicelli 245
Chinesische Wurst 245
Chinesischer Brokkoli 245
    Blattkohl mit Austernsauce
    158
Chinesischer Wein 92
Chinesisches Kohlgemüse 245
Choisum 245
Chongqing Huoguo 113
Chun Bing 38
Claypot 98
Cong Bao Niu Rou 86
Cuipi Wakuai Yu 108

D

Dampfbrötchen mit Schweine-
    fleisch 186
Dandan Mian 192
Dim sum 34
Dong Jiang Yan Jiu Ji 107
Dong'an Ji 114
Dou Shi Pai Gu 102
Doufu Jiangyou Xiangcai 54
Doughnut-Stangen, frittierte
    210
Dun Ya Meijiang 101

E

Eier
    Brokkoli mit Eierfadensauce
    161
    Gebratener Yangshou-Reis 213
    Krabbenomelett 158
    Pikantes Rührei mit Tofu 172

    Schweinefleisch mit Ei und
    Pilzen 127
Eiernudeln
    Kristallgarnelen im Nudelnest
    215
    Schweinefleischstreifen mit
    Koriander und Bohnensprossen
    auf Eiernudeln 207
    Shanghai-Nudeln 188
Eingelegter Rettich 245
Enten 61
    Entensuppe mit Nudeln 198
    Gebratene Ente mit scharfsaurem
    Kohl 60
    Geschmorte Ente mit Bambus-
    sprossen und Pilzen 122
    Geschmorte Ente mit Pflaumen-
    sauce 101
    Knusprige Ente 95
Erbsentriebe 245
Erdnüsse
    gekochte 59
    Scharfes Huhn mit Erdnüssen
    128
    Süße Erdnusscremesuppe 230
Essig 245
Extrakräftiger Fond 251

F

Feicui La Doufu 172
Fen Bao Xiaren 206
Fengmi Niulijirou Hetaoren 136
Fengmi Shanyao 241
Feuertopf, Chongqing- 113
Fisch 109
    Fischbällchen in klarer Brühe
    50
    Gedämpfter Fisch mit Ingwer
    und Frühlingszwiebeln 101
    Meeresfrüchte aus dem Tontopf
    98
    Westseefisch 85
    Würziger Fisch nach Art von
    Sichuan 125
    Zerbrochene Fischziegel in süß-
    saurer Sauce 108
Fischfond 250
Fleischbällchen »Löwenkopf« 88
Früchte, frische 243
Frühlingsrollen, vegetarische 38

Frühstücksreissuppe 208
Fünf-Gewürze-Pulver 245

G

Ganshao Dongsun Meifenyu Toufa
 155
Gao Tang Yu Jiao 50
Garnelen 245
 Gedämpfte Garnelen mit
  Soja-Chili-Dip 48
 Gedämpfte Teigtäschchen mit
  Schweinefleisch und Garnelen
  35
 Gebratener Yangshou-Reis 213
 Geschmorte Garnelen nach Art
  von Shanghai 87
 Knusprige Garnelen-»Münzen«
  mit Sesam 44
 Kristallgarnelen im Nudelnest
  215
 Meeresfrüchte aus dem Tontopf
  98
 mit Cashewnüssen 116
 mit Chili und Knoblauch in
  Weinsauce 93
 Nudeln mit Gemüse, Fleisch und
  Meeresfrüchten 204
 Pfannengerührte Milch mit
  Garnelen auf knusprigen
  Reisnudeln 162
 Reisblattröllchen mit Garnelen
  206
Gedämpfter Rührkuchen 233
Gemüse
 Buddhistischer Gemüsetopf
  150
 Honigglasiertes Frühlingsgemüse
  149
 Nudeln mit Gemüse, Fleisch und
  Meeresfrüchten 204
 Pikante Hühnerstreifen mit
  Gemüse »auf einer Wolke«
  185
Gemüsebrühe 251
Gemüseschnitzkunst 170
Glasnudeln 245
 »Ameisen krabbeln auf einen
  Baum« 195
Gong Bao Bang 105
Gong Bao Doufu 156
Gong Bao Ji Mifun 185
Guai Wei Ji 82
Guifei Ji 132
Guoqiao Mian 208
Gurkenstäbchen, würzige 59

H

Hai Xian Geng 98
Hai Zhepi Lengpan 42
Hao Zhi Jie Lan Cai 158
Hong Dou Sa Biang 239
Hongshao Niurou 126
Hongshao Ya Qingsun Xianggu 122
Hongshao Zhurou 96
Huhn, Hähnchen
 Bohnensprossen mit Hühner-
  brust 169
 Frühstücksreissuppe 210
 Handzerpflückter Hühnersalat
  67
 Hühnerbrust mit Zitronensauce
  91
 In der Salzkruste gebackenes
  Huhn 107
 Kaiserliche Hähnchenflügel
  132
 Klare Hühnerbrühe mit Spinat
  38
 Klebreis in Lotosblättern 193
 Nudeln mit Gemüse, Fleisch
  und Meeresfrüchten 204
 Originelles Hühnchen 82
 Pikante Hühnerstreifen mit
  Gemüse »auf einer Wolke«
  185
 Reistopf mit Hühnerkeulen
  197
 Scharfes Huhn mit Erdnüssen
  128
 Shandong-Huhn mit Pilzen 95
 »Über die Brücke«-Nudeln 208
 Würziges Ingwerhuhn 114
Hühnerfond 250
Hui Guo Rou 120
Huntun Tang 36

I, J

Ingwer 246
 Ingwersaft herstellen 246
Jakobsmuscheln 246
 Meerjungfraulocken 155
 mit Zuckerschoten und Krabben-
  sauce 79
Ji Youcai Xin 169
Jiaozi 47
Jicama 246
Jing Ji Fan 197
Jinqian Xiabing 44
Jipurou Ningmengjiang 91
Jiu Suan La Jiao Xiaren 93

Jujube 245
Juzi Lianzi Xingren 241

K

Kokosgelee 232
Koriandergrün 246
Kou Xiao Gao 228
Krabbenfleisch (»crabmeat«)
 Cremige Maissuppe mit Krabben-
  fleisch 41
 Frittierte Krabbenbällchen 50
 Krabben mit schwarzen Bohnen
  131
 Krabbenomelett 158
 Krabbensauce 79
Kürbisse 247

L

Lamm
 Gebratenes Lammfilet mit
  Koriander 104
 Mongolisches Sesamlamm 80
Lilienblüten 246
Lotos (Blätter, Samen, Wurzel, Paste)
 236, 246
 Klebreis in Lotosblättern 193
 Lotosbällchen mit Sesam 236
 Süße Lotos-Tangerinen-Suppe
  241
Luohan Cai 150

M

Ma La Gao 233
Ma Ti Niurou Gao 41
Mais
 Cremige Maissuppe mit
  Krabbenfleisch 41
Maisstärke 247
Mandel-Soja-Gelee mit Früchten
 230
Mang Guo Buding 238
Mangopudding mit Sago 238
Mapo Doufu 167
Markt 164
Mayi Shang Shu 195
Meeresfrüchte
 aus dem Tontopf 98
 Frittierter Reis mit Meeres-
  früchten in Tomaten-Knoblauch-
  Sauce 191
 Nudeln mit Gemüse, Fleisch und
  Meeresfrüchten 204
Meerjungfraulocken 155

REGISTER 253

Melonen 247
    Buddhistischer Gemüsetopf
        150
Mengu Zhima Yangrou 80
Milch
    Chinakohl in Milchsauce mit
        Speck 169
    Pfannengerührte Milch mit
        Garnelen auf knusprigen
        Reisnudeln 162
Mogu Youcai 172
Muscheln
    Seafood-Vorspeisenplatte 42
    Venusmuscheln mit Knoblauch,
        Chili und Ingwer 105
Muxu Rou 127

N

Niulijirou Luxun Mei Fan 200
Niunai Huasheng Lao 230
Nou Mi Ji 193
Nudeln 247
    (*siehe auch* Glasnudeln,
        Reisnudeln, Eiernudeln)
    Entensuppe mit Nudeln 198
    Frische Nudeln 189
    mit Gemüse, Fleisch und
        Meeresfrüchten 204
    Pikante Sesamnudeln 192
    »Über die Brücke«-Nudeln 208
Nüsse 247

O, P

Öle und Fette 247
Pak-Choi 247
    Blattkohl mit Austernsauce 158
    Blattkohl mit Pilzen 172
Paprikaschoten mit Tofu 156
Perlenbällchen 201
Pfannkuchen mit roten Bohnen
    239
Pfeffer 247
Pflaumensauce 247
Pilze 247
    (*siehe auch* Shiitake)
    »Ameisen krabbeln auf einen
        Baum« 195
    Geschmorte Ente mit Bambus-
        sprossen und Pilzen 122
    Marinierte Pilze 59
    Schweinefleisch mit Ei und
        Pilzen 127
    Shandong-Huhn mit Pilzen
        95

Q

Qing Chao Xiaren 116
Qing Tang Ji Bocai 39
Qingsun Xiangcai Yangrou 104
Quallen
    Seafood-Vorspeisenplatte 42

R

Rang Zhurou Doufu 170
Räuchern 65
Reis 196
    Frittierter Reis mit Meeres-
        früchten in Tomaten-Knoblauch-
        Sauce 191
    Frühstücksreissuppe 210
    Gebratener Yangshou-Reis
        213
    Klebreis in Lotosblättern
        193
    Perlenbällchen 201
    Reistopf mit Hühnerkeulen
        197
Reisblattröllchen mit Garnelen
    206
Reisnudeln
    Pfannengerührte Milch mit
        Garnelen auf knusprigen
        Reisnudeln 162
    Pikante Hühnerstreifen mit
        Gemüse »auf einer Wolke«
        185
    Rindfleisch mit Spargel auf
        Reisnudeln 200
Reiswein 248
Rettich, eingelegter 245
Rind
    Fleischbällchen »Löwenkopf«
        88
    Fleischküchlein mit Wasser-
        kastanien 41
    Geschmorte Rinderbrust 127
    Honigglasiertes Rindfleisch mit
        Walnüssen 136
    Rindfleisch mit Ingwer und
        Sellerie 86
    Rindfleisch mit Spargel auf
        Reisnudeln 200
    Rindfleisch mit Tangerinenschale
        119
Rinderfond 250
Rote Bohnen
    Pfannkuchen mit roten Bohnen
        239
Rührkuchen, gedämpfter 233

S

Salzkruste
    In der Salzkruste gebackenes
        Huhn 107
»Schallendes Lachen« 228
Schnittknoblauch 248
Schwarze (Soja-)Bohnen 248
    Krabben mit schwarzen Bohnen
        131
    Schweinerippen mit schwarzen
        Bohnen 192
Schwein
    »Ameisen krabbeln auf einen
        Baum« 195
    Auberginen nach Art von
        Sichuan 165
    Dampfbrötchen mit Schweine-
        fleisch 186
    Fleischbällchen »Löwenkopf«
        88
    Gedämpfte Schweinefleisch-
        taschen 47
    Gedämpfte Teigtäschchen mit
        Schweinefleisch und Garnelen
        35
    Gefüllte Tofuwürfel 170
    Gegrilltes Spanferkel 121
    Kaltes Schweinefleisch mit
        Knoblauchsauce 56
    Knusprig ausgebackenes
        Schweinefleisch mit Ananas-
        sauce 110
    Perlenbällchen 201
    Rot gebratenes Schweinefleisch
        115
    Salatkelche mit Hackfleisch-
        Wurst-Füllung 52
    Schweinefleisch, in Sojasauce
        geschmort 96
    Schweinefleisch mit Ei und
        Pilzen 127
    Schweinefleischstreifen mit
        Koriander und Bohnensprossen
        auf Eiernudeln 207
    Schweinerippen mit schwarzen
        Bohnen 102
    Shanghai-Nudeln 188
    Tofu der »pockennarbigen
        Mutter« 167
    Zweimal gegartes Schweinefleisch
        120
Schweinefond 251
Seafood, *siehe auch* Meeresfrüchte
    Seafood-Vorspeisenplatte 42
Senfkohl 248

Sesam 248
  Knusprige Garnelen-»Münzen«
    mit Sesam 44
  Lotosbällchen mit Sesam 236
  Mongolisches Sesamlamm 80
  Pikante Sesamnudeln 192
Sesamöl 247
Sesampaste 248
Shandong Xianggu Ji 95
Shandong-Apfelbirnen, pochiert in
  Zuckersirup 235
Shanghai Ganshao Daxia 87
Shanghai Mian 188
Shao Mai 35
Shengbai Bocai 150
Shengcai Bao 52
Shiitake (*siehe auch* Pilze)
  Entensuppe mit Nudeln 198
  Frühstücksreissuppe 210
  Gefüllte schwarze Shiitake
    152
  Reistopf mit Hühnerkeulen
    197
  Tofu der »pockennarbigen
    Mutter« 167
Shizi Tou 88
Shuijing Daxia 215
Siche Bai Ji Sela 67
Sichuan Douban Yu 125
Sichuan Yu Xiang Qui Zi 165
Sichuanpfeffer 248
Sojabohnen, schwarze 248
Sojabohnenquark (Tofu) 249
Sojasauce 48
Songshu Yuanzhuiti Youyu 33
Spanferkel, gegrilltes 121
Spargel
  Rindfleisch mit Spargel auf
    Reisnudeln 200
Spargelbohnen 248
Spinat, pfannengerührter,
  mit Knoblauch 150
Stäbchen 161
Sternanis 249
Straßenküche 203
Suan La Tang 62
Suanni Bairou 56
Sucai Lengpan 59
Suppen
  Cremige Maissuppe mit Krabben-
    fleisch 41
  Entensuppe mit Nudeln 198
  Fischbällchen in klarer Brühe 50
  Frühstücksreissuppe 208
  Gemüsesuppe der »acht Kostbar-
    keiten« 55

Klare Hühnerbrühe mit Spinat
  38
Kohl-Tofu-Suppe 56
Scharfsaure Suppe 62
Süße Erdnusscremesuppe 230
Süße Lotos-Tangerinen-Suppe
  241
Won-tan-Suppe 36
Sushijin 149
Süßkartoffeln in Honigsirup 241
Süßsaure Sauce 108

T

Tamarindenkonzentrat 249
Tangerinen
  Rindfleisch mit Tangerinenschale
    119
  Süße Lotos-Tangerinen-Suppe
    241
  Tangerinenschale 249
Taohua Fan Yu Xia 191
Tapioka 249
Taro 249
Tee 43
Teigblätter für Täschchen 246
Teigfladen mit Frühlingszwiebeln
  203
Tintenfisch (Kalmar, Sepia) 249
  Frittierte Tintenfisch-»Tannen-
    zapfen« mit Pfeffersalz 33
  Meeresfrüchte aus dem Tontopf
    98
  Nudeln mit Gemüse, Fleisch und
    Meeresfrüchten 204
  Seafood-Vorspeisenplatte 42
  vorbereiten 249
Tofu 249
  Buddhistischer Gemüsetopf
    150
  Gefüllte Tofuwürfel 170
  Kohl-Tofu-Suppe 56
  Paprikaschoten mit Tofu 156
  Pikantes Rührei mit Tofu 172
  Seidentofu mit Sojasauce und
    Koriandergrün 54
  Tofu der »pockennarbigen
    Mutter« 167
Tontopf (Claypot) 98
Trockenprodukte 212

U, V

»Über die Brücke«-Nudeln 208
Vegetarische Küche 153
Vegetarische Vorspeisenplatte 59

Venusmuscheln mit Knoblauch, Chili
  und Ingwer 105

W

Wachteln
  Knusprig gebratene Wachteln mit
    Chili und Knoblauch 135
  Mit Tee geräucherte Wachteln
    64
Walnüsse
  Honigglasiertes Rindfleisch mit
    Walnüssen 136
Wasserkastanien 249
  Fleischküchlein mit Wasser-
    kastanien 41
  Gefüllte Tofuwürfel 170
Wein, chinesischer 92
Won-tan-Streifen als Garnitur 246
Wurst, chinesische 245
  Salatkelche mit Hackfleisch-
    Wurst-Füllung 52

X

Xiang Su Ya 95
Xianggu Roubing 152
Xierou Danguan 158
Xihu Yu 85

Y

Ya Mian Tang 198
Yamsbohne 246
Yangzhou Chao Fan 213
Yezi Zhi Dongfen 232
You Tiau 210
You Yuan 203
Yumi Xierou Geng 41

Z

Zha Ganlajiao Anchun 135
Zha Pangxie Qiu 50
Zhang Cha Anchun 64
Zhen Zu Qiu 201
Zheng Cong Jiang Yu 101
Zheng Xiao Xia Lajiangyou 48
Zhi Jie Lancai Dan Xian Jiang 161
Zhima Lianzi Qiu 236
Zhou Juk 210
Zhulijirou Boluo 110
Zhurou Xiangcai Chao Mian 207
Zitronensauce 91
Zucker 249
Zwiebeln 249

DANKSAGUNG

Jacki Passmore möchte folgenden Personen und Einrichtungen für ihre Unterstützung bei der Entstehung dieses Buches danken: Ich danke allen chinesischen Köchen für ihren individuellen Einsatz und ihre gemeinsamen Bemühungen, die lange Tradition einer einzigartigen und erfindungsreichen Küche eines Landes zu erhalten, mit dem ich mich persönlich und beruflich zutiefst verbunden fühle.

Meine große Anerkennung und Empfehlung gilt dem meisterhaften, bei Yale University Press erschienenen Werk *Food in Chinese Culture*, herausgegeben von K. C. Chang. Dieses wertvolle Nachschlagewerk eröffnet eine umfassende Perspektive auf die Geschichte der chinesischen Esskultur und hat mich in meinen eigenen Bemühungen, die kulinarische Tradition dieses faszinierenden Landes zu dokumentieren, bestärkt und inspiriert. Ich danke Kevin, dass er es mir ermöglicht hat, in einer chinesischen Gemeinschaft zu leben, Allan Amsell für seine Ermutigung, mein erstes größeres Buch über die chinesische Küche zu veröffentlichen, Paul für unsere Hochzeit in Hongkong und unsere hübsche Tochter Isobel.

Und ganz besonders möchte ich den zahllosen Mitarbeitern, Beamten, Sekretärinnen und dem Personal in Restaurants und Hotels, bei Behörden und Ämtern danken, die mich seit nun fast 30 Jahren des Reisens und Recherchierens in so vielfältiger Weise unterstützt, ermutigt und gefördert haben.

Jason Lowe dankt Gaye, Miranda und Angela.

Jason Lowe dankt auch allen Mitarbeitern des Verlags Weldon Owen in Australien (»auch wenn wir uns nie getroffen haben«) und Lori und Rae für ihre Liebe.

Andre Martin möchte folgenden Personen danken: Sally Parker für das Foodstyling; Jacqueline Richards für die künstlerische Gestaltung; seiner Frau Nikki und den Kindern Benito, Pablo und Isabella für ihre Geduld und Unterstützung.

Sally Parker möchte Christine Sheppard, Andre Martin und Jacqueline Richards für das wunderbare Teamwork danken und Orient House, 45 Bridge Road, Glebe, Sydney, für die bereitwillige Unterstützung.

Aus dem Englischen übersetzt von Helmut Ertl
Redaktion: Inken Kloppenburg Verlags-Service, München
Korrektur: Petra Tröger
Umschlaggestaltung: Caroline Georgiadis, Daphne Design
Satz: Fotosatz Völkl, Türkenfeld

Copyright © 2003 der deutschsprachigen Ausgabe
by Christian Verlag, München
www.christian-verlag.de

Die Originalausgabe mit dem Titel *Savoring China*
erschien erstmals 2003 bei Oxmoor House, U.S.A.

Die Reihe *Genießer unterwegs* wurde konzipiert und produziert
von Weldon Owen Inc., San Francisco, in Zusammenarbeit
mit Williams-Sonoma Inc., San Francisco.

Copyright © 2003 by Weldon Owen Inc.
Design: Jacqueline Richards, PinchMe Design
Foodfotos: Andre Martin
Landschaftsfotos: Jason Lowe
Illustrationen: Marlene McLoughlin
Kalligraphie: Jane Dill

Druck und Bindung: Tien Wah Press (Pte.) Ltd.
Printed in Singapore

Alle deutschsprachigen Rechte vorbehalten

ISBN 3-88472-604-8

Hinweis
Alle Informationen und Hinweise, die in diesem Buch enthalten sind, wurden von der Autorin nach bestem Wissen erarbeitet und von ihr und dem Verlag mit größtmöglicher Sorgfalt überprüft. Unter Berücksichtigung des Produkthaftungsrechts müssen wir allerdings darauf hinweisen, dass inhaltliche Fehler oder Auslassungen nicht völlig auszuschließen sind. Für etwaige fehlerhafte Angaben können Autorin, Verlag und Verlagsmitarbeiter keinerlei Verpflichtung und Haftung übernehmen.

Korrekturhinweise sind jederzeit willkommen und werden gerne berücksichtigt.

Seite 4/5: Ein Büffel grast zwischen Reisterrassen, die sich einen Berg nahe Longsheng, Guangxi, entlangwinden. **Seite 6/7:** Die leuchtenden Farben und kunstvollen Stickereien des Gewandes verraten, dass diese Frau zu einem der Bergvölker Yunnans gehört. **Seite 8/9:** Bratenshops bieten von Enten bis Schweineschnauzen alle möglichen Sorten rot glasiertes Fleisch. **Seite 12/13:** Der friedliche Li in der Nähe von Yangshuo ist ein traditionelles Revier für Fischer und Farmer.